BASTEI
LÜBBE
TASCHENBUCH

Über den Autor:

Jörg Thomann, geboren 1971 in Berlin, schreibt seit 1995 für die FAZ. Er war dort Medienredakteur im Feuilleton, schrieb für die »Berliner Seiten« und arbeitet heute im Ressort »Leben« der Frankfurter Allgemeinen Sonntagszeitung, wo er auch als Kolumnist die »Herzblatt-Geschichten« verfasst. Er ist verheiratet und hat zwei Töchter.

JÖRG THOMANN

ALTER, WAS GEHT?

MEINE JUGEND AUF DEM ZWEITEN BILDUNGSWEG

BASTEI LÜBBE
TASCHENBUCH

BASTEI LÜBBE TASCHENBUCH
Band 60814

1. Auflage: Dezember 2014

MIX
Papier aus verantwortungsvollen Quellen
FSC® C014496

Dieser Titel ist auch als E-Book erschienen.

Originalausgabe

Dieses Buch beruht auf dem Konzept der
gleichnamigen Reihe, die vom Juni 2013 bis Juni 2014
in der Frankfurter Allgemeinen Sonntagszeitung veröffentlicht wurde.

Textredaktion: Lisa Bitzer
Titelillustration: © Shutterstock/art4all
© Shutterstock/sntpzh
Umschlaggestaltung: Christiane Hahn, www.christianehahn.de
Illustrationen im Innenteil: Katharina Greve
Satz: hanseatenSatz-bremen, Bremen
Gesetzt aus der Adobe Garamond Pro
Druck und Verarbeitung: GGP Media GmbH, Pößneck
Printed in Germany
ISBN 978-3-404-60814-0

Sie finden uns im Internet unter
www.luebbe.de
Bitte beachten Sie auch: www.lesejury.de

EINLEITUNG: BAHN FREI, JETZT KOMM ICH!

Alles begann damit, dass ich nach meiner Schuhgröße gefragt wurde. Es war im Februar vor drei Jahren, und der Hintergrund dieser an sich völlig unverfänglichen Frage war eigentlich ein schöner: Ich nahm für den Reiseteil der Zeitung, für die ich schreibe, an einer Fahrt ins bayerische Inzell teil, einem organisierten zweitägigen Kurzurlaub für die ganze Familie. Eine Schneeschuhwanderung zum kältesten See Deutschlands war geplant, ein Besuch im Badepark, Rodeln in einem Gummireifen. Das klang nach viel Spaß für uns alle, vor allem für unsere ältere Tochter, die sich ganz besonders auf den Schlittschuhkurs freute, der angeboten wurde. Mit ihren damals sechs Jahren würde sie zum ersten Mal in ihrem Leben übers Eis laufen. Es war also alles bestens – zumindest so lange, bis mir die Dame von der Inzell-Touristik, die die Reise für uns plante, am Telefon die entscheidende Frage stellte: »Und welche Schuhgröße haben Sie?«

»Ich? Ähm, 44.«

Damit war die Sache entschieden, und es war das eingetreten, was ich bis dahin erfolgreich verdrängt hatte: Auch die Erwachsenen sollten aufs Eis gehen.

Schlagartig waren all die Erinnerungen wieder da. Die Erinnerungen an jenen Tag vor bald dreißig Jahren, als ich das erste und auch das einzige Mal in meinem Leben Schlittschuhlaufen gewesen war. Obwohl, konnte man das in meinem Fall eigentlich so nennen? War es nicht eher Schlittschuhstehen,

Schlittschuhrutschen, Schlittschuhstolpern gewesen? Und vor allem: Schlittschuh*fallen?*

Ich weiß noch, dass die meisten meiner Mitschüler, als wir in der achten oder neunten Klasse diesen Ausflug in die Eishalle machten, bereits Schlittschuh laufen konnten, weil sie es als kleine Kinder gelernt hatten. Im Gegensatz zu mir, der ich von allein nie auf die Idee gekommen wäre, eine Eishalle aufzusuchen. Neidvoll betrachtete ich die anderen, wie sie mit eleganten Schwüngen übers Eis glitten, und drückte mich die meiste Zeit an der Bande herum. Die Strategie bewahrte mich trotzdem nicht davor, mir das Eis ein paarmal aus der Nähe anzusehen. Es war, genau wie ich angenommen hatte, kalt und hart. Vor dem nächsten Klassenausflug, nahm ich mir vor, während ich mich aus der würdelosen Käferposition aufrappelte, würde ich krank werden.

An Hohn, Spott oder Gelächter kann ich mich nicht erinnern, doch wie einige der Mädchen aus unserer Klasse reagierten, fand ich noch viel schlimmer: mit Mitleid. Irgendwann nämlich begannen sie, die paar traurigen Typen, die sich allein fast nicht vom Fleck bewegten, beidseitig unterzuhaken, und so drehte ich, derartig doppelt gesichert, doch noch ein paar Runden auf dem Eis. Der angenehme Nebeneffekt war, dass man so den Mädchen ziemlich nahekam, und dennoch war es irgendwie demütigend. Hätte es nicht umgekehrt sein, hätte ich nicht die Mädchen über die Eisbahn geleiten sollen?

Aus dieser traumatischen Erfahrung hätte man zwei Konsequenzen ziehen können. Nummer eins: Man gibt nicht auf, sondern versucht es wieder und wieder und übt so lange, bis man sicher genug ist und sagen kann: Ja, ich kann jetzt Schlittschuh laufen. Nummer zwei: Man meidet für den Rest seines Lebens Eishallen.

Ich wählte Variante zwei.

Man muss, heißt es so schön, alles im Leben einmal ausprobiert haben. Nach diesem Motto verfahren viele Menschen. Ich selbst hingegen habe in meiner Kindheit und Jugend nach dem Prinzip gelebt: Nö, ich muss gar nichts. Nichts auszuprobieren ist schließlich viel bequemer.

War ich in meinen frühen Lebensjahren faul? Ängstlich? Antriebslos? Womöglich alles zusammen. Während sich andere mal hierin, mal darin versuchten, blieb ich meist bei den Sachen, von denen ich wusste, dass ich sie gut konnte. Ich habe viel gelesen, viel gezeichnet, viel ferngesehen. Oh ja, fernsehen konnte ich vortrefflich! Ich schätze, ich habe damals bestimmt doppelt oder dreimal so lange vor dem Fernseher gesessen wie heute meine beiden Töchter zusammen, und das, obwohl es seinerzeit nur drei Programme gab; die beiden DDR-Sender, die wir in Berlin empfangen konnten, zählen nicht so richtig. Mit dem Medienkonsum sah man es in den Siebzigern und frühen Achtzigern offenbar noch nicht so eng. Und ich kann nicht mal sagen, dass mir die Glotzerei geschadet hätte, ganz im Gegenteil: Der erste Job in der Redaktion meiner Zeitung war der des Fernsehkritikers.

Ich bin also, wie man es früher nannte, als Kind ein Stubenhocker gewesen. Heute würde man freundlicher Cocooning dazu sagen: das mittlerweile trendige Abhängen in den eigenen vier Wänden. Und während ich meine Kindheit über ausgiebig cocoonte, fuhr um mich herum ein Zug nach dem anderen ab. Ich verpasste die Chance, zum umschwärmten Fußballspieler zu werden, und lernte kein Instrument, mit dem ich die Mädchen hätte beeindrucken können. Für das alles, glaubte ich damals, wäre ich nicht geschaffen. Und was Blamagen anging, hatte ich schon genug von den erzwungenen – in der Eishalle oder im

Schulsport, wo es für mich bereits ein Erfolgserlebnis war, mal als Vorletzter in die Fußballmannschaft gewählt zu werden. Da musste ich mir die Niederlagen nicht auch noch freiwillig suchen. Außerdem konnte ich ja auf anderen Gebieten glänzen, zum Beispiel gewann ich den Vorlesewettbewerb der sechsten Klassen im Berliner Bezirk Reinickendorf. Coolness-Punkte brachte mir das allerdings nicht ein – vermutlich auch aufgrund der Tatsache, dass der Lokalreporter unter meinem Bildchen in der Zeitung in grotesker Übertreibung schrieb, ich sammele »leidenschaftlich internationale Briefmarken«. Irgendein Hobby hatte ich ja angeben müssen, und »Fernsehen« war mir dann doch zu peinlich gewesen. So erfuhr ich schon früh, mit welchen Methoden Journalisten arbeiten.

Meinen Eltern kann und will ich keinen Vorwurf machen. Als sie mich zum Turnverein schickten, veranstaltete ich, weil an dem Tag zur gleichen Zeit »Wickie« lief, einen solchen Mordsterror, dass sie mich rasch wieder abmeldeten. Hätten wir damals schon einen Videorekorder besessen, wer weiß, vielleicht hätte ich eine glanzvolle Sportlerkarriere hingelegt.

Was das Kind, das ich war, nicht ahnte: Alles, wovor man sich einmal gedrückt hat, ist geeignet, einen eines Tages einzuholen. So wie es mir passierte, als ich plötzlich in Inzell eislaufen sollte. In einem solchen Fall gilt der berüchtigte Satz: Was Hänschen nicht lernt, lernt Hans nimmermehr. Oder wenigstens fällt es dem Hans doppelt schwer.

Als Erwachsener, das ist wissenschaftlich bewiesen, gewöhnt man sich schwerer an neue Bewegungen. Die kindliche Unbefangenheit ist weg, man denkt zu viel, kann sich zugleich schlechter konzentrieren, und man hat auch gar nicht mehr die Zeit, so intensiv zu trainieren, wie es die begeisterungsfähigen Kleinen tun. Mitgewachsen ist zudem das Schamgefühl.

Wenn ein Kind auf dem Eis ausrutscht, schaut kaum einer hin, die Kleinen purzeln ja immerzu durch die Gegend und rappeln sich dann gleich wieder lachend hoch. Liegt hingegen ein gestandener Mann flach, dann gucken alle. Und wahrscheinlich grinsen sie auch.

Als Vater spürt man seine Unzulänglichkeiten noch schmerzlicher. Meine ältere Tochter ist heute neun Jahre alt; es war verblüffend, mitzuerleben, wie sie immer mehr Dinge erlernte, die ich selbst deutlich später oder überhaupt nie beherrscht habe. Mit sieben schwirrte sie auf Inline-Skates über den Schulhof, mit acht sprang sie furchtlos vom Dreimeterbrett, was mich selbst mehr Zeit und viel mehr Überwindung gekostet hatte, und nach nur wenigen Klavierstunden an der Musikschule tanzten ihre Fingerchen über die Tasten, dass mir schwindelig wurde. Ich freute mich, war stolz auf sie und ermunterte sie, noch viel mehr Dinge auszuprobieren, um noch mehr Selbstvertrauen zu gewinnen und sich demütigende Momente zu ersparen.

Meine Tochter hingegen war ganz erstaunt darüber, was ich alles nicht konnte, und bot mir arglos an, mir all das beizubringen, das Inline-skaten, das Klavierspielen. Und sie hatte ja recht: Ein väterlicher Rat ist nur dann glaubwürdig, wenn man selbst mit Tatkraft voranschreitet. Ich erkannte schon in Inzell: Sich als Vater zu drücken, wenn es darauf ankommt, und aus sicherer Entfernung zu beobachten, wie das Kind den Fuß aufs Eis setzt, wäre unverzeihlich. Also nannte ich der Dame meine Schuhgröße.

Wir erreichten den Ferienort erst am späten Abend. Der Aufbruch nach Schulschluss, ein Unfall und ein Stau hatten uns die Schneeschuhwanderung ebenso verpassen lassen wie das Nachtrodeln auf der Naturrodelbahn. Immerhin fühlten sich, als am Ende auch noch ein heftiges Schneetreiben einsetzte, die letzten Kilometer auf der Straße ein wenig wie Nachtrodeln an. So viel Schnee, staunte unsere Große beim Blick aus dem Autofenster, habe sie noch nie gesehen.

Ums Eislaufen aber würde ich nicht herumkommen. Schließlich ist Inzell ein Ort, wo Kinder praktisch schon mit Kufen an den Füßen geboren werden. Die dreifache Olympiasiegerin Anni Friesinger-Postma kommt von hier, und es gibt im Ort zwar kein Krankenhaus mehr, dafür aber eine Eisschnelllauf-Akademie, die in die leer stehenden Räume der Klinik gezogen ist. Vor allem aber steht in Inzell eine der modernsten Eisschnelllaufhallen überhaupt, die Max-Aicher-Arena, mit den angeblich schnellsten Bahnen der Welt. In meinem Fall, so fürchtete ich, musste dies bedeuten: noch schneller zu Boden gehen.

Nachdem wir mit Sturzhelm und Schlittschuhen ausgestattet aus den Katakomben in die Weite der Arena traten, war aber klar: Wenn schon auf die Nase fallen, dann hier. Rings um die spiegelglatte Vierhundert-Meter-Eisbahn bot die Glasfassade einen großartigen Panoramablick auf die alpine Winterlandschaft. Verstörend waren nur die Spitzenathleten aus Russland und Kasachstan, die im Tempo gut getunter Formel-1-Wagen an uns vorbeiflitzten. Jemand wie ich, der sich auf Schlittschuhen allenfalls die Geschwindigkeit eines schwergängigen Bobbycars zutraute, musste hier ein echtes Verkehrshindernis sein.

Doch es gab keinen Weg mehr zurück. Ich nahm meine Tochter an die Hand, die aufgeregt und fröhlich war, und betrat mit ihr die Eisfläche, bemüht, mir meine eigene Aufregung nicht anmerken zu lassen. Waren es ihre oder meine Hände, die so schwitzten? Ich wusste, dass dies eine ganz entscheidende Stunde in der Geschichte meiner Vaterschaft werden konnte. Für ein Kleinkind ist man als Papa ja schon der Held, wenn man die Bonbondose vom Regal herunterholen kann; einer Sechsjährigen muss man schon mehr bieten.

Das Eis war so, wie ich es in Erinnerung hatte: kalt und rutschig. Zunächst versuchten wir uns unter der Anleitung eines stimmgewaltigen Inzeller Jugendcoaches auf dem Eishockeyfeld im Innenbereich. Die kindlichen Anfänger schlitterten, anfangs auf leere Bierkästen gestützt, umher, immerhin Bier einer alkoholfreien Marke. Wir Großen bekamen keine Kästen, obwohl wir uns damit eigentlich viel besser auskannten. Ich blieb in der Nähe meiner Tochter, mit dem unredlichen Plan, meine eigene Unsicherheit als väterliche Sorge zu tarnen. Ein paar zur Kinderbetreuung und -belustigung engagierte Jugendsportler liefen derweil im Kostüm des Inzeller Maskottchens Flecki, der Kuh, übers Eis. Prima, so sah ich schon mal nicht am dämlichsten aus. Es sei denn, zwei dieser Kühe würden mich untergehakt in ihre Mitte nehmen und übers Eis ziehen. Das aber würde ich zu verhindern wissen. Diesmal musste ich mit der Situation einfach allein fertigwerden.

Wir wechselten auf die mittlerweile russen- und kasachenfreie Bahn, wo ich mich erst einmal in der noch nicht olympischen Disziplin Eislangsamlauf übte. Fern vom üblichen Gedrängel einer Eishalle, geschützt auch vor kritischen Zuschauerblicken – wir waren in der riesigen Halle an diesem Vormittag fast unter uns –, fühlte ich mich gut dabei. Ich kam tatsächlich voran, wurde zu meiner eigenen Überraschung zusehends beschwingter und glitt bald recht flott über die spiegelglatte Fläche. Schneller, noch schneller, richtig schnell – dann knallte ich hin.

Man fällt selbst mit der allenfalls durchschnittlichen Körpergröße von eins fünfundsiebzig aus ordentlicher Höhe. Sollte es sich nun rächen, dass es in Inzell kein Krankenhaus mehr gibt? Konnte ich den Wagen mit einem verstauchten Arm oder geprelltem Steißbein noch zurück nach Frankfurt steuern?

So schnell es mir möglich war – vielleicht hatte mich ja niemand gesehen! –, kämpfte ich mich zurück auf die Beine und setzte zur Sicherheit ein Lächeln auf, das aufgrund des Schmerzes vermutlich etwas verzerrt war. Passiert schon mal, signalisierte ich, und drehte die nächste Runde. Man soll ja schnell wieder aufsteigen, wenn man vom Pferd gefallen ist.

Das Bobbycar kam wieder auf Touren. Gut, manch andere, in der Nähe von Wintersportregionen aufgewachsene Kollegen waren deutlich flotter unterwegs, dafür stürzte der eine oder andere von ihnen aber auch richtig spektakulär.

Als wir irgendwann aufbrechen mussten, fand ich es richtig schade. Meine Bilanz: vier Stürze, viel Spaß und ganz bestimmt eine persönliche Bestzeit. Und auch unsere Große hatte wacker ihre Runden gedreht, ohne Bierkasten und mit wachsender Sicherheit. Und, was für mich beileibe nicht am unerheblichsten war: auf derselben Bahn wie ihr Vater. Wir konnten stolz aufeinander sein, und auch meine Frau, die sich vor der Schlitterpartie gedrückt hatte, um sich um das Baby zu kümmern, schien beeindruckt. »Ihr seid toll gelaufen«, versicherte sie uns. So wie ich in diesem Moment müssen sich die Höhlenmenschen gefühlt haben, wenn sie mit einem erlegten Mammut zum Lagerfeuer zurückkehrten.

Ungefähr in diesem Augenblick muss es passiert sein, dass in mir die Idee zu keimen begann, es bei dem späten Kampf gegen das Eis nicht bewenden zu lassen und auch in anderen Bereichen den Hänschen-Spruch auf den Prüfstand zu stellen. Sollte es für einen Hans von Anfang vierzig nicht möglich sein, doch noch ein paar Dinge zu lernen, die die meisten anderen als Kinder oder Teenager gelernt haben? Könnte ich nicht doch noch aufspringen auf eine Reihe vermeintlich abgefahrener Züge?

Mein halbes Leben lang habe ich in dem Glauben verbracht, für bestimmte Dinge einfach nicht talentiert zu sein. Beim Sport schien einzig das Rennen im Rahmen meiner koordinatorischen Möglichkeiten zu liegen: ein Fuß nach vorn, dann den anderen, immer abwechselnd den rechten und den linken – das bekam ich alles in allem ganz anständig hin. Gelegentlich gelangen mir auch in anderen Disziplinen Höhenflüge, die ich extrem genoss – ohne freilich auf die Idee zu kommen, daraufhin noch intensiver zu trainieren. Was aber, wenn meine Nichtbegabung tatsächlich nur eingebildet war? Wenn in mir vielleicht doch etliche Talente schlummerten, die ich durch meine Passivität nur nie geweckt hatte?

Ich beschloss, es auszuprobieren, als Mann von Anfang vierzig doch noch ins Lager der Sieger zu wechseln, der Alleskönner. Nicht mehr neidische Blicke auf sie zu werfen, sondern selbst die Blicke auf mich zu ziehen. Andere beeindrucken, Fremde, Freunde, Bekannte, meine Kinder, meine Frau, am allermeisten jedoch mich selbst. »Geht nicht, kann ich nicht« – das wollte ich nicht mehr so häufig über meine Lippen kommen lassen. Also sah ich mich nach Möglichkeiten um, die Lücken in meiner Erfahrungsbiografie zu füllen. Es war gewissermaßen der Versuch, meine Kindheit und Jugend auf dem zweiten Bildungsweg zu erleben. Und darüber zu schreiben.

»Klarer Fall: Du steckst in der Midlife-Crisis!«

»Quatsch, dafür bin ich doch viel zu jung. Die Menschen heute werden doch mindestens hundert.«

Das Urteil der Kollegin, die ich in meine Pläne einweihte, war gnadenlos. Ob sie mit ihrer Einschätzung richtiglag, kann ich auch heute nicht sagen, ich hatte zuvor ja noch nie eine

Midlife-Crisis. Von den klassischen Symptomen allerdings – sich ein Motorrad kaufen, seine Frau verlassen, plötzlich wie besessen für einen Marathon trainieren – habe ich an mir bis zu diesem Zeitpunkt noch keines bemerkt. Und der Fünfundzwanzig-Kilometer-Lauf, an dem ich mal teilgenommen habe, ist schließlich kein Marathon.

Die Krise gekriegt habe ich natürlich dennoch bei meinen Experimenten, und zwar nicht nur einmal. Ich habe während der Selbstversuche extrem peinliche Momente erlebt, in denen ich das gesamte Projekt verflucht habe: Lieber den Rest des Lebens uncool bleiben als noch eine weitere dieser albernen Aktionen!

Ich habe aber auch komische Augenblicke erfahren, erhellende – und wunderschöne. Und so bin ich inzwischen zu der Überzeugung gelangt, dass man tatsächlich alles, oder zumindest fast alles, einmal ausprobiert haben sollte. Vielleicht entdeckt man tatsächlich ein verborgenes Talent oder gar eine geheime Leidenschaft. Und wenn nicht, dann hat man wenigstens etwas zu erzählen.

So wie ich in diesem Buch.

ALS ICH EINMAL ARJEN ROBBEN WAR

Eine kleine Auswahl von Albtraumklassikern: Man muss noch mal zum Mathe-Abi und hat keinen Schimmer. Man erkennt, dass die Kollegen im Büro einen deshalb so anstarren, weil man nackt ist. Man soll auf einer Bühne etwas singen, hat aber den Text vergessen. Oder, ganz besonders fies: Man steht auf einer Bühne, soll vor den Kollegen singend Matheaufgaben lösen und ist nackt. Kennt fast jeder, so was kommt immer wieder vor – ist aber gottlob nur ein Albtraum. Jedenfalls meistens.

Das hier ist aber auch nicht schlecht: Es ist morgens um halb zehn in Deutschland, es ist saukalt, und ich stehe auf dem Fußballplatz. Um mich herum einhundertzwanzig Kinder, sechs bis vierzehn Jahre alt. Hinter der Bande stehen ihre Väter, ein paar Mütter auch, und sie alle hören, wie der Mann mit der Schirmmütze sagt: »Wir haben einen ganz besonderen Gast hier.«

Zweihundertvierzig Kinderaugen und fast ebenso viele erwachsene blicken mich an. Es ist der Auftakt zu einem Camp der gemeinsamen Fußballschule vom FSV Frankfurt und dem Radiosender FFH, und wir alle werden hier mehrere Tage lang trainieren und spielen. Die hundertzwanzig Kinder – und ich. Ich bin zweiundvierzig Jahre alt. Und ich kann nicht Fußball spielen.

Fußball spielen, hört man oft, kann doch eigentlich jeder, zumindest jeder Junge. Damals aber, als die anderen Jungs kicken gingen, hat mich das nun mal nicht interessiert. Erst mit vierzehn fing ich an mit dem Vereinssport, mit Leichtathletik. Das Schlimmste an meiner Zeit im Verein war, dass wir zum Aufwärmen stets Fußball spielten. Meine Versuche, dem Ball auszuweichen, glückten nicht immer, einmal schoss man mir aus nächster Nähe die Brille von der Nase.

Später, mit achtzehn, neunzehn, bolzte ich eine Zeitlang freiwillig mit ein paar Kumpels auf dem Ascheplatz. Mindestens einmal die Woche kletterten wir dort über den Zaun, um zu kicken. Ich war mit enorm viel Spaß und Ehrgeiz bei der Sache, doch »Fußball spielen« traf es in meinem Fall nicht wirklich. Dass mich Miguel, weil ich jedem noch so fernen Ball hinterherhetzte, »die Lunge« taufte, war sehr freundlich, aber so nutzbringend, wie ich für mein Team war, hätte es gut auch »der Blinddarm« sein dürfen. Ballannahme, Ballabgabe, Flanke, Schuss – all diese Sachen habe ich nie erlernt. Und nun möchte ich es, mit zweiundvierzig, doch noch versuchen.

Aber wie?

Ich probiere es zuerst bei der nächstliegenden Adresse, beim bekanntesten Verein der Stadt, in der ich seit einigen Jahren lebe, und rufe bei Eintracht Frankfurt an.

»Guten Tag, ich möchte gerne bei Ihnen Fußballspielen lernen.«

Ich werde ein paarmal hin- und herverbunden, bevor sich ein Mitarbeiter meiner Sache annimmt. »In Ihrem Alter«, erkennt er ganz richtig, »ist es unwahrscheinlich, noch leistungsbezogen zu spielen.«

Heißt: Fürs Bundesliga-Team komme ich nicht mehr infrage. Doch auch bei der zweiten Mannschaft, ja, sogar bei den Jugendteams sollte ich besser nicht anfragen, weil sie dort »keine Rücksicht nehmen« – was auch immer das bedeuten mag.

»Versuchen Sie's doch mal im Ostpark, da treffen sich immer die Hobbymannschaften.«

Doch noch sind meine Ambitionen höher. Ich klingele beim Deutschen Fußball-Bund durch. Es meldet sich eine Frau aus der Zentrale.

»Guten Tag, ich möchte gern Fußballspielen lernen. Können Sie mir vielleicht weiterhelfen?«

»Das ist für Senioren, ja?«

Ich fühle mich minütlich älter.

»Erkennen Sie das etwa an meiner Stimme?«

»Na, ein Kind sind Sie ja offensichtlich nicht mehr.«

»Da haben Sie recht.«

Nichtkindern aber kann die DFB-Dame nicht helfen. Immerhin verweist sie mich weiter, und zwar an den Hessischen Fußball-Verband, genauer gesagt, an die Pass-Stelle, was zum ersten Mal nach Fußballplatz klingt. Die heißt aber so, weil man hier einen Spielerpass kriegen kann.

Davon allerdings bin ich weit entfernt. Selbst von Seniorenmannschaften rät mir der Abteilungsleiter ab. Was sollte ich auch bei Leuten, die seit Jahrzehnten Fußball spielen? Ich sei, diagnostiziert er, »ein nie dagewesener Sonderfall«. Mit zweiundvierzig, so scheint es, will und kann in diesem Land niemand mehr Fußball lernen.

Na wunderbar. Mein Plan, auf dem zweiten Bildungsweg ein paar essenzielle Erfahrungen zu sammeln und dafür viele Monate und vielleicht noch mehr zu investieren, scheint schon nach einer halben Stunde Recherche am Telefon zu scheitern.

Dann jedoch hat der Abteilungsleiter eine Idee. Ich möge mich mal bei Bernd Winter melden, Chef der Fußballschule beim FSV, dem kleineren, sehr sympathischen und in der Zweiten Liga zuletzt sensationell erfolgreichen Frankfurter Proficlub.

Und hier stehe ich jetzt auf einem Fußballplatz des FSV. Es ist nicht das Stadion, gottlob, sondern nur ein Bolzplatz mit sattgrünem Rasen, und auch sonst wirkt die Umgebung nicht allzu einschüchternd. Auf dem Vereinsgelände wird gebaut, und die Geschäftsstelle ist ebenso in Containern untergebracht wie die Kabinen, in denen die Kinder ihre Straßenklamotten gelassen haben.

Ganz wohl fühle ich mich trotzdem nicht, und zwar nicht nur wegen der kalten, schneidenden Luft. Bernd Winter, der Mann mit der Schirmmütze, langjähriger Zweitligaspieler, hat mich vorgestellt, und nun geht es los. Ich komme mir vor wie Bayern-Star Arjen Robben am Elfmeterpunkt im Champions-League-Finale 2012 gegen Chelsea. Nachdem er verschossen hat. Willkommen in der Welt des Fußballs.

In zehn Teams werden wir aufgeteilt. Ich selbst bin, logisch, bei den Ältesten, in Team eins: Jahrgang 1998 bis 2000. Unter ihnen sind stattliche Kerle mit strammen Waden, andere sind vergleichsweise winzig, flink und wendig. Sie tragen Zahnspangen und manche einen Bartflaum, zart wie mein Haupthaar. Und, anders als ich, echte noppenbesetzte neonfarbige Fußballschuhe, nur ein Paar von vielen in ihrem Schrank. Sie haben, wie ich erfahre, Schuhwerk für weichen und für harten Kunstrasen, für Naturrasen und bestimmt auch für Asche, Schlamm, Sand, Asphalt und so weiter. Klar, sie spielen auch seit Jahren. Ich bin der Einzige mit Joggingschuhen, der Einzige von hundertzwanzig.

Erste Station: Koordination. Wir müssen Stangenslalom laufen (klappt gut), abwechselnd mit dem linken und dem rechten Fuß in auf dem Boden liegende Ringe hüpfen (klappt weniger gut) und den Ball aufs Tor schießen (klappt gar nicht). Erst wenige Minuten sind vergangen, und ich werde zum Einzeltraining an die Seite gebeten. Das geht ja prima los.

Zum Glück ist David, der Trainer dieser Station, kein Schleifer, sondern einer dieser modernen, psychologisch versierten Übungsleiter. »Du rotierst nach innen«, diagnostiziert er und tröstet mich gleich. »Ich glaube, es liegt am Schuh.« Der sei nämlich auf der Innenseite geschwungen, was fürs Fußballspielen nicht gerade ideal sei. Trotzdem darf ich ein bisschen aufs Tor schießen. Und zwar so: Fußspitze hoch, Fußgelenk anspannen – angespannt ist bei mir alles Mögliche, aber nicht das Fußgelenk – und das Bein ganz durchschwingen. Wichtig: den Ball mal mit dem Spann schießen. Ach, das ist Spann? Ich dachte immer, das sei Pike.

Es kann nur besser werden, denke und hoffe ich. Doch wie soll es das, wenn es sich bei unserer nächsten Station schon um die Flugschule handelt? Fallrückzieher, Seitfallzieher. Warum nicht nach den Sternen greifen? Der Trainer wirft den Ball, wir versuchen ihn in der Luft zu erwischen und plumpsen auf eine weiche Matte. Klappt nicht bei jedem – das Schießen, nicht das Plumpsen, Letzteres kriegt jeder hin. Die Jungs sehen dabei unterschiedlich elegant aus. Ich bekomme sogar mein erstes Lob: »Der Bewegungsablauf war sehr gut«, behauptet der Trainer. Allein der Ball flog in die falsche Richtung.

Ich glaube, es liegt am Schuh. Dämliche Innenrotation! Neidvoll sehe ich, dass die Knirpse aus Team zehn den Fallrückzieher mit einem wagenradgroßen Gummiball üben dürfen. Ich bin eindeutig in der falschen Gruppe gelandet.

»Wie alt bist du?«, fragt mich beim Stationswechsel ein Steppke, höchstens sieben Jahre alt.

»Zweiundvierzig«, antworte ich.

»Das ist ja noch älter, als ich gedacht habe«, staunt er. Immerhin: Sein Papa ist schon fünfundvierzig. Der aber darf irgendwo bei den anderen Vätern stehen und zuschauen.

Jetzt bekommt unsere Gruppe Torschusstraining. Wir stellen uns in einer Reihe auf, um nacheinander aufs zwanzig Meter entfernte leere Tor zu schießen. Der Trainer ermuntert uns: »Versucht's mal mit eurem schwachen Fuß.«

Gern, welcher darf's denn sein?

Sekunden später weiß ich: Mein linker Fuß ist tatsächlich noch schwächer als der rechte. Der Ball rollt sechs, sieben Meter und bleibt dann liegen. Weit vor dem Tor. Ein Wunder, dass ich beim Stehen nicht umfalle.

Es folgt eine Dreiviertelstunde, die komplett ohne Blamage abläuft: das Mittagessen. Ich setze mich nicht zu den Trainern, die eher meiner Altersklasse entsprechen, sondern selbstverständlich zu meinem Team, auch wenn deren Verhalten bei Tisch nicht immer meinem Geschmack entspricht. Ein paar der Jungs kippen den anderen, wenn die grad nicht hinschauen, Apfelschorle ins Frikassee. Und natürlich wird gefachsimpelt, zum Beispiel über Juventus Turin, die offenbar vor Kurzem gegen Bayern München gespielt haben, ich bin da nicht auf dem Laufenden. Torwart Buffon, meint einer, der sei schon fünfunddreißig, und überhaupt sei die Mannschaft total alt: »Im Schnitt neunundzwanzig Jahre!« Dass man in dem Alter noch Fußball spielen kann, scheint für die Jungen kaum fassbar.

Ich halte einfach mal den Mund. Dabei sind Enno, Piotr, Danijel und meine anderen Teamgefährten wirklich nette Kerle, sie sind mir gegenüber höflich und lachen mich nicht aus. Wohlerzogene Jugend. Irritierend und wenig fußballtypisch nur, dass sie mich siezen. Mensch Jungs, wir sind doch eine Mannschaft!

Später am Tag ist Kombinationsfußball angesagt, schnelles Kurzpassspiel: Wir müssen den Ball durch Turnbänke zum Mitspieler kicken, dann schnell dessen Position einnehmen, immer weiter. Mehrfach schieße ich gegen die Bank und bringe so ungewollt Ruhe ins Spiel. Tiki-Taka? Eher Pipi-Kaka. Wenigstens gewähren mir meine Mitspieler einen Sonderstatus: Ich ernte keine blöden Kommentare, wenn ich den Ball wieder einmal aus einer ganz anderen Richtung holen muss. Untereinander schonen sie sich hingegen nicht.

Ohne Bänke klappt es schon besser, hier spiele ich meine ganze Erfahrung darin aus, dem Ball auszuweichen und den Spielfluss der anderen nicht zu stören. Läuferisch mithalten kann ich problemlos.

Normalerweise bin ich, wenn ich vom Laufen nach Hause komme, in guter Stimmung, physisch ein wenig erschöpft, aber quicklebendig und voller Tatkraft. Später an diesem Tag, unter der Dusche, fühle ich mich aber weder befriedigt noch befreit – und zwar vor allem deshalb, weil ich weiß, dass ich noch drei Tage vor mir habe.

»Die bringst du auch noch hinter dich«, ermutigt mich meine Frau.

Meine ältere Tochter findet es komisch, dass ich mit lauter Kindern Fußball spiele. Und im Grunde hat sie völlig recht. »Warst du gut?«, fragt sie.

»Naja, es ging so«, sage ich. Und verzichte darauf, hinzuzufügen: »Die anderen waren schon ein wenig besser.« Man muss dem Kind nicht jeglichen Respekt vor seinem Vater nehmen.

Am nächsten Morgen wache ich mit einem überraschenden Gedanken auf: Ich würde jetzt unglaublich gern ins Büro gehen. Doch bei den Kollegen, die in mein Projekt eingeweiht sind, könnte ich mich nicht blicken lassen. Und bei meinem Spiegelbild auch nicht. Ausgeschlossen, dass ich schon bei der ersten Aufgabe klein beigebe! Außerdem mache ich das alles hier nicht zum Spaß, jedenfalls nicht nur, sondern verfolge eine echte Mission.

Also streife ich wieder mein FSV-Trikot über und steige in die Straßenbahn. Es fühlt sich eigentlich ganz gut an, in den Fußballklamotten durch die Stadt zu fahren – ein Sportler zwischen all den krawattenbehängten Bürohengsten. Ein Glück nur, dass die mich nicht gleich in Aktion erleben werden.

Auf dem Weg zum Trainingsgelände treffe ich einen meiner Mannschaftskameraden. Er selbst spielt, wie sich herausstellt, noch gar nicht so lange, nämlich erst seit zwei Jahren. Andererseits: Das ist bei ihm auch schon ein Siebtel seines Lebens.

Der Wettbewerbsgedanke, merke ich beim Gruppenfrühstück, hat meine jungen Mitspieler fest im Griff.

»Ich habe keinen Hunger«, sagt einer, »ich habe heute Morgen sechs Knäckebrote gegessen. Und mein Papa zehn.«

»Ich habe schon mal sechzehn gegessen!«, ruft ein anderer.

»Und ich dreißig«, behauptet der dritte.

Nicht mal hier läge ich vorn. Und schon gar nicht beim Hochkicken des Balls, ohne dass der den Boden berührt.

»Mein Rekord ist achtundsiebzig«, prahlt einer aus meiner Gruppe, und ein zweiter ist so ehrlich zu sagen: »Meiner nur bei vier.«

Ich erwähne nicht, dass ich vermutlich nur auf eins käme. Ich muss mich nicht kleiner machen, als ich es hier ohnehin schon bin. Dennoch fehlt es mir an Selbstvertrauen, wie es

Jetzt ins Büro -
das wäre herrlich!
UR. GREVE

Benjamin, sechseinhalb, vorzuweisen hat: »Ich bin der beste Torwart, sogar in zwei Mannschaften«, erzählt er mir ernst am Frühstückstisch. »Obwohl bei uns sehr gute Spieler sind.« Wie viele davon außer ihm noch Torwart sind, sagt er nicht.

Zum besten Spieler, so viel steht fest, werde ich hier nicht gewählt werden. Da ich mir bislang nichts habe zuschulden kommen lassen, läge allenfalls der hier zusätzlich vergebene Titel des »Fair Play Kid der Woche« in Reichweite. Sollte ich meine Anstrengungen darauf konzentrieren?

Überraschenderweise aber bringt dieser zweite Tag eine echte Perspektive, und zwar an der Station Multikick. In schneller Folge müssen wir abwechselnd mit rechts, mit links und mit Spann gegen den Ball treten, der – und das ist der Clou – mit einem Gummiband an unserem Bauch festgebunden ist und daher nicht unkontrolliert wegfliegen kann. Das sieht bei mir irgendwann richtig flüssig aus und weckt die Illusion, den Ball ganz allein in der Luft halten zu können. Ich träume von einem Fußballspiel, bei dem jeder einen Ball am Bauch festgebunden hat. Problem: Die Partie ginge zwangsläufig 0:0 aus. Beflügelt bin ich dennoch und absolviere den Hüpf-Parcours prompt viel schneller. Ich muss mich sogar ständig bremsen, um den etwas übergewichtigen Teenager vor mir nicht zu überholen.

Bernd Winter klopft mir auf die Schulter. »Sieht doch schon viel besser aus.«

Sollte ich umdisponieren, von Fußball auf Hopse?

Meine Sternstunde aber soll erst noch kommen. Sieben Bälle soll jeder von uns aufs Tor schießen, in dem zwar kein Torwart auf unsere Schüsse wartet, aber zwei Hütchen eng nebeneinander in der Mitte stehen. Da sollen wir hindurchschießen, ein bisschen wie bei der Torwand im »Aktuellen Sportstudio«.

Ich nehme Anlauf. Einer ist drin, dann noch einer, am Ende habe ich fünfmal getroffen. *Fünfmal!* Es ist der Spitzenwert in meiner Gruppe, andere treffen nur drei- oder zweimal ins Tor. Reines Glück? Oder schon Routine? Ich fühle mich kurz wie Arjen Robben nach seinem Siegtor gegen Dortmund im Champions-League-Finale 2013. Die Jungs johlen, sie gönnen mir den kleinen Triumph. Ich verkneife mir allerdings die Ehrenrunde und verzichte darauf, mir das Trikot über den Kopf zu ziehen.

Leider währt die Euphorie nur kurz, denn nur einen Tag später ist das Camp für mich beendet. Ausgerechnet bei der eher läppisch anmutenden Disziplin des Fußball-Dosenschießens beginnt es in meinem rechten Oberschenkel zu ziehen. Mir schwant Übles. Ich trete nochmal an, doch nach dem nächsten Schuss ist der Schmerz zu heftig. Ich kann nicht mehr weitermachen. Das Alter fordert seinen Tribut. Oder die immer noch schlechte Schusstechnik.

Ich verabschiede mich von den Jungs und verlasse erhobenen Hauptes den Platz. So eine Sportverletzung, zumindest wenn es keine gravierende ist, hat ja auch ein bisschen was Cooles. Da ist schließlich einer unübersehbar an seine Grenzen und darüber hinaus gegangen. Und noch etwas anderes hebt, ehrlich gesagt, meine Stimmung: die Aussicht, am vierten Tag mit gutem Grund nicht mehr antreten zu müssen.

Während des Nachhausewegs lasse ich die vergangenen Tage Revue passieren. Im Fußballcamp hat es Momente gegeben, die mir wirklich Freude bereitet haben, in denen ich sogar für kurze Zeit mein Alter vergaß, aber alles in allem bin ich doch erleichtert, dass ich es hinter mich gebracht habe. Meine Bilanz kann sich eigentlich auch sehen lassen: Insgesamt vier

Kindern habe ich die Schnürsenkel zugebunden, mehreren den Weg zur Toilette gezeigt und einem kleinen Mädchen dabei geholfen, in der Kabine ihre Tasche zu finden, um eine Tafel Schokolade herauszuholen. Insofern ist es für alle Seiten von gewissem Wert gewesen, dass ich dabei gewesen bin. Darüber, dass ich nur mich selbst verletzt habe und kein hoffnungsvolles Nachwuchstalent, bin ich auch einigermaßen erleichtert.

Und immerhin, so viele Ballkontakte wie in diesen drei Tagen habe ich in meiner gesamten Fußballerlaufbahn nicht gehabt. Zum nächsten Kick unter Freunden, wenn sich denn einer ergibt und mein Oberschenkel mitspielt, werde ich jedenfalls mit mehr Selbstvertrauen antreten. Insofern bin ich frohen Mutes, was meine weiteren Projekte angeht, bei denen ich allerdings darauf achten möchte, dass mir nicht gleich hundertzwanzig Kids zuschauen. Immerhin haben mir diese nicht zu deutlich gezeigt, dass sie mich für ein lästiges Hindernis auf dem schnurgeraden Weg ihrer Profikarriere halten.

Und dann, als ich schon gar nicht mehr damit rechne, werde ich doch noch ausgebuht. Ich sitze, noch immer in meinem blau-schwarzen FSV-Frankfurt-Trikot, an der Straßenbahnhaltestelle, und ein Zug fährt durch. Es ist eine Fahrschulen-Fahrt. Im hintersten Waggon stehen zwei Typen, sehen mich, ziehen Grimassen und grölen: Fans von Eintracht Frankfurt.

Willkommen in der Welt des Fußballs.

LEKTION IN KLARER KANTE

In Kunst bin ich eigentlich immer ganz gut gewesen. Vor allem habe ich gern gezeichnet: Auf Schulheften, Arbeitsblättern und auch dem einen oder anderen Arbeitsbuch verteilte ich Legionen lustiger Comic-Schweinchen. Schweine, wohl um mich abzugrenzen von den seinerzeit inflationär auftretenden Ottifanten – kennt die noch wer? Meine Schweine sahen ähnlich aus, nur mit kürzerem Rüssel.

Doch trotz meines unübersehbaren Talents fuhr ich in Kunst die mieseste Zeugnisnote meiner Oberstufenzeit ein. Einen Gutteil des Unterrichts habe ich in jenem Halbjahr nämlich damit verbracht, mit Boris, einem noch begabteren Comic-Zeichner, selbst gekritzelte Bildchen auszutauschen, auf denen unserem rauschebärtigen Kunstlehrer – wie soll ich sagen – nicht sehr angenehme Dinge zustießen, von denen ich mich an dieser Stelle ausdrücklich distanzieren möchte. Es war halt unsere Rache an dem Mann, dem wir so viele Stunden an der Grenze zum Wachkoma verdankten. Pech für mich, dass dem Lehrer unsere zeichnerischen Aktivitäten wohl nicht verborgen blieben. Außerdem missfiel ihm, wie ich die Aufgabe löste, eine Lampe zu designen. Ich töpferte einen rauschebärtigen Kunstlehrerkopf, in den man hinten eine Glühbirne stecken konnte, berief mich auf meine künstlerische Freiheit und platzierte eine Warze auf der Lehrernase. Es sah ziemlich lustig aus, fand ich, die Ähnlichkeit war auch unverkennbar, als Lichtquelle freilich war es dann doch recht bescheiden, und der Lehrer befand, ich hätte das Thema verfehlt. In jenem Halbjahr bekam ich in Kunst eine Vier minus und musste noch einen weiteren Kurs dranhängen, um wenigstens auf eine Drei zu kommen und mir das Abi nicht vollends zu versauen. Wäre ich mal besser bei den Schweinen geblieben.

Jedenfalls fühle ich mich diesmal einigermaßen gewappnet für die neue Aufgabe, die ich mir nach meinem heroischen Beginn im Strafraum gestellt habe: das Graffiti-Sprühen zu erlernen – und einmal umweht zu werden von jenem Hauch Anarchie und Coolness, der Schweinebildchenkritzlern gewöhnlich verwehrt bleibt. Allzu viel Mühe, denke ich, wird mich das schon nicht kosten. Die allerorts ans Mauerwerk geschmierten Namenszüge, »Tags« genannt, sind eh keine Kunst, und ein halbwegs passables Wandbild sollte ich auch hinbekommen.

Ich mache mich auf zur Frankfurter Naxoshalle, einer Anfang des 20. Jahrhunderts errichteten imposanten Fabrik, die heute kulturellen Zwecken dient. Als ich eintreffe, werden in der Mitte der Halle gerade großformatige Plakate aufgehängt, offensichtlich für eine Ausstellung. Wo es zu den Sprayern geht, weiß die Frau, an die ich mich wende, nicht. Weiter nach hinten durch, ruft ein anderer. Logisch, eine mit dem Ruch des Illegalen behaftete Subkultur ist natürlich eher in den hinteren Räumen zugange.

Es geht eine Treppe hoch, und dann bin ich dort angekommen, wo ich hinwollte: im »Offenen Atelier« des Jugendladens Bornheim. Jeden Mittwochnachmittag versucht der Jugendladen Kinder, Jugendliche und junge Erwachsene von der Straße oder vom Fernseher wegzulocken. Oder, wie in meinem Fall, vom Bürostuhl, denn das Atelier ist auch offen für Leute wie mich.

Eingeladen hat mich Stefan Mohr, ein Streetworker und ehemaliger Drogenberater, der das »Offene Atelier« vor einigen Jahren ins Leben gerufen hat. Bis zu vierzig Leute zwischen vierzehn und siebenundzwanzig Jahren treffen sich in regelmäßigen Abständen und toben sich auf Leinwänden aus, statt irgendwo draußen die nächste U-Bahn zu verzieren. Man unterstütze, heißt es beim Jugendladen, »den legalen und konstruktiven Umgang mit Graffitikunst« und setze sich für mehr legale Flächen zum Sprayen ein. Denn Letzteres ist fast überall verboten – wobei das Verbot, wie jeder Spaziergang durch die Stadt beweist, nicht viel zu nützen scheint.

Das ziemlich schlechte Image hat Graffiti vor allem den vielen stümperhaften Tags zu verdanken. Dabei handelt es sich eigentlich um eine altehrwürdige Kunst- oder wenigstens Kulturform, denn in die Wände geritzte Botschaften fanden sich bereits im alten Ägypten, bei den Griechen und den Römern. Ebenso alt wie Graffitis ist der Kampf dagegen, ausgefochten von Immobilienbesitzern, Bahnbetrieben und der Polizei, oft mit radikalen Maßnahmen. Da werden Wände fast täglich frisch getüncht und Zugfassaden speziell präpariert. Manchmal wird sogar, so 1990 in Berlin, eine mehr als vierzig Kilometer lange Mauer abgerissen.

Der Reiz des Verbotenen, der Nervenkitzel, die Herausforderung, sich besonders schwer zugängliche Flächen für Botschaften auszusuchen, aus alledem bezieht die Sprayerszene einen Gutteil ihres Rufs. Gleichwohl werden manche nicht müde zu betonen, dass Graffiti echte Kunst sein kann, in der Tradition von Kalligraphie und Comic-Art, und längst auch in Museen und Galerien gezeigt wird. Der vermutlich aus England stammende bekannteste Graffiti-Künstler der Welt, Banksy, der es trotz seines Ruhms geschafft hat, vollständig anonym zu bleiben, gehört zu jenen, die ihr Werk stets im Verborgenen verrichten. Wer weiß: Vielleicht steckt ja auch ein Banksy in mir.

Doch vor der Kreativarbeit steht das Leibeswohl: Im Hallencafé des Jugendladens gibt es für alle Hamburger vom Grill, die man sich in gemütlicher Runde selbst belegen kann. Eine hübsch bunte Mischung aus jüngeren und älteren, mal mehr, mal weniger gepiercten Menschen mampft und fachsimpelt miteinander: »Die geilste Farbe ist echt Montana White, die klebt total an den Händen.«

Graffiti-Farben, das bestätigt sich, als wir zum Sprühen in den Innenhof gehen, tragen hippe Namen wie Baby Blue, Snow White oder Shock Red. Welche Farbe aus der Dose kommt, zeigt der Donut auf dem Cap, also der Farbring an der Düse, die wiederum, je nach Dicke ihres Strahls, skinny oder fat daherkommt. Graffiti-Grundkurs, erste Lektion: Englisch.

Und noch ein paar andere Dinge gilt es zu lernen, bevor ich die weiße Leinwand vor mir mit Farbe benetzen darf. »Beim Draufsetzen das Cap vom Körper weghalten«, rät mein Lehrer, der erfahrene Sprayer Bo, »und die Windrichtung beachten.« Vor dem Sprühen soll man die Dose ordentlich schütteln und die Caps öfter mal wechseln, denn die verstopfen schnell. Und man soll möglichst dicht an die Tafel heran: »Wenn du so weit weg stehst, bekommst du nichts als Sprühnebel.«

Dass ich gegen die beim Sprayen freigesetzten Feinstaubpartikel Gummihandschuhe und Mundschutz überziehen soll, schwächt das anarchisch-coole Graffiti-Gefühl etwas ab. Der Sprayer auf der Straße, bilde ich mir ein, trägt das alles nicht, hat im Alter aber vielleicht ein Haut- und Lungenleiden.

Rechts neben mir legt ein Mädchen los, das sich eigentlich mit Klassenkameradinnen zum Sprayen verabredet hat, nur sind die anderen leider nicht gekommen – vermutlich ist heute das Wetter zu gut. Zu meiner Linken sprüht eine Frau in – na so was! – meinem Alter gerade eine hübsche bunte Blume mit schwarzen Sprengseln. Noch weiter links sind zwei Gast-Sprayer aus Amerika zugange, die vom Konsulat eingeladen wurden und bei denen es sich um bekannte Gesichter aus der Szene handeln soll, deren Namen mir natürlich überhaupt nichts sagen. Ihr Werk werde ich mir später ansehen, zunächst muss ich mich um mein eigenes kümmern.

»Fang am besten erst mal mit einem Buchstaben an«, sagt Bo.

»Okay, mit welchem denn?«

»Kannst du dir aussuchen.«

Ich entscheide mich, nicht unbedingt originell, für ein A, das ist mir als Erstes eingefallen. Drei Striche in dunkler Farbe, fertig. Ich trete etwas zurück und betrachte die Leinwand. Man kann das A erkennen, gar keine Frage, aber mehr Gutes lässt sich darüber leider nicht sagen.

»Oben hast du eine saubere Kante, unten ist es verschwommen«, urteilt Bo. »Du hast die Dose schräg gehalten, du musst sie immer mitführen.«

Ich ziehe die Kanten nach, viel zu viel Farbe spritzt aus der Dose, ein Rinnsal läuft über die Leinwand. »So richtig sauber sieht das auch nicht aus.«

»Das ist wie mit der Kupplung beim Auto: Du musst ein Gefühl dafür kriegen, ab wann die Farbe rauskommt«, tröstet Bo.

Blöd, dass ich seit zwanzig Jahren keine Kupplung mehr getreten habe. Ich fahre einen Wagen mit Automatik.

Bo selbst nennt sich, wie die meisten anspruchsvollen Graffiti-Künstler, nicht Sprayer, sondern Maler. Ein Maler jedoch, so gern ich früher auch gezeichnet habe, wird aus mir nicht mehr werden, der Tuschkasten war mir stets verhasst. Mit wachsendem Frust pinsele ich an meinem A herum, umrahme es mit einer Outline und mit einer Second Outline, die dem Ganzen laut Bo »Stabilität und Dreidimensionalität« verleihen soll, doch der Buchstabe sieht irgendwie immer noch wacklig und platt aus. Und beim Fill-in, dem Ausmalen, sprühe ich aus Versehen über die halbe Outline.

»An den Linien sieht man, dass es kein Profi gemacht hat«, urteilt Bo und fordert: »Immer wieder drübergehen, immer wieder korrigieren. Es ist vor allem Handwerk.«

Jetzt fühle ich mich wirklich wie in der Schule – wie ein Abc-Schütze, der schon beim ersten Buchstaben danebenschießt. Da brauche ich sogar noch Glück, um eine Vier minus zu schaffen. Mein alter Kunstlehrer würde sich in seinen Rauschebart lachen.

»Auch wenn man gut zeichnen kann«, erläutert Bo, »heißt das noch lange nicht, dass man gut sprühen kann. Viele entwickeln erst mit den Jahren ihren eigenen Stil.«

»Wie viel Prozent der Sprayer, die im öffentlichen Raum ihre Spuren hinterlassen«, will ich wissen, »sind deiner Meinung nach so richtig schlecht?«

»Das ist Geschmackssache. Es gibt Leute, die malen absichtlich unsauber und dreckig. Die haben einen anderen Anspruch. Ihre Sachen sollen nicht genial aussehen, sie wollen sie einfach schnell platzieren.«

Gut, vielleicht könnte ich mich dann zu deren Schule zählen. Ich müsste halt nur anfangen, absichtlich unsauber und dreckig zu malen statt unabsichtlich wie im Moment.

»Wo malst du eigentlich sonst so?«, frage ich Bo. Ich kann mir nicht vorstellen, dass ein Sprühdosen-Veteran wie er seine Erfüllung darin findet, Möchtegern-Sprayer beim Dilettieren zu beaufsichtigen.

»Ich mache viele Auftragsarbeiten, wenn sich zum Beispiel jemand eine Wand bemalen lassen möchte.«

»Und sonst, Brücken, Trafokästen, Bahnanlagen ...?«

»Ist ja alles verboten. Es gibt ja nicht viele Möglichkeiten.«

Er geht mir nicht auf den Leim, verständlicherweise. Ich selbst würde ja auch keinem Journalisten auf die Nase binden, wo ich überall meine Tags hinterlasse.

Auf der Leinwand nebenan sprühen zwei vielleicht zehnjährige Jungs, frei von technischen Konventionen, einen lustigen Comic-Hund. Ich neide ihnen ihre Lockerheit und ziehe eine weitere Linie um mein A. Kurz bäumt sich der Rebell in mir auf: Ob ich nicht auch mal was anderes probieren dürfe, vielleicht etwas ohne Buchstaben?

»Ich würde das A erst mal komplett saubermachen«, erwidert Bo. »Versuch auf einer Ebene zu bleiben, du verziehst immer.«

Als er wegschaut, sprühe ich schnell ein lustiges Comic-Schwein. Merkwürdig, damals in der Schule und auf Papier sahen die Viecher besser aus. Beschämt übersprühe ich es wieder, bevor Bo oder irgendein anderer es sieht.

Doch mein so geduldiger wie gestrenger Lehrer hat auch milde Seiten, also zeigt er mir, wie man mogelt. Und zwar beim Cutten, dem Glattziehen der Kanten: Man legt einfach ein Blatt wie ein Lineal auf die Leinwand, sprüht dagegen, und voilà – mit einem Mal hat man hübsch saubere Linien.

»Graffiti im eigentlichen Sinne funktioniert nicht mehr nur mit der Sprühdose«, sagt Bo. »Es werden Schablonen benutzt, Kartons, man kombiniert verschiedene Techniken, bringt Ornamentik rein, verwischt mit dem Finger. Es gibt Millionen Arten von Techniken.«

Da er gerade Papier zur Hand hat, schneidet Bo verschieden

große Kreise aus. Mit deren Hilfe entsteht, nein, kein Buchstabe, sondern ein Auge: Iris, Pupille, Lichtflecken. Am Rand muss man noch etwas Schatten dazusprühen, und schon sieht alles schön plastisch aus.

Schablonen auszumalen fühlt sich ebenfalls nicht eben anarchisch an, ich kann mich auch nicht entsinnen, schon mal Menschen gesehen zu haben, die mit Sprühdosen und derart großformatigen Papptafeln durch die Gegend liefen – doch für mich ist der Sprung vom A zum Auge wahrlich erhebend.

Das zweite sprühe ich selbst. Iris, Pupille, Lichtflecken, Schatten: Das ging wirklich einfach. Und es sieht genauso gut aus wie das von Bo. Finde ich, Bo allerdings nicht.

»Du hast die Lichtreflexe falsch gesetzt«, klärt er mich auf. »Das Auge ist ja gebogen, der größere Reflex muss auf der Pupille sitzen.«

Jetzt also auch noch Physiknachhilfe ... Lichtreflexe wieder weg, neue, physikalisch einwandfreie Lichtreflexe hin. Unter die froschigen Glupschaugen sprühe ich ein breit grinsendes Maul, das sich – wiederum hilft ein nun gefaltetes Blatt – mit einer beneidenswert geraden Zahnreihe füllt. Klar, dass Bo wieder was zu meckern hat.

»Das ist wieder Beginner«, sagt er und faltet das Papier noch kleiner. Ein schön schiefer, plastischer Zahn entsteht. Nach diesem Muster vervollständige ich das Gebiss und, wer hätte das gedacht: Jetzt ist sogar Bo zufrieden und bescheinigt mir durchaus Talent.

»Wie lange, glaubst du, würde ich brauchen, um richtig gut zu werden?«

»Das würde gar nicht so lange dauern. Wenn du regelmäßig übst, könntest du in zwei, drei Jahren so weit sein.«

Zwei, drei Jahre? Also mit fünfundvierzig Jahren eine echte

Graffiti-Größe? Das sind ja blendende Aussichten. Wenn ich überhaupt so alt werde, denn ich habe glatt vergessen, den Mundschutz aufzusetzen, und das ganze Aerosol eingeatmet.

Nun nehme ich mir die Zeit und begutachte, was die amerikanischen Stargäste zustande gebracht haben. Der eine hat ein zugegebenermaßen apartes Frauengesicht gemalt, der andere eine amerikanische Flagge als Untergrund für ein Muster aus bizarr verschlungenen Linien. Dafür finde ich eine Einladung vom Konsulat doch ausgesprochen großzügig.

Mich aber würde sowieso keiner irgendwohin einladen, so wie ich jetzt aussehe: Meine Uhr ist in Snow White gesprenkelt, mein rechtes Schienbein leuchtet in Pure Orange. Am hellsten aber strahlt mein glupschäugiger Frosch. Das neckische Funkeln im Auge, die lustigen Zähne, das einnehmende Grinsen: Wer ihn betrachtet, bekommt richtig gute Laune, und ich habe das Gefühl, an diesem Nachmittag irgendwie etwas Bleibendes geschaffen zu haben. Ein, ja doch, kleines Kunstwerk. Wer weiß, vielleicht schlummert ja doch ein bislang vernachlässigtes Zeichentalent in mir den Dornröschenschlaf und wartet nur darauf, wachgeküsst zu werden?

»Ist eine Leinwand frei?« Ein junger Typ ist im Hof erschienen und sucht nach einer Arbeitsfläche.

»Ja«, sagt Bo und deutet auf die Stelle mit meinem Froschbild. »Du kannst eigentlich gleich hier drübermalen.«

VOLLPFEIFE IN DER HALFPIPE

Fahrende Dinge, auf die man sich draufstellt, habe ich in meinem Leben weitestgehend gemieden. Schlittschuh bin ich genau zweimal gefahren, einmal mit vierzehn und mit Anfang vierzig. Der letzte Versuch in Inzell war dabei – wie eingangs beschrieben – gar nicht mal so schlecht: vier Stürze in gut anderthalb Stunden, das waren gerade einmal 2,67 Stürze pro Stunde. Auf Skiern stand ich ein paarmal, Inline-Skates bin ich nie gefahren, Rollschuh auch nicht, ganz selten mal Roller. Rolltreppe dagegen sehr häufig, unfallfrei seit über vierzig Jahren.

Auf einem Skateboard wiederum stand ich nie. Für meine kleine Selbstversuchsreihe wollte ich es aber versuchen – Skateboard oder Inlineskates, dazwischen schwankte ich noch.

Meine ältere Tochter wollte mich für die Inliner begeistern, mit denen sie selbst seit Langem sicher fährt. »Das macht richtig Spaß, Papa. Ich kann es dir beibringen.«

»Danke, das ist nett, aber …«

Wie kann ich ihr auf pädagogisch korrekte Weise beibringen, dass mich diese Aussicht nicht vom Hocker haut? Ein erwachsener Mann, der sich von einem kleinen Mädchen das Skaten beibringen lässt … Andersrum würde die Sache stimmen!

»… aber vielleicht versuche ich es doch eher mit dem Skateboard.«

Tatsächlich spricht einiges gegen die Rollerblades und für das Skateboard. Zum einen scheint mir das Inlineskaten längst zu einer Massenbewegung geworden zu sein; wenn ich am Main entlangjogge, sehe ich mehr Leute rollen als rennen, und viele von diesen Skatern sehen so aus, dass ich sagen würde, ich sollte das auch schaffen. Das Skateboard ist da nicht nur die größere Herausforderung, es ist auch exklusiver und damit cooler. Cool ist selbstverständlich auch der Skater an sich – mit den ausgebeulten, bedenklich tief hängenden Baggy-Pants, dem falschherum aufgesetzten Basecap und dem Board, das er gern lässig unterm Arm trägt.

Den Ausschlag gab dann letztlich das Gespräch mit einer netten Kollegin. »Skateboard, du musst unbedingt Skateboard fahren!«

»Okay, und warum?«

Ihre Begründung war nicht ganz so nett: »Dann musst du dich dem Gespött in der Halfpipe aussetzen.«

Halfpipe, das wusste selbst ich gerade noch, das ist keine zerbrochene Pfeife, sondern eine halbe Röhre, welche die Skater rauf- und runterrasen. Ein Himmelfahrtskommando zweifellos, bei dem ich Gefahr laufen würde, mir alle Knochen zu brechen und mich außerdem bis auf die tief sitzenden Unterhosen zu blamieren.

Andererseits: Man ist nur einmal jung. Oder eben, wie ich hoffentlich, zweimal. Und nach dem Fußballcamp und dem Graffitikurs hatte ich Morgenluft geschnuppert. Also meldete ich mich beim Workshop des Frankfurter Skateladens »Railslide« an und verdrängte die Gedanken an das drohende Gelächter der Profis und der Gaffer: »Schau mal, die Vollpfeife in der Halfpipe!«

Skateboards kannte ich selbstverständlich in jungen Jahren schon; aus Hollywood. In »Zurück in die Zukunft« aus dem Jahr 1985 rast der seinerzeit supercoole Michael J. Fox als Teenager Marty McFly auf einem solchen Ding zur Schule und auch sonst überallhin, wobei er sich gern an fahrende Autos hängt und, wenn das Brett über die Straße kratzt, die Funken fliegen – was, wie ich damals messerscharf erkannte, nur ein Special Effect sein konnte. Es sah klasse aus – ich selbst aber fuhr weiter mit dem Rad zur Schule. Auch Bart Simpson, der erstmals 1989 mit dem Skateboard durch den Vorspann seiner Serie düste, wurde mir, so gern ich auch »Die Simpsons« schaute, kein Rollenmodell.

Was ich spätestens jetzt, vor dem Skateboard-Kurs, bedauere. Käme Marty McFlys Kumpel Doc Brown mit seiner Zeitmaschine vorbei, ich würde sofort einsteigen und zum Üben, Üben, Üben ins Jahr 1985 zurückfliegen, als ich vierzehn war – und damit übrigens zehn Jahre jünger als Michael J. Fox, der mit vierundzwanzig einen Teenager spielte. Heute hat der Ärmste Parkinson, und seine Skateboard-Karriere ist definitiv vorbei. Meine dagegen fängt jetzt erst an. Wer weiß: Wenn jemand mit vierundzwanzig einen Teenager spielen kann, dann kann ich's vielleicht auch mit zweiundvierzig.

Knapp zwei Stunden sind für unseren kleinen Skateboard-Kurs angesetzt, für einen umfangreichen Theorie-Teil dürfte da keine Luft bleiben. Ein wenig zur Geschichte dieses Freizeitsports versuche ich mir daher vorher anzulesen. Geskatet wird, erfahre ich, seit den Fünfzigerjahren; damals sahen die kalifornischen Wellenreiter es nicht ein, wieso sie ihrer bevorzugten Fortbewegungsart nicht auch an Land frönen sollten, und statteten ihre Bretter mit Rädern aus. Für ihre Tätigkeit fand sich das hübsche, heute leider in Vergessenheit geratene Wort des Asphaltsurfens.

Kurz überfliege ich die Liste des »Skateboarder-Jargons« bei Wikipedia: Demnach bin ich ein »Am«, der Ausdruck für einen Amateur. »Ankle Roll« ist eine »für Skateboarder typische Verletzung«, bei der der Knöchel – autsch! – nach innen wegknickt. Und bei einem, wie bitte? Äh … »Assknife« richtet sich das Skateboard »senkrecht auf und verletzt die genitale oder auch rektale Region des Skaters«. Ich beschließe, mir die restlichen Begriffe von B bis Z zu ersparen.

Unter der mit Graffitis besprühten Friedensbrücke im Skatepark – der wohl einzigen Sorte Park, die statt aus Grünflächen komplett aus Beton besteht – sind vier Schüler zusammengekommen, und mit Ausnahme von mir sind sie von ihren Eltern gebracht worden: Helen, zehn Jahre, Lasse, neun, Jannik, sechs, und ich, deutlich älter als alle drei zusammen.

Skatelehrer Milan begrüßt uns. »Was interessiert euch denn am meisten?«, fragt er.

»Ich will lernen, wie man richtig hinfällt«, ruft Jannik.

»Am besten gar nicht«, rät Milan, »und wenn, dann am besten auf die Hände.«

Das ist ganz in meinem Sinne. Unsere Hände sind schließlich wie die Knie durch Schoner geschützt, Helme tragen wir auch; die gesamte Ausrüstung haben unsere Lehrer zur Verfügung gestellt. Eigentlich wollten wir uns in einem anderen Skatepark außerhalb Frankfurts treffen, der viel größer und schöner sein soll, aber es hat am Morgen stark geregnet. Die Friedensbrücke am Main hat den Vorteil, dass ich hier in kürzester Zeit hinradeln kann – und den Nachteil, dass mich hier viel mehr Leute kennen. Zum Glück gießt es inzwischen so, dass praktisch keine Spaziergänger vorbeikommen. Wir sind unter uns.

Helen darf gleich hoch auf die Rampe, sie rast hinunter, wobei sie sich zunächst in die Arme des zweiten Lehrers Tim fallen lässt, später braucht sie die auch nicht mehr. Ob ich mich irgendwann ebenfalls einem Trainer an den Hals schmeißen soll? Da hätte ich doch ein gewisses Problem mit. Und der Trainer sicherlich ebenfalls, schon allein wegen meines Gewichts.

»Die ist echt gut«, wird Tim später über Helen sagen, »vor allem für ein Mädchen.«

Es klingt wie ein Machospruch, ist aber echt nett gemeint: Mädchen, so Tim, hätten zum einen häufiger Angst als die Jungs, und es fehlten ihnen mangels berühmter Skaterinnen die Vorbilder.

»Wie lange fährst du denn schon?«, frage ich Helen.

Sie muss einen Augenblick nachdenken. »Seit einem Jahr immer im Sommer«, sagt sie dann.

Gut, Kinder haben ja ihre ganz eigene Zeitrechnung, und Helen selbst mag das irrsinnig lang vorkommen. Da aber dieser Sommer soeben erst angefangen hat, fährt sie im Grunde erst einen Sommer lang. Dafür aber tatsächlich beeindruckend sicher.

Ich hingegen bekomme von Milan erst mal einen Stoß in den Rücken. Kein unfreundlicher Akt eines übermotivierten Trainers, sondern ein Test: Mein intuitiver Ausfallschritt soll zeigen, welches Bein bei mir nach vorn gehört – ob ich also regular oder goofy fahre, um im Skater-Jargon zu bleiben. Mein linker Fuß macht den Schritt, aber ich setze vom Gefühl her doch lieber den rechten vorn aufs Brett. Also Goofy. Zwar nicht Michael J. Fox, aber immerhin auch ein Filmstar.

An die typischen unkoordinierten Verrenkungen des Comic-Hunds erinnern tatsächlich meine ersten Versuche, auf dem rollenden Brett das Gleichgewicht zu halten: Ich reiße den linken Arm nach hinten und verspüre prompt ein heftiges Ziehen, später einen stechenden Schmerz im rechten Arm. Ich beschließe, auf solche Bewegungen zu verzichten. Eine Sturzverhinderungszerrung ist dann doch weniger cool als eine ordentliche Sturzprellung.

»Die Würde des Menschen besteht darin, nicht sein wahres Selbst zu verraten, sondern sich damit zu harmonisieren.« Der Graffiti-Sinnspruch an der Brückenmauer gibt mir zu denken. Bin ich womöglich gerade dabei, mein wahres Selbst zu verraten? Vielleicht läge es, statt hier eher würdelos herumzuhampeln, jetzt ja viel lieber gemütlich im Warmen auf dem Sofa?

Doch nun will ich es wissen. Ich stoße mich mit dem Fuß auf dem Boden ab und werde langsam schneller. Noch schneller fährt das Brett, wenn ich mich gleich zwei-, dreimal in schneller Folge abstoße. Am allerschnellsten aber fährt es, als ich rücklings auf dem Boden liege und ihm hinterherschaue: Geht ganz schön ab, das Ding! Ich erhebe mich mit einem Lächeln, das Souveränität signalisieren soll, das habe ich seinerzeit schon beim Schlittschuhfahren so gehandhabt. Die beiden Jungs aus der Gruppe, registriere ich, fallen zudem viel öfter hin. Am Ende werden es nach zwei Stunden Training auf meiner Seite drei Stürze sein. 1,5 pro Stunde: neue persönliche Bestmarke. Das heißt: Ich kann ordentlich fahren, auf glatter Ebene. Aber ist das schon Skateboard-Sport?

Denn, wie der kleine Jannik im Gegensatz zu mir längst weiß, es ist ein Irrglaube, dass es sich beim Skateboard in erster Linie um ein Fortbewegungsmittel handelt. Es geht ums richtige Springen, ums richtige Stürzen, um die Rampen und die Halfpipe, die es hier genaugenommen gar nicht gibt, sondern nur zwei halbe Halfpipes, zwei Quarterpipes. Die richtig coolen Skater drehen ihr Brett in der Luft, fahren Treppengeländer hinab oder die Wände hoch, und immer wieder fallen sie dabei hin und rappeln sich wieder hoch. Helen wird so etwas vielleicht eines Tages schaffen, ich aber in meinem Leben ganz bestimmt nicht mehr.

Immerhin habe ich etwas mehr Ausdauer als die Kleinen, die nach einer Stunde über Hunger klagen. Lasse und Jannik, die beiden Jungs, die erst seit Weihnachten fahren, dürfen zu ihrer Enttäuschung die Rampen noch nicht runter, jedenfalls nicht im Stehen. Also setzen sie sich auf ihre Bretter und rodeln hinunter. Das würde mir auch Spaß machen, aber natürlich würde es mich auch reizen, es doch einmal im Stehen zu versuchen.

Doch Milan rät mir freundlich, aber bestimmt von der Rampe ab: »Das wäre saublöd, weil man sich dabei garantiert hinpackt. Und je älter man ist, desto schwerer steckt man das weg.«

Saublöd bin ich nicht und außerdem ziemlich alt – also keine Halfpipe, liebe Kollegin. Das hier ist schließlich seriöser Journalismus und nicht »Jackass«! Auch Milan selbst, erzählt er, laboriert immer länger an den Verletzungen, die er sich beim Skateboard-Fahren zuzieht, und er fährt im Gegensatz zu mir richtig gut.

Von oben nach unten also werde ich die Rampe nicht entlangfahren. Von unten aber rolle ich im Stehen, ganz vorsichtig, immerhin ein kleines bisschen die Wände hinauf. Einmal falle ich dabei hin, beim zweiten Mal bleibe ich auf dem Brett und komme noch ein wenig weiter. Nicht die halbe Röhre, nicht mal ein Viertel, sagen wir: Zu einem Achtel bin ich die Quarterpipe hochgefahren.

Quarterpipe x $\frac{1}{8}$ = $\frac{1}{32}$-Pipe!

Und auch das Tic-Tac klappt nicht schlecht, das Hin- und Herwenden des Boards, dessen Spitze sich in die Höhe hebt, wenn man das Gewicht dabei auf den hinteren Fuß verlagert. So kommt man vorwärts, ohne sich auf dem Boden abstoßen zu müssen.

»Ich bin echt beeindruckt«, sagt Milan. »Das sieht schon viel flüssiger aus als heute Morgen.« Andererseits seien bei einem blutigen Anfänger die Fortschritte nun mal am besten sichtbar.

Trotzdem: Von Milans Motivationskünsten sollte sich meine Frau mal eine Scheibe abschneiden. Daheim zeige ich ihr eine kurze Handy-Filmsequenz, die mein Trainer von mir aufgenommen hat. Es sieht nicht so aus wie in »Zurück in die Zukunft«, ganz gewiss nicht, aber Michael J. Fox hatte vor dem Dreh auch viel mehr Übungsstunden als ich und darüber hinaus ein paar fähige Stunt-Doubles. Nein, mein Film zeigt einen mittelalten Mann mit Helm, der zaghaft und in gemächlichem Tempo von einer Seite zur anderen rollt.

Meine Frau sagt erst gar nichts, dann ringt sie sich doch einen Kommentar ab: »Das ist doch nichts Besonderes.«

Was, zum Himmel, hat sie denn erwartet? Dass ich mich an ein Auto hänge, dass die Funken fliegen?

Es ist bestürzend, wie sehr Hollywood unsere Sehgewohnheiten verdorben hat.

AM TAG, ALS DER DYNAMIT-TROLL STARB

Nicht alle Dinge, die man als Kind oder Jugendlicher so macht, habe ich verpennt. Zum Beispiel war ich Mitte der Achtziger einer der Ersten in meiner Klasse, die sich einen Computer gekauft haben, einen Commodore 64. Das aber keineswegs, um damit zu spielen; ich wollte, was auch immer ich mir damals darunter vorstellte, »programmieren«. Also legte ich mir ein paar C64-Handbücher zu, die weiß-roten von Data-Becker, die ich freilich komplett unlesbar fand. Nach Monaten wusste ich immer noch nicht, was ich eigentlich hätte programmieren können, und so war ich der Erste in meiner Klasse, der seinen Computer wieder verkauft hat.

Warum nur habe ich an dem Ding nicht spielen wollen? Den sogenannten Telespielen auf dem Fernsehschirm habe ich mich in jüngeren Jahren doch auch mit grenzenloser Geduld gewidmet: Mit meiner Schwester ließ ich einen kleinen quadratischen Ball äußerst langsam zwischen zwei senkrechten Strichen hin- und herfliegen, wobei es recht lustig klickte und fiepte. Dann aber, schon in Teenager-Tagen, kam jener Nachmittag bei einem Kumpel, der uns ein Olympia-Videospiel präsentierte. Gegen einen Mitschüler trat ich im 100-Meter-Lauf an, den ich prompt gewann – vor allem deshalb allerdings, weil mein Gegner, als er mich wie irre am Joystick rütteln sah, vor Lachen aufgeben musste. Da ahnte ich, dass ich mich – offenbar akut suchtgefährdet – von elektronischen Spielen künftig besser fernhalten sollte.

Das habe ich auch getan, bis heute. Die kurze Phase, in der unsere Große mich anbettelte, auf meinem iPad doch ein paar Spiele zu installieren, die sie von den elterlichen Tablets einiger ihrer Freundinnen kennt, habe ich ausgesessen. Gar nicht aus Böswilligkeit gegenüber dem Kind oder gar aus moralischen Erwägungen, sondern weil ich aus irgendwelchen Gründen nicht dazu gekommen bin. Computerspiele sind für mich einfach nicht wichtig genug. Wobei ich mir mit dieser Haltung schon zusehends exotisch vorkomme in einer Welt, in der das Daddeln längst als Kulturgut gilt, gleichberechtigt neben Kunst und Kino, und zum alltäglichen Lebensinhalt etlicher Menschen zählt. Es gibt sogar Studien, die behaupten, dass – bestimmte – Computerspiele der Entwicklung förderlich sein können, weil sie die Reflexe und die motorischen Fähigkeiten schulen und die Spieler dazu anhalten, schnelle Entscheidungen zu treffen. Ganz abgesehen von dem sorglosen Umgang mit neuer Technik, die den Gamern zu eigen ist. Gut möglich, dass ich auch auf diesem Feld wieder große Chancen verpasst habe.

Wie schwierig mag es sein, hier noch einzusteigen als jemand, der digital auf der Evolutionsstufe des Quadratballkickers stehen geblieben ist? Kann man das Computerspielen wirklich lernen?

Besonders schwer, hat Florian Stadlbauer am Telefon erzählt, sei es eigentlich nicht. Und das liegt an Leuten wie ihm, den Spieleentwicklern. Die nämlich sorgen dafür, dass auch absolute Einsteiger rasch ein Erfolgserlebnis haben. Dabei gibt es natürlich ganz simple und extrem komplexe Spiele. Damit ich mich in diesen wie in jenen mal versuchen kann, hat Stadlbauer mich eingeladen zum Spielenachmittag in die Räume von Deck13, einem Frankfurter Entwicklerstudio, wo er einer der Geschäftsführer ist.

Dort warte ich nun im Korridor, schaue ziemlich jungen, ziemlich hippen Menschen beim Umherwuseln zu und fühle mich alt. Bis plötzlich ein Mann und eine Frau hereinkommen, beide sicher Ende fünfzig, und zielstrebig in ein Zimmer gehen. Die Senior Managers? Die Eltern des Geschäftsführers? Weder noch, leider: Als sie wieder in den Flur treten, trägt er einen Staubsauger und sie Eimer und Putzlappen.

Wie zum Trost warten in Florian Stadlbauers eigens abgedunkeltem Büro Schokolade, Chips und Salzstangen. Außerdem der Spieleentwickler selbst sowie Elli und Sebastian, unter den Deck13-Designern die passioniertesten Spieler. Das Ziel: die Simulation eines Zockerabends, bei dem sie einem guten Kumpel – in diesem Fall mir – ein paar neue Spiele schmackhaft machen. Kurz referiert Florian über die wichtigsten Konsolen, dann fasse ich zum ersten Mal in meinem Leben einen Controller an – nicht den strengen Herrn aus dem Rechnungswesen, sondern, wie ich lerne, das so bezeichnete Steuergerät.

Sogleich bekomme ich was zu hören: »Du hältst ihn falsch rum.«

Unwahrscheinlich, dass die drei einen »Kumpel« schon mal so in die Materie einführen mussten.

»Hast du überhaupt schon mal irgendetwas am Computer gespielt?«, fragt Florian.

Ich erzähle von meinem glanzlosen Sieg beim Olympia-Game, als der Gegner aufgrund eines Lachanfalls aufgeben musste.

»Bestimmt ein grandioses Spiel, aber die Branche hat sich seitdem einen Tick weiterentwickelt.«

Das habe ich befürchtet.

Wir beginnen mit »Skylanders«, einem schwer erfolgreichen Fantasy-Spiel, das wegen seiner zahlreichen Action-Figürchen, die man dazukaufen muss, bei Kindern beliebt ist – und bei Eltern vermutlich verhasst. Stellt man sie auf ein Podium, greifen die Figuren durch einen Funk-Chip ins Spiel ein. Aus Ellis umfangreicher Privatsammlung wähle ich einen Gesellen mit irrem Grinsen und riesigen Ohren; es ist, wie ich später nachlese, der Dynamit-Troll Boomer, der, obwohl notorischer Pyromane, doch »lieb und nachdenklich« sein soll. Da mag ich mich durchaus wiedererkennen, abgesehen vielleicht von der Sache mit dem Zündeln.

»Und was passiert, wenn ich mehrere Figuren auf dieses Podest stelle? Geht es dann kaputt?«

»Dann passiert einfach nichts.«

Als Boomer tauche ich ein ins Skylanders-Universum, das aus fliegenden Inseln besteht. Es ist höchste Zeit. »Ein Skylander! Du bist zurückgekommen! Skylands braucht deine Hilfe: Die Dunkelheit breitet sich aus«, tönt es hoffnungsfroh aus den Boxen.

»Schlagen und Hüpfen liegt üblicherweise auf diesen Knöpfen. Mit dem einen Stick läuft man, mit dem anderen bewegt man eine Kamera«, erläutern meine Lehrmeister.

Um mir das so schnell merken zu können, funktioniert mein Hirn wohl zu analog. »Gibt es irgendwo eine gedruckte Anleitung?«

»In den Spielen wird eigentlich alles recht übersichtlich erklärt«, entgegnet Elli. »Es gibt auch ein Tutorial, das zeigt dir die wichtigsten Moves und Knopfbewegungen.«

Mein Troll wetzt derweil orientierungslos durch die grellbunte Gegend. Allerlei Getier flattert durch die Luft, ich drücke auf einen Knopf und zerhaue ein Fass.

»Bewegen klappt schon mal«, sagt Elli.

»Wo soll ich denn eigentlich hin, was soll ich tun?«

»Deine Quest ist es, das Dorf zu retten.«

Ich blicke mich um und sehe eine Mauer, dahinter ein paar aufgeregte Wesen und irgendwo eine Kanone mit brennender Lunte.

»Was mache ich damit?«

Elli sagt langsam und nachdrücklich wie eine Kindergärtnerin: »Du hast hier die Kanone und da diese Mauer und – naja.«

Als mein Troll noch immer nicht in die Gänge kommt, ergänzt Sebastian ebenso geduldig: »Ziel könnte es sein, dass die Kanone die Mauer vielleicht kaputt macht.«

»Wieso denn das? Ich soll das Dorf doch retten?«

»Aber hinter der Mauer sind doch zitternde Bewohner des Dorfes, sie sind praktisch Gefangene.«

»Dann kann ich die Schnur doch einfach abbrennen lassen?«

Elli übernimmt das Kommando. »Stell dich einfach mal hinter die Kanone.«

Endlich hab ich's kapiert. Ich zerballere die Mauer, die Dörfler sind frei. Jubel.

Auch auf den nächsten Stationen wird mein Troll-Ich von den Skylands-Wesen mit nicht nachlassender Begeisterung begrüßt: »Es ist großartig, dich hier zu sehen!« Wenn die armen Kerlchen wüssten, wem sie hier so viel Vorschusslorbeer gewähren! In der Folge muss ich gigantische schlafende Schildkröten wegstoßen, die mir immerzu den Weg versperren. Welche Rolle spielen eigentlich bewusstseinserweiternde Substanzen bei der Entwicklung von Videospielen?

Bevor ich die Frage stellen kann, bleibe ich vor einem großen verschlossenen Tor stehen. »Und jetzt?«

»Du musst den Schlüssel ins Schloss stecken.«

Stimmt, in der Luft über meinem Kopf schwirrt ein Schlüssel herum.

»Ich komm nicht ran.«

»Du hast ihn schon. Du hast ihn gerade aufgesammelt, deswegen schwebt er über dir.«

Hätte ich das mit dem Aufsammeln nicht merken müssen? Egal, ich öffne das Tor und schlage mich weiter durch.

»Kann mir bei dem Spiel eigentlich auch etwas passieren? Bislang haue ich alles weg.«

»Diese einfach zugänglichen Spiele wie ›Skylanders‹ sind eigentlich sehr frustfrei«, sagt Elli. »Du kannst zwar irgendwo runterfallen und scheitern, aber im Endeffekt nicht sterben.«

Das ist beruhigend, gerade weil mich im gleichen Moment ein Haufen kleiner grüner Monster mit spitzen Zähnen anfällt.

»Jetzt kannst du einige Knöpfe drücken«, rät Elli. »Die ziehen dir ansonsten Energie ab.« Dann, schon dringlicher: »Noch mal!«

Ich drücke und drücke, doch zu spät: Mein Troll haucht sein Leben aus. Ungläubiges Gelächter bei meinen Coaches.

»Direkt gestorben beim ersten Level!«

Wäre in so einem Moment nicht etwas mehr Pietät angebracht?

Boomers trauriges Ende nutze ich, um ein wenig mehr über meine Mitspieler zu erfahren. Elli und Sebastian sind in verschiedenen Feldern des Spiele-Designs tätig; Elli liefert die Konzeptzeichnungen, Sebastian arbeitet an der 3D-Umsetzung. Und in der Mittagspause? Wird gespielt.

»Was macht ihr abends?«, frage ich. »Habt ihr dann auch noch Lust, zu Hause zu spielen?«

Schluck!
W.GREVE

»Absolut«, sagt Sebastian. »Die Bandbreite ist ja nahezu unbegrenzt.«

»Sebastian«, sagt Florian, »ist Extremspieler.«

Das Sammeln von Computerspielen hat Sebastian schon unglaublicherweise von seinen Eltern übernommen, die selbst leidenschaftliche Zocker sind. Mehr als hundert Spiele hat er zu Hause – es wären weit mehr, wenn er nicht etliche weggegeben hätte.

»Vor Kurzem habe ich am Gameboy noch einmal ›Super-Mario‹ bis zur letzten Stufe durchgespielt«, erzählt er. »Das hat nur zwanzig Minuten gedauert. Damals habe ich dafür bestimmt eine Woche gebraucht.«

Weniger brauchte ich dafür sicher auch nicht.

Wir wechseln nun nicht zu »Super-Mario«, sondern zu »Tiger & Chicken«, kreiert von Deck13, ganz neu auf dem Markt. Anderthalb Jahre hat die Firma an dem Spiel gearbeitet, das die Moorhuhn-Reihe fortsetzt, von der selbst ich schon mal gehört habe. Ich bin nun also ein Moorhuhn, das sich mit asiatischer Kampftechnik durch den Dschungel schlägt, sofort bedrängt von werwolfartigen Monstern namens Elementaren.

»Gib ihnen Saures!«, feuern mich meine Mentoren an.

Ich aber, der Kämpfe überdrüssig, laufe lieber vor ihnen davon. Vielleicht kommt man auch mit Schnelligkeit ans Ziel, wie einst beim Hundert-Meter-Lauf?

»Keine gute Idee«, warnt Florian, »es werden im Zweifelsfall mehr.« Und überhaupt: »Die meisten, die so ein Spiel spielen, die wollen gegen die Monster auch kämpfen.«

Ich verwechsele beim Drücken andauernd den X- mit dem A-Knopf und schlürfe einen Heiltrank nach dem anderen – doch im Nahkampf mit den Viechern versage ich erbärmlich.

»Du hast dich in eine schlechte Situation manövriert, weil

du einfach vorbeigelaufen bist. Du hast jetzt kein Health mehr.«

So kommt es, wie es kommen muss: Der Bildschirm färbt sich blutrot, das Huhn ist Frikassee, und die Entwickler haben etwas über ihr eigenes Spiel gelernt.

»Ich wusste gar nicht«, stellt Florian verblüfft fest, »dass man an dieser Stelle überhaupt sterben kann.«

Nichts zu danken für die Info.

Nun ist »Uncharted 3« an der Reihe, ein Spiel mit kinoreifer Grafik, dessen Story, wie Florian sagt, von Hollywood-Autoren erdacht wurde. »Man weiß nicht genau, ob es noch ein Spiel ist oder ein interaktiver Film.«

Diesmal darf ich, der Ex-Troll und das Ex-Huhn, endlich mal einen Menschen mimen – den Abenteurer Nathan Drake, einen Schönling, der die oberen Hemdknöpfe fast bis zum Bauch geöffnet hat. In der Intro-Sequenz gerät Drake, nachdem man ihm einen Koffer mit Falschgeld andrehen wollte, in eine Pub-Schlägerei mit vierschrötigen Gangstern.

»Der obere Knopf ist zum Ausweichen, der linke zum Schlagen.«

Es sieht wirklich aus wie Kino, und zwar am ehesten wie ein Bud-Spencer-Film: Meine Feinde schmeißen mich auf einen Tisch, räumen mit meinem Schädel Bierkrüge ab, schmettern mich auf der Toilette gegen ein Pissoir und schleudern mich aus dem Fenster. Jedes Mal, wenn ich einen Treffer kassiere, vibriert mein Controller. Wunden trage ich auf wundersame Weise keine davon, und meine Frisur sitzt tadellos. Am Ende haue ich dem kräftigsten Unhold einen Spülkasten um die Ohren. Als ich anschließend zurück ins Pub gehe, schwanke ich leicht hin und her, als wäre ich besoffen. Ich habe ja auch einiges einstecken müssen. Andererseits läuft wohl jede Figur auf diese eigenartige Weise, wenn ich am Steuerknüppel sitze.

Nach beendeter Klopperei laufe ich in einer Rückblende durch ein Istanbuler Museum, durchblättere ein Buch mit mysteriösen Zeichnungen und suche anschließend in den Vitrinen nach Zeichen.

»Jetzt noch mal die Select-Taste drücken und etwas näher an die Vitrine gehen«, rät man mir.

Doch nichts passiert – ich sehe nichts, was ich anfassen oder brauchen kann. Es wäre sicher einfacher, wenn ich denn wüsstc, was ich suchc.

»Wir hätten nach Select vermutlich noch mehr Knöpfe gedrückt«, analysiert Sebastian mein Unvermögen, »dann wären wir nicht so hängen geblieben wie du gerade.«

Aus Frust versuche ich, einen Museumswärter umzuhauen. Es klappt nicht.

Am Schluss der Lehrstunde darf ich dann zuschauen, wie sich Elli und Sebastian in »Monster Hunter« ein furchtbares Gemetzel mit einem Wyvern liefern, einem zweibeinigen, zweiflügeligen Drachen. Dieses Spiel, das vor allem in Japan sehr erfolgreich sei, bewege sich »am oberen Ende der Komplexität. Auch ich kriege damit meine Schwierigkeiten«, erklärt Florian.

»Man sagt, dass man mindestens zehn Stunden mit dem Spiel verbringen muss, bevor man einigermaßen weiß, worum es geht«, ergänzt Sebastian. »Es fängt komplett kryptisch an. Es lässt einen sehr alleine.«

In »Monster Hunter«, erläutern sie mir, gibt es zweiundsiebzig verschiedene Monster, aus denen man sich, hat man sie besiegt, Rüstungen bauen kann. Vor jeder neuen Jagd, die in verschiedenste Zonen führt, staffiert man sich mit neuen Waffen und Proviant aus, zwischen den Schlachten kann man Erze abbauen, Insekten töten oder Honig trinken, was alles irgendwie nützlich ist.

»Storytechnisch gibt es kein wirkliches Ende«, sagt Sebastian. »Hundertzehn Stunden Spielzeit sind da schon drin.«

Die Profis sind – im Wortsinn – mit Feuereifer dabei, während ich schon als Zuschauer völlig reizüberflutet bin. Ich starre auf den Bildschirm und lausche ihren Erklärungen, ohne im Entferntesten durchzusteigen.

»Gerade habe ich dem Monster eine Leuchtkugel an den Körper geworfen, damit wir ihn verfolgen können, wenn er wegfliegt«, erklärt Elli.

»Es gibt zwölf verschiedene Klassen, mit denen man das spielen kann. Ich habe eine Großschwertklasse, Elli eine Zweihandschwertwaffe«, sagt Sebastian. Und dann, zu Elli: »'tschuldigung.«

»Was ist passiert?«, frage ich.

»Sebastian ist mit seiner Waffe so stark, dass er auch mich trifft. Er kann mich damit zurückwerfen.«

»Und was macht ihr jetzt gerade?«

»Ich schlage auf Stellen unter dem Bauch des Monsters und auf seinen Schwanz. Man kann ihnen Körperteile abtrennen, dann hat man mehr Material für seine Rüstung.«

»Gerade sind kleinere Partikel von seinem Kopf abgeflogen«, stellt Sebastian fest.

»Ich würde ihm ganz gern den Schwanz abschneiden.«

»Dann machen wir das.«

»Ich bin außer Übung, die ganzen Bewegungsabläufe bin ich nicht mehr gewohnt«, entschuldigt sich Elli.

»Ich werfe mal eine Schallbombe.«

»Monster Hunter« ist kein Spiel für Pazifisten – auch wenn

man die Monster, statt sie zu töten, fangen kann, was sogar eine Belohnung gibt. Aus Gründen, die ich wiederum nicht kapiere, müssen Elli und Sebastian den Wyvern in dieser Runde aber leider doch töten.

»Wie lange, glaubt ihr, würde ich dieses Spiel durchhalten?«

»Nicht böse gemeint: vielleicht fünf Minuten.«

Sie lassen es mich aber doch mal probieren.

»Elli wird dich beschützen«, verspricht Sebastian.

An ihrer Seite kämpfe ich gegen einen Barroth, ein Schlammmonster. Auf der Suche nach dem Viech entdecke ich ein paar kleine recht niedliche Dinos. »Was mache ich mit denen?«

»Du kannst sie schlagen. Dann schneidest du rohes Fleisch heraus, aus dem du in Verbindung mit einem Grill ein Steak machen kannst.«

»Monster Hunter« ist auch kein Spiel für Vegetarier.

»Man kann aber auch Energy-Drinks trinken, die haben die gleiche Wirkung«, beeilt sich Elli zu sagen.

Als der Barroth erscheint, zücke ich mein Schwert und setze einen Hieb nach dem anderen – in die Luft. »Wie muss ich denn schlagen, um ihn zu treffen?«, frage ich mit wachsender Verzweiflung.

»In die Richtung, in der du stehst, schlägst du auch«, erklärt Sebastian. »Ein paar Informationen geben wir halt gar nicht weiter, weil wir nicht wussten …« Er ist zu höflich, um den zweiten Teil des Satzes auszusprechen: dass jemand so was nicht wissen kann.

»Du kannst mir einfach folgen«, ruft Elli mir zu.

»Gern. Wo bist du denn?«

»Hier. Steck beim Rennen deine Waffe weg. Mit gezogener Waffe bist du wesentlich langsamer.«

Dann ist das Schlammmonster plötzlich weg. Es kann nicht an mir gelegen haben, dass es geflohen ist. »Das Ganze«, resümiere ich, »sah für mich recht sinnlos aus.«

»Kann ich verstehen«, sagt Sebastian. »Man fängt ja auch nicht gleich mit dem Everest an.«

Habe ich wenigstens ein bisschen Talent?

»Mit Talent hat das nichts zu tun, sondern mit der Lust, sich damit zu beschäftigen«, meint Sebastian. »Ich habe keine besondere Begabung fürs Zocken, ich spiele einfach nur seit zwanzig Jahren.«

Spaß immerhin hat mir unser Spiele-Nachmittag gemacht, wobei in meinem Fall die Suchtgefahr gebannt erscheint. Um meinen Reflexen oder meiner Entscheidungsfreudigkeit auf die Sprünge zu helfen, müsste ich zweifellos noch unzählige weitere Nachmittage investieren. Aber ich kann jetzt wenigstens ein kleines bisschen mitreden. Und erkenntnisreich war es nicht nur für mich, sondern auch für die Deck13-Leute. Es habe ihn »echt irritiert«, sagt Sebastian, jemanden zu sehen, bei dem der Controller »wie ein Fremdkörper in der Hand wirkt«.

Müde und gezeichnet von den Kämpfen des Tages, kehre ich nach Hause zurück. Mit einem kräftigen Hieb zerschlage ich die Eingangstür und betrete die Wohnung, wo ich von meinen Töchtern wie gewohnt überschwänglich begrüßt werde: »Du bist zurückgekommen! Wie großartig, dich zu sehen«, ruft die Große, und die Kleine kräht: »Die Dunkelheit hat ein Ende!« Liebevoll drücken die kleinen Wesen ihren Helden an sich.

Man wird ja wohl noch träumen dürfen.

COMEBACK DES FLÖTENKINDES

In dieser Besetzung haben wir noch nie zusammen gespielt – und wir werden es auch nie wieder tun. Die Drumsticks schwingt Philip, sechsunddreißig, der gerade zwei Unterrichtsstunden am Schlagzeug hinter sich hat. Bassist Thorsten, sechsundvierzig, spielt zwar seit zweieinhalb Jahren, aber bisher nur für sich, nie mit anderen zusammen. Am Mikro und an der Gitarre: ich, zweiundvierzig, fünf Gitarrenstunden. Eine absolute No-Star-Band, auf wundersame Weise zusammengewürfelt von unserem vierten Mann, der unsere ganze Statistik durcheinanderbringt: Alex, zweiunddreißig, Gitarrist seit neunzehn Jahren, mein Gitarrenlehrer. Es ist meine sechste und letzte Stunde bei ihm, und er will es mir – und den anderen – ermöglichen, sich einmal so zu fühlen wie ein richtiger Musiker in einer Band. Auch wenn unser »Konzert« ohne Publikum und in einem Proberaum der Musikschule Frankfurt stattfindet.

Meine früheste Erinnerung an ein Musikinstrument ist die Blockflöte, die meine Schwester ein paar Grundschuljahre lang spielte. Mich interessierte das nicht, bis ich mitbekam, dass die Flötenkinder in der Klasse alle eine Eins in Musik kriegten. So wurde auch ich ein Flötenkind – allerdings nur für ganz kurze Zeit. So wichtig war mir die Note dann doch nicht und die Flöte erst recht nicht, als dass ich mir auf Dauer die Flöten-AG antun wollte. Jahre später landete ich auf einem Gymnasium mit musischem Zug, wo praktisch jeder in der

Musik-AG, im Chor oder in der Big Band war. Das heißt, jeder außer mir – und einem Kumpel, der immer scherzte, eines Tages würden wir, er und ich, eine Band gründen. Irgendwann hat dann auch er Gitarre spielen gelernt, und es kam mir ein wenig so vor, als hätte er mich verraten.

Warum ich mich auch später nicht dazu durchringen konnte, ein Instrument zu erlernen? Es war ja längst nicht mehr so, dass ich Musik und Instrumente wie einst zu Blockflötenzeiten doof fand. Ich hatte im Gegenteil geradezu Ehrfurcht davor: Wenn ich jemanden Musik machen hörte, dann meinte ich zu spüren, dass dies eine für mich verschlossene Welt war, so gern ich ein Teil von ihr gewesen wäre. Musik, davon bin ich fest überzeugt, macht die Menschen klüger, kultivierter, schöner, glücklicher, und wer musiziert, der trainiert der Forschung zufolge verschiedenste Fähigkeiten wie Feinmotorik, Gedächtnis und Einfühlungsvermögen.

Immerhin, dass ich halbwegs singen konnte, wusste ich seit der Zeit im Schülerkabarett, als unser musikalisch äußerst versierter Pianist begeistert feststellte, dass ich höhere Töne traf als seine Schwester. Doch ein Instrument? Völlig absurd schien mir allein die Vorstellung, meine beiden Hände könnten gleichzeitig unterschiedliche Bewegungen ausführen.

Nun aber, anlässlich meines Experiments, will ich sie endlich dazu zwingen. Aber mit welchem Instrument soll das geschehen? Blockflöte scheidet aus naheliegenden Gründen aus. Beim Klavier müsste ich mit meiner mittlerweile achtjährigen Tochter konkurrieren, die seit zwei Jahren spielt und mich noch älter aussehen ließe, als ich ohnehin bin. Meine Frau versucht, mich zum Kontrabass zu überreden, ihrem alten Sehnsuchtsinstrument, doch sie hat gut reden: Sie spielt ja längst Gitarre, wenn auch nicht mehr so häufig und gut wie früher. Und genau das möchte ich auch – jenes Instrument erlernen, das seit jeher Teenager vom Rockstarleben träumen lässt oder wenigstens von einem großen Auftritt am Lagerfeuer: die Gitarre. Endlich mal selbst bestimmen können, was da den Abend über gespielt wird, während alle anderen nur in die Kohlen starren, knutschen oder sich betrinken – was natürlich auch nicht die schlechtesten Alternativen sind. Aber trotzdem.

Auf dem Weg zu meiner ersten Musikstunde habe ich gleich das erste erhebende Erlebnis: Ich fahre, die Gitarre meiner Frau auf dem Rücken, mit der U-Bahn, und ich glaube die anerkennenden Blicke der anderen Fahrgäste zu spüren: Schau mal, ein Musiker. Warum habe ich das nicht schon viel früher mal gemacht? Eine Gitarre durch die Gegend zu tragen geht ja ganz ohne Üben. Andererseits ist so ein Ding doch auch ziemlich sperrig, man muss höllisch aufpassen, es keinem Mitfahrer an den Kopf zu knallen. Da wäre ein Flötenetui schon praktischer gewesen.

Weitere U-Bahn-Ausflüge mit Gitarre sind aber gar nicht nötig, denn, wer hätte es gedacht: Die Musikschule verfügt über eigene Gitarren. Mein Lehrer Alex Matwijuck war ein paar Jahre Profimusiker und ist heute noch Gitarrist in zwei Bands, die denkbar unterschiedlich klingen: Mit ruhigen Tönen begleitet er eine Sängerin, mit einer für mein Gehör ein wenig obskur klingenden Gruppe tobt er sich an wild kreischenden Instrumenten aus. Alex kündigt an, mir einen Crashkurs zu geben, der »ein bisschen Songbegleitung und Akkordspiel« umfasst.

Ich lasse mich auf einem Hocker nieder und nehme die Gitarre auf den Schoß. Worauf sich Alex erstmals zum Eingreifen veranlasst sieht: »Wir nehmen die coole Haltung und nicht die ›Ich bin acht Jahre und lerne Gitarre‹-Haltung.«

Heißt: Korpus des Instruments aufs rechte Bein, Hals nach oben. Er zeigt mir, wie man ein Plektrum hält, das kleine Plättchen, mit dem man die Saiten schlägt; besitzt man keines, dann tut es auch ein so beeindruckend langer Daumennagel, wie Alex ihn vorweisen kann. So viel Zeit, um meinen so lang wachsen zu lassen, habe ich allerdings nicht.

Das Plektrum also gehört in die Hautfalte vom ersten Fingergelenk. Alex hält mir ein Diagramm mit Akkorden vor, deren Namen ich gleich wieder vergesse; auch später, wenn die Griffe sitzen, werde ich immer wieder nachfragen müssen, wenn er von a-Moll oder C-Dur spricht. Immerhin merken kann ich mir das Sprüchlein, das angibt, wie die Saiten gestimmt sind: Eine alte Dame ging Honig einkaufen. E-A-D-G-H-E.

Dann geht es los mit Auf- und Abschlag. »Das ist keine große Sache, ein bisschen wie Staubwischen«, sagt Alex. »Versuch mal, möglichst alle Saiten zu erwischen.«

Während ich einfach nur rhythmisch auf- und abschlage, greift sich Alex seine Gitarre und spielt ein paar passende Linien dazu. Es fühlt sich fast so an wie eine gemeinsame Jam-Session. »Du hast schon eine Menge gemacht, ohne es zu merken«, sagt Alex. »Du hast einen e-Moll-Akkord gegriffen und mit dem Plektrum Aufschlag und Abschlag gemacht.«

Das kann von mir aus gern so weitergehen: Wenn ich am Ende gelernt habe, Gitarre zu spielen, ist es mir im Prinzip egal, ob ich es währenddessen beabsichtigt habe oder nicht.

Alex hat durchaus höhere Ambitionen mit mir, als mich einfach nur schrammeln zu lassen. Er möchte mit mir ein Lied einüben, eines, das zum Standardrepertoire jedes Oldie-Senders zählt: »A Horse With No Name« von America, der Klassiker über einen seltsamen Wüstenritt, einsteigertauglich nicht nur wegen des lyrisch eher unambitionierten Refrains (»Lalalalalalalalala, lalalalalalalalalala«), sondern weil der Song aus nur zwei Akkorden besteht, und zwar e-Moll und D 6/9. Eine echte Lagerfeuer-Nummer. Ob America es schmeichelhaft finden, dass Legionen von Gitarren-Eleven ihren Song klampfen, weil er so simpel ist?

Wobei: Ganz so simpel ist er auch nicht, jedenfalls nicht für einen blutigen Anfänger wie mich. Man muss sich an die Fingerwechsel erst gewöhnen.

»Es hat ein bisschen was von ›Himmel und Hölle‹«, sagt Alex. »Eins, zwei, drei, hopp!«

Meine Finger hüpfen hin und her.

»Versuch die Bewegung etwas früher loszuschicken!«

Eins, zwei, drei, hopp. Ja, das war jetzt früh genug, nur die richtigen Saiten habe ich nicht getroffen. Ein ums andere Mal erwische ich mit dem Zeigefinger zusätzlich die oberste, ganz dünne Saite und spiele einen Ton zu viel.

»Geil, dass du 'ne Jazzversion draus machst«, kommentiert Alex.

Bald aber habe ich den Bogen raus und spiele die beiden Akkorde in einer Endlosschleife, wofür ich sogar Lob ernte: »Das war gar nicht schlecht, du hast eben eine ziemlich lange Strecke gespielt.«

Noch immer aber finde ich nicht die richtige Gitarrenhaltung, wirklich komfortabel fühle ich mich nicht.

»Hier, leg mal den Gurt um«, empfiehlt Alex. »Damit hast du die Sicherheit, dass dir das Teil nicht abhaut.«

»Ist ein Gurt nicht etwas uncool?«

»Nein, Gurt ist total cool. Damit könntest du auch im Stehen spielen.«

Ich schnalle mich also an. Und tatsächlich verschafft mir der Gurt etwas mehr Wohlbefinden.

Zwanzig Minuten am Tag, wünscht sich Alex, solle ich zu Hause üben, was bei mir meist nur geht, wenn die Kinder noch oder schon schlafen. Also lasse ich das Pferd nur vor sieben und nach 22 Uhr durch unsere Wohnung galoppieren. Gut, dass unsere Nachbarn nett sind. Oder schwerhörig.

Mein Lehrer wiederum ist voll des Lobes. »Du hast ein prima Gespür dafür, was deine Finger dir liefern können«, sagt er, nachdem ich mich auf seine Ermunterung hin beim »Horse With No Name« an einem Solo versucht habe. »Du machst das sehr schlicht, aber es funktioniert.«

Als überraschend problemlos erweist es sich auch, gleichzeitig zu spielen und zu singen.

Song Nummer zwei ist »Come Together« der von mir verehrten Beatles, eines von ungefähr zwei ihrer Lieder, deren Text ich nicht auswendig weiß. Ihn vom Blatt abzulesen und gleichzeitig zu schauen, in welchem Bund meine Finger gerade unterwegs sind, ist schwierig. Nicht besser wird es, als ich mal meine Texte zu Hause vergesse. Die Lyrics vom iPad abzulesen geht beim Spielen nur so lange gut, bis man scrollen muss.

Ein anderes unerwartetes Hindernis zeigt sich, als im Proberaum meine Stammgitarre fehlt. Die E-Gitarre, die stattdessen da steht, ist weiß.

»Weiße Gitarren«, findet Alex, »gehen gar nicht.«

»Welche Sorte Musiker spielt denn auf weißen Gitarren?«

»Jon Bon Jovi, würde ich spontan sagen. Und Dieter Bohlens Faustgitarre war sicher auch weiß.«

»Hat nicht auch Nicole auf einer weißen Gitarre gespielt?«

Das Stichwort erinnert Alex an ein traumatisches Erlebnis. »Ich musste tatsächlich vor ein paar Wochen mit einem zehnjährigen Schüler ›Ein bisschen Frieden‹ spielen. Er fand es cool, mal ein Lied, bei dem er den Text versteht.«

»Und wie fandst du's?«

»Ich habe die Regler ganz leise gedreht und alle Fenster zugemacht.«

Bei meinen Sitzungen, registriere ich erleichtert, bleiben die Fenster offen. Und die weiße Gitarre, die am Ende doch gehen muss, weil nun mal keine andere da ist, sieht zu meinen schwarzen Klamotten »fast gut aus«, versichert Alex. Erstaunt registriere ich, wie schwer so ein elektrisches Teil ist.

Als Nächstes bringt mir Alex einen weiteren Akkord bei, meinen ersten Dur-Akkord. Den muss ich nun im Wechsel mit schon bekannten Akkorden spielen. Eher mühsam schaffe ich die Sprünge zwischen den Tönen und erfahre überrascht, dass ich damit einen Bossa-Nova-Song gespielt habe. Besonders brasilianisch klang es allerdings nicht.

Seitdem ich selbst Gitarre lerne, achte ich viel stärker auf all die Straßenmusikanten, die sich mit ihrem Spiel die Mütze zu füllen suchen. Ging ich früher desinteressiert an ihnen vorbei, so bleibe ich nun, wo sie gewissermaßen Kollegen sind, in ihrer Nähe stehen, lausche der Musik und stelle fest: Mann, die haben echt was drauf! Ich hingegen schaffe die Akkordwechsel nicht intuitiv, sondern muss schnell abzählen, in welchem Bund meine Finger landen müssen. Werde ich jemals so gut sein wie sie? Nicht auszuschließen ist es ja, dass ich mir dereinst durchs Musizieren etwas dazuverdienen muss, die Medienbranche steckt ja dauerhaft in der Krise.

Daheim bleibt mein neues Hobby nicht ohne Wirkung. Meine Frau holt ihre Gitarre nun wieder viel häufiger hervor, und gemeinsam verbringen wir einige Abende mit dem Spielen. Wenn ich üben möchte, bin ich auf sie angewiesen, denn allein kann ich die tiefe E-Saite nicht auf D stimmen, wie es für »Come Together« vonnöten ist. Meine große Tochter beteuert aufrichtig, dass ihr mein Spiel gefällt. Nur die Dreijährige rennt, sobald ich zu zupfen anfange, immer raus. Nun gut, ihr Musikgeschmack muss sich halt erst noch entwickeln.

Meine sechste Gitarrenstunde bringt den Abschluss und Höhepunkt meines Ausflugs in die instrumentale Welt: die Musikschüler-Performance mit Thorsten, dem bühnenscheuen Bassisten, und Philip, der sich mit Mitte dreißig entschlossen hat, ab sofort »ganz viel Unsinn« zu machen – auf die Schlagzeugstunden sollen noch Kletterkurs, Motorradführerschein und Tattoo folgen. Midlife-Crisis, Kamerad? Könnte man glatt ein hübsches Büchlein draus machen.

»Mein Sohn macht auch Musik, er spielt Saxophon und Gitarre«, erzählt Thorsten.

»Das ist schön, da könnt ihr ja zusammen Hausmusik machen.«

»Naja, mit Papa zu spielen findet er ein bisschen uncool.«

»Und wer von euch lernt schneller?«

»Den Kindern fällt das ja alles viel leichter. Die wissen ja gar nicht, dass sie viel mehr Zeit haben. Wenn du erwachsen bist, ist es doch so: Wenn du mal Zeit hast, hast du keine Lust.«

Philips musikalische Biografie begann in jungen Jahren. »Ich bin das klassische verbogene Kind. Ich wollte eigentlich Saxophon lernen, aber meine Mutter sagte: ›Der Junge lernt Klavier.‹«

»Und wie weit hast du es damit gebracht?«

»Ich habe es nach einem Dreivierteljahr boykottiert und bin nicht mehr zum Üben gegangen. Danach durfte ich wie-

Lalalalalalalalalala,
lalalalalalalalalala
e D
K.D.GREVE

der Sport machen. Ich habe dann nie mehr ein Instrument angefasst, bis eben jetzt wieder das Schlagzeug.«

Jetzt aber haben wir alle große Lust, zusammen zu spielen, und damit die nicht nachlässt, haben wir ein paar Flaschen Bier mitgebracht. Echtes Band-Feeling.

»Bitte nicht umschmeißen, die Flaschen«, mahnt Alex. »Wobei mir hier in dem Raum auch schon mal ein Vierjähriger auf den Boden gepinkelt hat. Der hat sich nicht getraut zu sagen, dass er aufs Klo muss.«

Ein solcher Unfall wird uns kaum passieren, bei uns kann höchstens unsere Performance in die Hose gehen. Alex gibt das Motto vor: »Man kann auch vermeintlich leichte Sachen gut spielen. Und man kann sie scheiße spielen.«

Das »Horse With No Name« freilich spielen wir, nun ja, nicht gut. Thorsten klagt, er kann sich nicht hören: »Ich versuche immer, gegen das Schlagzeug anzuspielen, ich selbst bin so leise.« Philip findet die Stelle für den Break nicht und ärgert sich: »Ich kriege den rechten Fuß und die rechte Hand noch nicht auseinander.« Ich selbst habe plötzlich Texthänger – nicht beim »Lalalalala« des Refrains, sondern bei den Strophen, und mein Solo – ein paar Plings in gefühlt zehnsekündigem Abstand – schleppt sich dahin wie der Gaul in der Wüste und verendet dann kläglich.

»Was ist mit der Gitarre, Jörg?«, fragt Alex. »Das kannst du doch eigentlich besser.«

Bei »Come Together« aber finden wir alle zusammen. Thorsten und Philip ackern nach Kräften und bereiten ein solides Fundament für die Leadgitarre, die in höchster Vollendung darüberjault. Okay, es ist Alex, der sie beisteuert, doch auch mein Geschrammel kann sich hören lassen. Wir haben den Groove, und während ich, längst textsicher, ins Mikro rufe: »One thing I can tell you is you got to be free«, blicke ich stolz in die Runde, auf meine Jungs. Gruppendynamik kann echt was Feines sein. Es ist fantastisch, ich ahne nun, wie sich ein Musiker fühlen muss. Eine Tür, die mir verschlossen schien, hat sich einen Spaltbreit für mich geöffnet.

»Ey, ich find uns gar nicht schlecht«, lobt Alex.

»Wenn es so läuft, ist es gar nicht so leicht, aufzuhören«, stellt Thorsten fest.

»Und, war das jetzt ein einmaliges Experiment?«, fragt Philip in die Runde.

»Ich bin für alles zu haben«, antwortet Thorsten.

Ich allerdings habe, so leid es mir tut, andere Pläne. Sorry, Thorsten, sorry, Philip, aber unser kleiner Proberaum-Gig hier reicht mir nicht: Ich will höher hinaus, will in einer richtigen Band spielen. Zwei Lieder habe ich im Repertoire, und wer weiß, vielleicht lerne ich ja noch ein drittes. Mal schauen, wie weit ich damit komme.

HI JOHN, HIER IST PAUL

Die schwere Eisentür fällt hinter mir zu, es geht die Treppe hinab in die Tiefen des Bunkers. Das Licht ist schummrig, auf den nackten Betonwänden mahnt eine Frakturschrift, den Anweisungen des Aufsichtspersonals unbedingt Folge zu leisten. Ich gehe einen langen Gang entlang, durch zwei Türen, hinein in einen Raum mit betagtem Sofa, AC/DC-Postern an den Wänden und einem stattlichen Bierflaschenfriedhof rund um den Kühlschrank. Willkommen im Proberaum der Band Anonym, einer Handvoll kräftiger Kerle in Metal-Shirts, die düsteren Deutschrock machen. Heute Abend wollen sie einen neuen Sänger testen: mich.

So ganz, ich muss es zugeben, ist das hier nicht meine Welt. Und leider auch nicht das, was ich unter Gesang verstehe: Als ich die beiden Titel hörte, die Schlagzeuger Alex – offensichtlich, siehe mein Gitarrenlehrer, ein sehr verbreiteter Name unter Musikern – mir zum Einstudieren gemailt hatte, vernahm ich erst nur ein dumpfes Grollen. Nie im Leben, nicht mal nach einer mit viel Whisky und Zigarren begossenen Kehlkopfoperation, wäre ich in der Lage, solche Laute auszustoßen. Und jetzt, wo ich gleich ans Mikro muss, ahne ich, dass es nicht die allerbeste Idee war, hier trotz meiner Bedenken vorbeizuschauen. Ob die Jungs Spaß verstehen? Zu blöd, dass es in diesem Bunker keinen Handyempfang gibt.

Auf der Bühne zu stehen und zu singen, das habe ich erstmals mit achtzehn gewagt. Allerdings war das, als ich mit einem Freund ein Kabarettprogramm auf die Beine stellte mit Liedern zum Beispiel über einen Typen, der beim Sex kein Kondom anziehen möchte; der musikalisch-künstlerische Anspruch war also eher bescheiden. Dass ich gar nicht schlecht singe, merkte ich so nebenbei, und irgendwann fiel mir auch auf, dass die Mehrzahl der Menschen im Grunde überhaupt nicht singen kann – und einige zuweilen trotzdem eine beachtliche Karriere in der Musikbranche hinlegen. Zur eigenen Band aber schaffte ich es nie; statt auf der Bühne alles zu geben, war ich bei Rockkonzerten stets nur Teil der gesichtslosen Publikumsmasse und musste meine Erfüllung darin finden, am textsichersten mitzuschreien oder den Vordermann beim Pogo am weitesten wegzustoßen. Ich spielte halt kein Instrument. Was sich nun, wie die Leser des vorangegangenen Kapitels wissen, geändert hat: Ich habe ja sechs Gitarrenstunden hinter mir.

Nach dem Konzert in der Musikschule führt mich mein nächster Schritt in Richtung musikalische Karriere, wie sollte es heute anders sein, ins Internet. Und zwar zu zahlreichen Seiten mit Kleinanzeigen, in denen Musiker gesucht werden. Die meisten davon erweisen sich leider als offen diskriminierend. Mal soll man nicht älter als fünfundzwanzig sein – das bin ich schon ein paar Jährchen nicht mehr –, mal heißt es: »Bitte keine Anfänger!« So auch im Inserat jener Band, die »einen dritten Gitarristen« sucht; schade, neben zwei anderen Gitarristen hätte die Chance bestanden, dass man mich nicht so arg hört. Auf meine ehrliche Bewerbung (»Ich kann zwei Lieder spielen«) kommt dann auch keine Rückmeldung.

Doch wie wäre es hiermit? Gitarrist und Schlagzeuger, sechsundvierzig und fünfundvierzig, suchen Sänger. »Wir sind nicht die großen Techniker, aber begeistert bei der Sache.« Das scheint mir so ungefähr meine Kragenweite zu sein. Der Haken: Sie proben in Münster bei Dieburg, nicht eben um die Ecke von Frankfurt. Immerhin: »Mitfahrgelegenheit aus Kleinostheim vorhanden.« Wie komme ich nach Kleinostheim?

Probiere ich's also anders: Ich registriere mich auf einer Website, die Musikern Kontakte zu Gleichgesinnten in ihrer Umgebung verschaffen soll. Schon bei der Registrierung gilt es, einige Hürden zu überwinden. Ich schreibe: »Ich bin Anfänger und möchte gern einmal erleben, wie es ist, in einer Band zu spielen.« Doch der Satz wird nicht akzeptiert: Registriert habe ich mich nämlich in der Rubrik »Musiker«, um die Worte »Band« oder sogar »spielen« verwenden zu dürfen, müsste ich in die Kategorie »Band« wechseln. Ich versuche es mit dem Wort »Gruppe«, doch das System lässt sich nicht überlisten. Am Ende schreibe ich: »Ich bin Anfänger und möchte gern einmal erleben, wie es ist, auf einer Bühne zu stehen.« Hoffentlich bekomme ich jetzt keine Kontaktanfragen von Jongleuren oder Pantomimen.

Es kommt dann aber erst mal gar nichts. Dafür stoße ich auf eine Kleinanzeige, die mich interessiert. Inseriert hat John Lennon. Er sucht Paul McCartney. Präziser: Hannes, der in einer Beatles-Coverband auf Gran Canaria den John gab, sucht für eine Band in Deutschland einen Paul. Ich spiele zwar keinen Bass, aber die hohe McCartney-Stimme kriege ich einigermaßen hin – habe ich als alter Beatles-Freak doch bei Hunderten Autofahrten mit John im Duett gesungen. Hannes wünscht sich eine Hörprobe, und zum Glück gibt es in den Katakomben unseres Zeitungsgebäudes ein paar vergessene Büros, die einstmals Hörfunkstudios waren; kein Ton dringt von dort drinnen nach draußen. Und man kann Tonaufnahmen machen. Normalerweise werden hier Videos für die Homepage unserer Zeitung betextet, doch der zuständige Kollege begegnet meinem Ansinnen, hier bitte einmal singen zu dürfen, ohne Befremden und richtet mir die Geräte ein. Von »Eleanor Rigby«, Pauls trauriger Ballade über all die einsamen Leute, findet sich auf einer Beatles-CD aus dem heimischen Musikschrank eine Version nur mit Streichersatz; da möchte ich drübersingen.

Der hilfsbereite Multimedia-Kollege zeigt mir, wie ich die Datei mit den Streichern abspiele und den Gesang aussteuere. Es ist gut, dass ich das allein machen kann, denn das bedeutet: Er muss nicht im Raum bleiben. Also hört fürs Erste niemand meinen Klagegesang über die arme Eleanor, die einsam und vergessen stirbt. Hinterher aber, um die Aufnahme in eine versandfähige Datei umzurechnen, brauche ich doch fremde Hilfe. Der Kollege hört kurz mal rein, spart sich aber einen Kommentar. Hm, ich habe schon Schwierigkeiten damit, meiner Stimme bei einem aufgezeichneten Interview zu lauschen, aber mich selbst singen zu hören, das ist noch mal was anderes. Das Original mit Paul McCartney am Mikrofon klingt dann doch etwas, nun ja, ausdrucksstärker.

Mein neues Hobby bleibt bei anderen im Haus nicht unbemerkt. Die vertrauenswürdige Kollegin aus dem Nebenzimmer ist neugierig geworden. »Du hast das aufgenommen? Lass mich mal hören, schick mir mal die Datei!«

»Ich weiß nicht …«

»Komm schon!«

»Na gut – aber du darfst es dir nur über Kopfhörer anhören, okay?« Noch bin ich für ein musikalisches Coming-out nicht bereit.

Kurz darauf klingelt das Telefon: Es ist die Kollegin von nebenan. »Du, ich habe mir das Ganze angehört, und ich finde, das klingt doch prima. Ich habe es übrigens doch ohne Kopfhörer gehört.«

»Wie, war denn deine Zimmernachbarin nicht am Platz?«

»Doch, sie findet es auch sehr gut.«

»Ähm … und war zufällig noch jemand im Raum?«

»Ja, der Bildredakteur. Ihm hat es auch gefallen.«

Nun gut, als Mitglied einer Band hätte ich die Scheu vorm Publikum sowieso irgendwann überwinden müssen. Und immerhin: Sie hat die Aufnahme nicht gleich ins Intranet gestellt.

Derart geoutet, traue ich mich jetzt auch, das Ganze Hannes zu schicken, der die Anzeige geschaltet hat. Wird er mich direkt aus dem Büro auf die Bühne holen? Doch was ist, wenn es ihm nicht zusagt? Wird er überhaupt antworten?

Ein paar Stunden dauert es, dann kommt seine Antwort, und tatsächlich ist er kritischer als meine Kollegen: »Etwas ausbaufähig« findet er meine Darbietung, bittet aber, dies nicht als »negative Kritik« zu verstehen. Er will noch zwei weitere Songs, um sich ein klareres Bild machen zu können, nämlich »Can't Buy Me Love« und »Yesterday«, und er will Fotos: Gesicht und Ganzkörper. Droht eine neuerliche Diskriminierung?

Ich bitte den Video-Kollegen ein weiteres Mal um seine Hilfe, singe »Can't Buy Me Love« ein und die dreihundertmillionste Coverversion von »Yesterday«. Und wieder ab damit.

Hannes' nächste Mail enthält die schon gewohnte Kritik (»Einige hohe Töne triffst du nicht zu hundert Prozent, und du verwendest ein wenig zu viel Luft beim Singen«), aber auch eine Art Lob: »Sehr gefällt mir deine Aussprache.« Das Passbild, das ich geschickt habe, findet er okay – nur der Bart müsse vor Auftritten ab und auf den Kopf eine Perücke. Das heißt dann wohl, meine Brille dürfte ich aufbehalten.

Und dann stellt Hannes die Gretchenfrage: »Meinst du, du kannst dir das Bassspielen aneignen?«

Tja, auch der echte Paul fing bei den Beatles als Gitarrist an und brachte sich, nachdem John Lennons Kumpel Stuart Sutcliffe als Bassist ausgestiegen war, das Bassspiel in kürzester Zeit selbst bei. Die zwei großen Unterschiede zu mir: Paul spielte da schon jahrelang Gitarre. Und er war Paul McCartney. Schweren Herzens nehme ich Abschied vom Traum, mit fünfzig Jahren Verspätung doch noch ein Beatle zu werden, und wünsche Hannes bei seinen Bandplänen alles Gute.

Doch Aufgeben gilt nicht, und nach meinen bisherigen Erfahrungen scheint mir der Traum von der Bühnenkarriere nicht mehr so fern wie zuvor. Und so kommt es, dass ich bei Anonym lande, in dem Bunker in einem Frankfurter Außenbezirk, in dem die Band seit fünfzehn Jahren ihren Proberaum hat; im Internet hatte sie nach einem neuen Sänger gesucht. Die Bunkerwand-Befehle »Rauchen verboten, Ruhe halten« werden beherzt ignoriert von der Band, die sich bei aller Härte als angenehmer Haufen erweist. Fast alle sind über vierzig und haben Familie. Sympathisch erscheint mir als musikalischem Spätzünder auch die Bandgeschichte: Von der Gründung 1993 bis zum ersten Auftritt vergingen sechzehn Jahre. So richtig zusammenpassen, das weiß ich jetzt schon, werden wir dennoch nicht, aber irgendetwas hat mich bewogen, hier trotzdem mal vorbeizuschauen. Vielleicht die Lust am Nervenkitzel, am Clash der Kulturen?

»Wir rocken für Spaß und für Bier«, hat Schlagzeuger Alex am Telefon gesagt, das von mir mitgebrachte Sixpack wird freudig begrüßt.

»Jetzt sag mal, wo hast du denn vorher schon mal gesungen?«

»Äh, ich habe vor einiger Zeit mal Kabarett gemacht, da gehörten zu unserem Repertoire auch ein paar Lieder dazu.« Dass es sich dabei um eine Handvoll Auftritte vor vierundzwanzig Jahren handelt, verschweige ich. »Ich glaube übrigens, dass es bei mir von der Stimmlage her mit euren Songs schwierig werden könnte. Meine Stimme ist eher hoch und weich, euer alter Sänger klang ja doch ziemlich rau und tief.«

»Das ist kein Problem«, sagt der Gitarrist und Bandleader, der den hübschen Künstlernamen Richard Randale trägt. »Wir suchen eigentlich gar nicht wieder so einen dunklen Typ. Und wenn es gar nicht hinhaut, dann sage ich einfach: Lass das Bier da. Und da vorn hat der Maurer das Loch gelassen.«

Freundliches Gelächter der Jungs erklingt, und auch ich lache mit. Kurz plaudert man noch darüber, wer bei welchem Festival mal eins auf die Fresse bekommen hat, dann geht es los. In zwei Tagen hat Anonym den nächsten Auftritt, den vakanten Sängerposten teilen sich erst mal zwei alte Kumpel der Band, beides imposante Kerle, einer von ihnen war zwanzig Jahre lang Türsteher. Sie röhren, was das Zeug hält, durchweg textsicher sind sie allerdings beide nicht. Sie sind nervös, jedenfalls nervöser als ich. Kann es sein, dass die Stimme von dem einen beim Singen zittert?

Irgendwann darf – oder muss – ich ran. In höchster Selbstverleugnung als wehmütiger Exil-Berliner belle ich den Anonym-Hit »Frankfurt« ins Mikro: »Frankfurt heißt die Stadt, sie setzt alle andren matt.« Im Vergleich zum Löwengebrüll meiner Vorsänger muss ich wie ein heiseres Miezekätzchen klingen.

»Die Stimme lässt noch zu wünschen übrig«, meint dann auch Richard Randale. Dafür ist er begeistert davon, dass ich alle Einsätze exakt hinbekommen habe – da sollten sich die an-

W.GREVE

deren beiden, ruft er ihnen zu, mal ein Beispiel nehmen. Mir ist das etwas unangenehm, denn ich habe kein Interesse daran, dass ein ehemaliger Türsteher sauer ist auf mich.

Laune macht die Sache trotzdem – und irritierenderweise scheint sich Richard von meinem zarten Stimmchen nicht beirren zu lassen. »Schreibst du auch Texte?«, fragt er.

»Für Lieder bislang nicht«, antworte ich wahrheitsgemäß. Doch auch ohne mich hat Anonym längst genug Songs für eine zweite CD zusammen. »Und wann kommt die raus?«, frage ich.

»Das hängt von dir ab, wie schnell du die Lieder singen kannst.«

Die Antwort ist natürlich wieder scherzhaft gemeint. Oder doch nicht? Moment mal, wird das hier womöglich gerade tatsächlich ernst?

Auch beim zweiten Lied »Nie mehr Krieg« – mit der aparten Zeile »Es regnet Bomben wie Scheiße vom Himmel« – kommen meine Einsätze auf den Punkt, während die Anonym-Männer brachial abrocken und mir immerzu mit aufmunternden Gesten bedeuten, möglichst noch lauter zu schreien. Ich gebe alles, so inbrünstig geschrien habe ich vermutlich in meinem Leben noch nicht. Noch ein drittes Lied würde ich kaum durchhalten.

Aber Richard hat ohnehin genug gehört. Und sagt: »Ich würde gern mit dir weiterarbeiten. Da könnte man echt was draus machen.«

Damit habe ich nicht gerechnet – und bin daher auf diesen Moment nicht vorbereitet. Was soll ich tun? Mich freuen? Und mich in mühseligen Sitzungen zum furchteinflößenden Hardrock-Shouter ausbilden lassen? Mit einem passenden Bühnennamen, Jörg Jaulemann? Ausgeschlossen! Es ist höchste Zeit, mich zu offenbaren. Ich erzähle, mein Gastauftritt sei in erster Linie Teil eines Projekts, ich wollte einfach mal schauen, ob ich so etwas hinbekäme – doch meine Einwände werden vom Tisch gefegt.

»Wir machen *dich* zu *unserem* Projekt.« Lieb gemeint, aber auf Dauer hätten Anonym und ich doch nicht so viel Freude aneinander. Außerdem hätte ich Sorge um meine Stimmbänder. Trotz meiner Absage werde ich freundlich verabschiedet, und am nächsten Tag ist auch das Kratzen im Hals wieder weg.

Weiter geht die Suche. Begraben will ich mein Vorhaben noch lange nicht. Wo könnte noch Platz sein für einen Sänger mit guten Einsätzen und guter Aussprache? Vielleicht finde ich ja eine Band, deren Repertoire meine Stimme nicht schon binnen kürzester Zeit ruinieren würde. Möglicherweise habe ich bei Signal eine Chance. Die Frankfurter Rock-und-Pop-Coverband hat mich zum Casting geladen, nachdem ich ihr meine »Can't Buy Me Love«-Version gemailt hatte. In der Musikbranche scheint ein weit größerer Bedarf an Sängern zu bestehen, als ich vermutet hätte. Beatles-Songs, meint indes Signal-Bassist Harald am Telefon, seien ja immer dann am besten, wenn sie jemand anders interpretiere. Ich wittere ein Potenzial für künstlerische Differenzen – ebenso, als ich die Sänger notiere, deren Titel ich einüben soll: Robbie Williams, der mir als Typ stets interessanter schien als seine Musik, Billy Idol, den ich immer etwas lächerlich fand, sowie, als wäre alles andere noch nicht genug: Phil Collins. Egal, zurück in die Katakomben der Zeitung – zum Üben.

Dann stehe ich eines Abends wieder vor einem Bunker, vor einem anderen. Ganz Frankfurt scheint voller Bunker voller

Bands zu sein. Bernd, der Keyboarder von Signal, wollte mich hier abholen, doch seit der vereinbarten Zeit sind schon einige Minuten vergangen. Klopfen wäre Blödsinn, sie würden mich da unten nicht hören, und Handy-Empfang gibt es selbstverständlich auch wieder keinen. Ob sie mich vergessen haben? Es wäre schade. Nach meinem Anonym-Geröhre würde ich doch gern einmal ausprobieren, wie meine Stimme ankommt, wenn ich in ein Mikro mal wirklich singen darf.

Dann kommt Bernd doch noch. Bevor wir hinuntergehen zu den anderen, raucht er rasch eine Zigarette und plaudert ein wenig übers Geschäft. Seine letzte Station vor Signal war eine Peter-Maffay-Coverband (was es nicht alles gibt), doch das lief nicht mehr so gut. Selbst Signal, sagt er, bekomme die harte Konkurrenz zu spüren.

Die Combo, seit 1982 in wechselnder Besetzung auf der Bühne, verspricht »professionelle Unterhaltung auf hohem musikalischen Niveau, gepaart mit Power und Spielfreude«, und besteht aus vier gestandenen Männern sowie der attraktiven Frontfrau Elena, die – wie ich auf den Demos, die man mir zugemailt hatte, hören konnte – eine fantastische Soulstimme hat.

»Hast du ein Mikro dabei?«, fragt Gitarrist Wolfgang.

»Nein.«

»Aber du besitzt schon eines?«

»Äh, nein. Ich habe vorher noch nicht so oft gesungen.«

Also stelle ich mich neben Elena ans Mikro. Ich darf wählen, mit welchem Song ich anfangen möchte, und entscheide mich für die Ballade und bin kurz darauf selbst ganz erstaunt, wie gut »Angels« mit meiner Stimme klingt. Was für eine schöne Ballade eigentlich. Das zweistimmige Duett mit Elena bei Phil Collins' »Easy Lover« ist die reine Freude, und nicht mal Billy Idols »Rebel Yell« mit seinen Sprechgesang-Einschüben wird zur Blamage.

Die Band ist voll des Lobes: »Schöne hohe Stimme.«

»Sauber!«

»Du hast auch das Gehör.«

»Eure Stimmen passen gut zusammen.«

Harald beschwört mich, nie, nie wieder mein »Can't Buy Me Love«-Demo herumzuschicken. »Du hast live eine viel bessere Stimme, ich hab dich total unterschätzt.«

Geahnt oder wenigstens gehofft habe ich es schon lange, nun habe ich es von Profis bestätigt bekommen: Mit meiner Stimme kann ich mich durchaus auf die Bühne trauen. Hätte ich es früher schon getan, wer weiß, vielleicht wäre ein richtiger Musiker aus mir geworden. Eine Viertelstunde nur stand ich am Signal-Mikrofon, doch sie hat mir die Gewissheit gegeben: Mensch, das ist im Grunde genau das, was ich immer machen wollte.

Die Frage ist nur: Will ich es auch jetzt noch machen? Als zwanzigjährigem Musiker ist es einem erst mal egal, wo man spielt, man hofft auf die große Karriere. Wer über vierzig oder fünfzig ist und nicht gerade bei U2 oder den Stones spielt, wer also kein Superstar ist und Stadien oder Hallen füllen kann, der muss realistisch sein. Und die Realität einer guten semiprofessionellen Band wie Signal heißt: Gigs bei Betriebsfeiern oder Stadtteilfesten in Oberursel. Singen vor Bierbankpublikum.

Kann ich das?

Will ich das?

Was wäre, würde Signal unter allen Bewerbern tatsächlich mich auswählen? Ich gebe mich erst einmal defensiv.

»Könntest du dir denn vorstellen, bei uns mitzumachen?«

»Im Prinzip schon. Allerdings ist es für mich zeitlich nicht ganz einfach mit zwei kleineren Kindern.«

»Und könntest du dir vorstellen, das Publikum als Frontmann mitzureißen?«

»Ehrlich gesagt, weiß ich das nicht. Es wäre halt eine neue Situation für mich. Ich müsste mal drüber nachdenken.«

Ein paar Tage lang zerbreche ich mir über diese Fragen den Kopf. Spätestens an jenem Tag beim Einkaufen, als ich in der Hintergrundmusik im Supermarkt plötzlich das Klavier-Intro von »Angels« erkenne, habe ich mich entschieden: Die Sache macht einfach zu viel Spaß. Ich will nach Oberursel.

Doch auch Signal hat eine Entscheidung getroffen – gegen mich und für einen alten Bekannten des Schlagzeugers, der seit dreißig Jahren in Bands singt und darüber hinaus auch noch Gitarre spielt. Meine Nummer, tröstet mich Harald, hebe er auf jeden Fall auf, falls Signal mal einen Ersatzsänger brauche.

Der Traum geht weiter. Im Auto singe ich jetzt manchmal Robbie Williams.

PINGPONG MIT KÜKEN

Und wieder schlage ich am Ball vorbei.

»Ja gut, da hättest du eigentlich Vorhand spielen sollen«, ruft Richard fröhlich von der anderen Seite der Platte herüber. »Und da«, erklärt er nach dem nächsten Fehlschlag, »eher Rückhand.«

Okay, murmele ich – und haue wieder in die Luft.

»Hast du's gemerkt? Vorhand wäre besser gewesen.«

Besten Dank, ich hab's gemerkt!

Von Kindern, heißt es immer so schön, könnten Erwachsene unheimlich viel lernen, und das mag ja auch stimmen: staunen können, ehrlich sein, spielerisch die Welt entdecken, solche Sachen, alles sicher höchst empfehlenswert. Nicht unbedingt dazuzählen würde ich die Erfahrung, sich als über Vierzigjähriger von einem acht Lenze alten Dreikäsehoch Tischtennisbälle um die Ohren hauen zu lassen, denn das kann durchaus niederschmetternd sein. Vor allem dann, wenn der Knirps, wie der hochtalentierte Richard, seit zwei Jahren spielt und man selbst, so wie ich, seit zwei Stunden.

Der Leser dieses Werkes hat schon mitbekommen, dass Ballsportarten früher eher nicht so mein Ding waren. Tischtennis ist da selbstredend miteingeschlossen, obwohl es eigentlich der ideale Sport für junge Menschen zu sein scheint: Man braucht keine große Ausrüstung, die Regeln sind überschaubar, man kann es zu zweit spielen oder in einer Gruppe, und es scheint, jedenfalls wenn man es kann, irre viel Spaß zu machen. Außerdem ist nicht die körperliche Stärke entscheidend, sondern Präzision, Gewandtheit und Ballgefühl.

Es gibt immerhin ein Jugendbild, auf dem ich einen Tischtennisschläger in der Hand halte, allerdings schaue ich da arg unbeteiligt zu, wie meine Schwester direkt neben mir den Ball spielt. Vermutlich bin ich da ihr Doppelpartner gewesen oder auch einfach nur einer, der einen neuen Schläger für sie bereithielt, falls ihrer mal zerbrach. Auf einem anderen Foto, aufgenommen auf einer Klassenfahrt, sieht man meine Mitschüler um eine Tischtennisplatte herumlaufen. Wen man nicht sieht, das bin ich, aber das wäre auch schwer möglich gewesen, denn ich habe das Bild geknipst – das Selfie kannte man in jenen Jahren noch nicht. Ich kann mich aber auch nicht daran erinnern, dass ich die Kamera mal aus der Hand gelegt und mitgespielt hätte. Das heißt, um den Tisch zu rennen, das wäre kein Problem gewesen, den Ball anzunehmen und weiterzuspielen leider schon. Kurzum: Ich habe Tischtennis nie gespielt, geschweige denn gelernt. Die steinernen Platten, die auf nahezu jedem Spielplatz herumstehen, habe ich allenfalls dazu benutzt, um auf ihnen herumzusitzen und Bier zu trinken (als Jugendlicher, nicht als Kind).

Ich frage mich, wieso eigentlich nicht. Allein 600.000 Mitglieder hat der Deutsche Tischtennis-Bund, doch wer zählt all die Freizeitsportler? Jeder Idiot kann spielen: Das sagt in »Forrest Gump« ein Soldat zum Titelhelden, der prompt zum Pingpong-Crack wird. Und ein größerer Idiot als Forrest bin ich, zumindest hoffe ich das, nicht.

Obwohl: Zu Beginn meiner ersten Stunde fühle ich mich reichlich dämlich. Mein Trainer Paul Schmitt schlägt mir zwar keine Bälle, dafür aber Vokabeln um die Ohren: Von Topspin, Vorhandschupf und Überschnittbällen kriege ich zu hören, von Flugkurven und Rotationen. Schmitt trainiert seit dreißig Jahren Kinder wie Erwachsene, Anfänger wie Wettkampfspieler, und er hat einen Crashkurs mit mir vor: Zwei Einzel- und zwei Gruppenstunden haben wir vereinbart. Möglich, dass mir die knappe Zeit Übungen erspart wie jene, die das Heft »Tischtennis für die Schule« anregt – Späßchen wie das »Pustespiel«, bei dem man, die Hände auf dem Rücken, dem Gegner den Ball von der Platte blasen muss, oder das Balancieren des Balls auf dem Schläger, während man auf einem Bein steht. Da hab ich noch mal Glück gehabt.

Stattdessen bekomme ich erst mal das Basiswissen vermittelt: Den Schläger umfasse ich mit der sogenannten Shakehand-Haltung, so als würde ich jemandem die Hand reichen wollen. Der Zeigefinger liegt auf der Rückhandseite des Schlägers, und nur mit ihm, so Schmitt, soll ich den Ball spüren.

»Drücken Sie am Griff nicht zu fest, sonst verkrampfen Sie und haben kein Gefühl mehr für den Ball.«

Los geht's. Die große Halle mit insgesamt zehn Platten haben wir im Augenblick nur für uns.

»Wie oft geben Sie denn so ein Einzeltraining?«, will ich wissen.

»Nicht so oft. Es ist ja auch anstrengend, wesentlich anstrengender als das Training in der Gruppe. Aber es liegt natürlich auch am Spieler. Wenn der talentiert ist, macht es natürlich viel mehr Spaß.«

So wie ich mein Talent einschätze, wird die Sache für Herrn Schmitt leider nicht allzu spaßig werden. Doch er hat Ambitionen und möchte mir, der ich schon froh wäre, den Ball ein paarmal übers Netz zu bekommen, so viel wie möglich vom Wesen seines Sports vermitteln.

»Das Schwierige am Tischtennis sind die hohe Ballgeschwindigkeit, die kurze Distanz und die Rotation. Es gibt keine Sportart, bei der die Rotation so entscheidend ist«, sagt er und regt an, sich den Ball als Erdkugel vorzustellen: Beim Überschnitt-Ball trifft man sie oberhalb des Äquators, beim Schupfball unterhalb. Wie lange, fragt er, hat der Schläger in diesem Fall Kontakt mit dem Ball? Ein paar Tausendstelsekunden nur. Im Laufe meiner Trainingsstunden werde ich diesen Wert noch unterbieten: Manchmal, wenn ich mit dem Schläger nach dem Ball hechte, berühren sie sich exakt 0,0 Sekunden. Dann habe ich weder den Äquator noch den Nord- oder Südpol getroffen, sondern irgendwo ins All geschlagen.

Es scheint ohnehin nicht verkehrt, wenn man Tischtennis spielen will, auch ein Faible für Mathe zu haben. Wie ich richtig schlage, versucht Schmitt, mir mithilfe von Winkeln zu erklären (»So haben wir 135 Grad, beim Kontern 90, am Ende etwa 70.«) oder über Uhrzeiten: »Ruhig den Schwung mal zu zwölf Uhr, zack! Bei halb elf, elf treffen Sie den Ball. Eine viertel Unterarmdrehung und dann den Schnitt mit dem Handgelenk.« Bei alledem, wünscht sich der Trainer, solle ich stets ein Lächeln im Gesicht tragen. »Das drückt mehr Spielfreude aus.«

Forrest Gump, der glückliche Depp, hat seinerzeit nur eines beherzigen müssen: »Was immer passiert, lass den Ball nicht aus den Augen«, hat ihm der Soldat befohlen. Eine Regel nur – und total falsch.

»Wenn Sie geschlagen haben, müssen Sie sofort auf meinen Schläger gucken«, erklärt Schmitt, »auf den Ball guckt man erst dann, wenn er ankommt.«

Wieder einmal erweist sich, dass Hollywood eine Scheinwelt ist.

Nicht aus »Forrest Gump«, sondern aus der »Tischtennis

in der Schule«-Broschüre stammt folgender Hinweis, was die korrekte Schlägerhaltung angeht: »Stell dir vor, du hältst ein Küken in der Hand – drücke also nicht zu fest zu!« Fehlt nur noch der Rat, den Ball wie ein rohes Ei zu behandeln. Die Vorstellung eines Kükens in der Hand macht mich nicht eben lockerer, wo ich schon die Grundstellung nicht hinkriege.

Schmitt muss mit anpacken: »Bisschen in die Knie, Hüfte nach vorn, Rücken gerade.«

Im Grunde, fürchte ich, brauchte ich zwei Trainer: einen, der mir die Bälle zuspielt, und einen, der mich zurechtbiegt. Und mein Lächeln? Das wirkt mittlerweile vermutlich so natürlich wie das eines Turniertänzers.

Mit den Ballwechseln immerhin klappt es nicht schlecht. Gut, ich treffe den Ball oft zu früh, und um ihn nicht ins Netz zu hauen, spiele ich ihn meist zu hoch. Doch nach der zweiten Stunde will Schmitt sogar eine Stärke von mir entdeckt haben: die Rückhand.

»Ich habe das Gefühl«, sagt er, »dass Sie sich dabei am wohlsten fühlen.«

»Ich fühle mich eigentlich immer wohl, wenn ich den Ball treffe, aber wenn Sie es sagen …«

Die Vorhand falle auch den meisten schwerer, tröstet er mich, wegen des seitlichen Sichtfelds, und für Brillenträger sei es noch komplizierter. Trotz dieses Handicaps auf meiner Nase schaffen wir nun längere Ballwechsel, siebzig-, achtzigmal fliegt der Ball hin und her. Den längsten Ballwechsel im Tischtennis, der im Guinness-Buch der Rekorde verzeichnet ist, haben im August 2013 die beiden Amerikaner Max Fergus und Luke Logan hingelegt, als sie sich den Ball acht Stunden, dreißig Minuten und sechs Sekunden lang zuspielten. Ein Rekord, den wir schon deshalb nicht überbieten können werden,

TSCHIEP!
W.R. GREVE

weil ich mit Paul Schmitt keine acht Stunden Training vereinbart habe. Aber angesichts meiner Selbsteinschätzung vor dem ersten Training fühle ich mich fast so zufrieden, wie sich Fergus und Logan nach ihrem Guinness-Rekord gefühlt haben müssen.

»Ballkontrolle mit wenig Rotation« nennt Schmitt unsere langen Ballwechsel, und es stellt sich die Frage: Ist das wirklich Tischtennis? Da geht's ja eigentlich darum, dass der andere den Ball nicht kriegt. Egal, es macht Spaß. Obwohl die Serie wohl nur in geringem Maß an mir liegt. »Ich muss Ihnen ja Erfolgserlebnisse verschaffen«, verrät Schmitt.

Zu einem solchen verhilft mir auch eine Ballmaschine, die mir fünfzig Bälle pro Minute auf den nur hingehaltenen Schläger spielt. Und es nicht ein einziges Mal schafft, zu kontern – ein würdiger Gegner. Nach den wenigen Trainingsstunden habe ich tatsächlich das Gefühl, längst nicht so untalentiert zu sein, wie ich befürchtet habe. Ich nehme mir vor, bald mal eine Partie mit meiner älteren Tochter zu spielen. Leider zeigt sie bislang absolut kein Interesse am Tischtennis. Kind, nimm dir ein Beispiel an deinem Vater! Eines Tages könntest du es bereuen.

Für die Leistungsspitze, so die ernüchternde Erkenntnis, ist es in meinem Fall trotzdem zu spät. Dafür, sagt Paul Schmitt, hätte ich spätestens mit zwölf anfangen müssen. Wobei, gemessen am heutigen Durchschnittskind bin ich sogar noch ganz gut. Kaum ein Zweit- oder Drittklässler, klagt Schmitt, bekomme heute noch einen Kreuz-Seitschritt hin. Bekümmert schüttele ich den Kopf. Und hoffe, dass er mich jetzt nicht auffordert, so was mal vorzuführen. Viele der Kinder von heute, erzählt Schmitt weiter, könnten sich nach einem halben Jahr Training den Ball keine drei Mal übers Netz zuspielen.

Inzwischen ist Paul Schmitts Trainingsgruppe eingetroffen: ein Haufen kleiner Pingpong-Cracks, die den Ball bestimmt dreihundertmal übers Netz spielen könnten, sowie eine Mutter, die irgendwann nicht mehr einfach nur zuschauen wollte und seit ein paar Monaten fleißig dabei ist. Offensichtlich eine Seelenverwandte. Es ist ganz schön, mal wieder zu sehen, dass ich als Spätberufener nicht allein bin auf weiter Flur. Ich verzichte besser trotzdem darauf, gegen sie anzutreten.

Dafür spiele ich der Reihe nach gegen die Kinder, die dem alten Herrn gegenüber allesamt sehr lieb, ja, mitfühlend sind.

»Ich spiele immer so hoch!«, ärgere ich mich im Spiel gegen einen der Jungs über mich selbst.

»Aber Unterschnitt haben Sie viel.«

»Ach ja? Und ist das gut?«

»Das ist gut.«

Kleine alte Hasen, die sie sind, sparen die Kinder auch nicht mit guten Ratschlägen: »Versuch mal, auf den Schläger zu gucken!« Oder: »Gehen Sie ruhig mit dem rechten Bein unter die Platte, dann können Sie weiter nach vorn mit dem Arm.« Seltsamerweise allerdings gelingen mir mit ihnen keine langen Ballwechsel mehr. War ich nach dem Duell mit der Ballmaschine nahezu sicher, ein gewisses Niveau erreicht und womöglich ein neues Hobby für mich entdeckt zu haben, gerate ich nun ins Zweifeln. Auch der Aufschlag, an dem ich mich jetzt versuche, klappt mehr schlecht als recht. Ich habe bisher halt nur Pong gelernt, nicht Ping.

Auch das kleine Supertalent Richard ist sehr freundlich zu mir: »Sind das deine ersten Stunden Tischtennis?«

»Ja, das sind sie.«

»Du kannst schon was. Ich glaube, da war ich in meiner ersten Stunde schlechter.«

»Das glaube ich nicht.«

»Naja, in der ersten ernsten Stunde, da war ich vielleicht besser, aber in der ersten Stunde, die ich mit meinem Papa gespielt habe, nicht.«

Jetzt ist Richard ohne jeden Zweifel besser als ich, viel, viel besser, als ich es jemals sein könnte. Wieder und wieder schießen seine Bälle an mir vorbei, bis ich endlich mal einen erwische.

»Guck, den hast du jetzt gekriegt. Hast du dich gewundert, dass du den kriegst?«

»Äh …«

»Ich hab einfach gar keinen Schnitt gegeben. Deshalb hast du den gekriegt, verstehst du?«

Schon seinen nächsten Ball feuere ich wieder ins Aus.

»Der Tisch ist zu kurz«, protestiere ich, doch Richards Urteil ist unbestechlich: »Nein, du haust zu doll drauf.«

Er hat recht, und so richtig locker bin ich auch noch nicht. Hätte ich tatsächlich Küken in der Hand gehabt, zerquetschte Tierchen pflasterten meinen Weg.

Irgendwann aber springt ein Ball von mir – keine Ahnung, ob Überspin, Rückvorhand oder Unterschlupf – so auf Richards Seite auf, dass er nicht rankommt. Purer Zufall, logisch, doch egal. »Ha, da muss ja wohl jemand noch wachsen!« oder »Den hättest du so nehmen müssen …« – so etwas könnte ich jetzt sagen, doch ich beiße mir auf die Zunge. Es wäre absolut unsportlich und unpädagogisch, einen derart winzigen Triumph gegenüber einem so viele Jahre Jüngeren auszukosten.

Aber es könnte immerhin sein, dass ich gelächelt habe.

VERLOREN IN DER HOHEN HÖLLE

Und dann, sagt einer, müssten wir irgendwann an diesem Stadion vorbei. Wir stehen an einer Weggabelung mitten im Wald, beugen uns über die Wanderkarte und versuchen herauszukriegen, wo wir jetzt langgehen müssen – was wesentlich einfacher wäre, wenn wir wüssten, wo wir sind. Die Meinungen darüber gehen dummerweise auseinander. Hier sind die Höhenlinien, da führt ein Pass entlang, dort fließt ein Bach, das Zeltlager müsste ungefähr hier sein. Und da ist dieses Stadion. Irgendwie seltsam, so ein Stadion mitten im Wald, aber das Frankfurter Stadion hieß früher ja auch Waldstadion.

Wir aber sind nicht in Frankfurt, sondern in der Rhön, wo genau auch immer. Wir, das sind Loreley, Fuchs, der Seitenbacher, der Zupfgeiger und ich. Ich bin der Einzige, der keinen komischen Namen hat, aber alle außer mir sind auch Pfadfinder, und als solche haben sie sich Fahrtennamen zugelegt, mit denen sie sich anreden während unserer Wanderung, die natürlich keine normale Wanderung, sondern eine Fahrt ist. Obwohl wir zu Fuß gehen.

Es gibt einiges zu lernen für mich an diesem Frühlingswochenende, unter anderem Begriffe wie Kohte, Jurte, Hajk oder eben Fahrt. Solche Fahrten machen die Pfadfinder regelmäßig, und üblicherweise dauern sie ein paar Tage. Man begibt sich irgendwohin, wo man vorher noch nicht war, und bahnt sich seinen Weg durch die Natur, wobei man Karten,

Kompass, der Sonne oder den Sternen vertraut. Der Weg ist meist das Ziel, irgendwann aber ist auch das Ziel das Ziel. Unseres ist der Jugendzeltplatz Himmeldunkberg, wo unsere kleine Gruppe zum Zeltlager des Pfadfinderstamms aus Fulda stoßen soll. Vorausgesetzt, wir finden den richtigen Weg.

»Man verläuft sich immer«, hat Gruppenführer Loreley, der im wahren Leben Rick heißt, angekündigt, aber das gehöre nun mal zum Pfadfinderdasein dazu, wo man häufig improvisieren müsse und dem Prinzip »Learning by Doing« folge.

Mit dem Verlaufen hat er recht behalten. Rick plädiert für den Weg bergan, Zupfgeiger und Seitenbacher möchten talwärts gehen.

»Was meinst du?«, wendet sich Rick an mich.

»Ich, äh, hm … Ich bin nicht sicher. Ich könnte mal mein Handy herausholen und schnell im Internet …«

»Auf – gar – keinen – Fall!«

Eine ganz, ganz schlechte Idee. Handys sind bei den Pfadfindern verpönt, genauso wie Plastikzelte, hochprozentiger Alkohol und Drogen. Einzig Rick als Gruppenführer hat ein Mobiltelefon dabei – für Notfälle. Und ich – für Momente, in denen keiner der anderen hinschaut.

Zelten, Wandern, Naturverbundenheit: All das, was mit dem Pfadfinderwesen verbunden wird, ist mir, dem Berliner Stadtkind, bislang eher fern gewesen. Ich erkenne Eichen, wenn sie Blätter tragen, Kastanien, wenn sie Kastanien tragen, und Birken ganzjährig, das aber ist es dann schon gewesen mit meinen botanischen Kenntnissen. Zelturlaube habe ich stets vermieden, sosehr mich meine Frau auch davon zu überzeugen versuchte. Sie ist in Polen bei den Pfadfindern gewesen, und was sie erzählt hat von Nachtwanderungen und Lagerfeuerabenden, hat sich eigentlich sehr schön angehört. Dass es mich dennoch so selten in die Natur zieht, hat mehrere Ursachen. Zum einen schlafe ich ganz gern in Betten. Zum anderen verfüge ich über gigantische Wissenslücken. Ich weiß nicht, wie man seinen Weg anhand vom Sonnenstand findet, wie man ein Feuer macht, wie man mit dem Messer schnitzt oder sich damit gegen wilde Tiere verteidigt, in deutschen Wäldern soll es ja wieder viele Wölfe geben und womöglich auch Bären. Ich weiß nicht einmal, wie man ein Zelt aufbaut. All das, so meine Hoffnung, werden mir Loreley, Seitenbacher, Zupfgeiger und Fuchs an diesem Wochenende beibringen. Am Ende werde ich dann womöglich doch noch zum Naturburschen. Zu einem Manne, der seiner ihn bewundernden Sippe furchtlos auf dem Pfad in die Wildnis voranschreitet, oder wenigstens auf den Campingplatz.

Auf der Suche nach Pfadfindern, die sich auf mich einlassen würden, bin ich beim VCP gelandet, dem Verband Christlicher Pfadfinderinnen und Pfadfinder. Der VCP ist ein evangelischer Verband und mit 47.000 Mitgliedern die zweitgrößte Pfadfinderorganisation im Lande, direkt nach der katholischen DPSG. Bei der DPSG hat man auf mein Ansinnen skeptisch reagiert, und ein wenig konnte ich das schon verstehen. Ein Mann von Anfang vierzig möchte plötzlich bei den Pfadfindern mitmachen und zu minderjährigen Jungs ins Zelt steigen? Jakob Hoffmann hingegen, Jugendbildungsreferent beim VCP in Hessen, war sofort Feuer und Flamme, als er von meinem Plan hörte – und außerdem, zu meinem Glück, Abonnent meiner Zeitung. Er schlug mir, dem lieben Jörg (»Bei den Pfadfindern duzen wir uns, kann man nichts machen, das ist wie bei Ikea oder der SPD.«), die Tour mit Rick und seinen Mitstreitern durch die Rhön vor und wünschte mir ein »Gut Pfad!«, als wir uns verabschiedeten.

Pünktlich zum Reiseantritt streikt natürlich mein Auto, und so kommt es, dass ich an einem frühen Samstagmorgen im Regionalzug nach Gersfeld/Rhön sitze. In Fulda, wo ich umgestiegen bin, ist noch dichter Nebel gewesen, dem ich aber nicht die Schuld daran geben kann, dass ich meinen Rucksack im Bahnhofscafé fast einer Frau ins Gesicht ramme. Die Packliste hat Rick mir vorher zugemailt: Schlafsack, Isomatte und/oder Fell, Impfpass (Meine Güte, wo steckt nur mein Impfpass?), Taschenlampe, Fahrtenmesser – da musste es mein kleines Schweizer Taschenmesser tun. Außerdem Geschirr und Besteck, Zahnpasta, Zahnbürste. Das Duschgel musste ich mir erst noch besorgen, es soll biologisch abbaubar sein. Habe ich vorher nie drauf geachtet.

»Versuch, nicht zu viel zusätzlichen Kram einzupacken. Ein Aspekt des bündischen Lebens ist es, mit wenig auszukommen und auch mal zu verzichten«, hat mir Rick in seiner Mail geschrieben.

Als ich in Gersfeld aus dem Zug steige, strahlt die Sonne vom Himmel. Auf dem Bahnhof treffe ich die Kojoten. So nennt sich der VCP-Pfadfinderstamm aus Nieder-Mörlen, einem Stadtteil von Bad Nauheim, hier vertreten durch Stammesleiter Rick, dreiundzwanzig, Benjamin und Jamie, beide siebzehn, sowie Mario, zwölf. Auf ihren hellgrauen Fahrtenhemden tragen sie diverse Abzeichen, darunter das des 1973 aus dem Zusammenschluss dreier Verbände entstandenen VCP: das christliche Kreuz inmitten der Lilie für die Pfadfinder und dem Kleeblatt für die Pfadfinderinnen. Ihre blauen Halstücher sind gemäß ihrer Altersklasse grün oder bordeauxrot gestreift, nur Rick trägt nach wie vor sein altes blaues, mit dem er einst seinen Eid abgelegt hat und das man, wie die anderen scherzen, inzwischen hinstellen kann. Außerdem hat sich Rick eine Trachtenlederhose angezogen, aus der Brusttasche ragt der Kopf seiner Zahnbürste.

»Nimm mal den Kompass und die Karte«, sagt er nun zu mir. »Hast du schon mal eine Karte ausgenordet?«

Sie zeigen mir, wie man den Kompass auf die Karte legt, um herauszufinden, wo wir langgehen müssen. Bis zum Zeltplatz, auf dem wir die Fuldaer treffen möchten, ist es nicht weit, deshalb wollen wir einen größeren Bogen laufen. Wir entscheiden uns, weil das so einladend klingt, für den Weg über die Hohe Hölle.

Unterwegs bleibt viel Zeit, um mir die komplexen Strukturen des VCP erläutern zu lassen. Es gibt sechshundert Stämme, Stammesversammlungen, Landesversammlungen und eine Bundesversammlung, man trifft sich im Stammeslager oder im Bundeslager; gar nicht so leicht vermutlich, bei alledem noch Zeit zum Pfadfinden zu finden. Der Nieder-Mörlener Stamm zählt mit seinen momentan zwanzig Mitgliedern zu den kleineren im VCP. Die verschiedenen Altersstufen sind nach Sippen unterteilt. Jamie und Benjamin gehörten früher zu einer von Rick geführten Sippe, sind als sogenannte Ranger-Rover jetzt allerdings selbstständig unterwegs. Mario gehört einer Sippe an, die außer ihm nur einen weiteren Jungpfadfinder umfasst. Demnächst rücken immerhin zahlreiche der Meutlinge oder Wölflinge nach, wie die jüngste Altersstufe heißt.

Auf unserer Wanderung, pardon, der Fahrt, entdecken wir bald, dass Gersfeld über einen ziemlich großen Wildpark verfügt. So groß zumindest, dass wir bei unseren Versuchen, ihn zu umrunden, immer wieder an Gitterzäune stoßen. Irgendwo sollte hier eigentlich ein Radweg verlaufen. So stapfen wir, immer am Zaun entlang, etliche Höhenmeter nach oben und dann querfeldein, bis wir irgendwann auf dem vermeintlich richtigen Weg landen. Bald müssten wir an diesem Stadion vorbeikommen.

Zuerst aber gelangen wir an besagte Weggabelung im Wald, an der die Diskussion ausbricht, und weil wir uns nicht einig werden, wie es weitergeht, gehen wir erst mal zurück bis zum Waldrand und machen Mittagspause mit Brot, Schinken, Dosenwurst und auf einem kleinen Gaskocher zubereiteten Kaffee. Wir sitzen auf der Wiese unter einem verwitterten Hochsitz, blicken über die pittoresk geschwungenen Kuppen der Rhön und fühlen uns rundum wohl. Schön ist das Pfadfinderleben!

»Manche Leute würden sagen, ich bin verrückt, samstags um halb sechs aufzustehen und irgendwo ins Blaue zu fahren«, sagt Jamie. »Aber wer von meinen Freunden sitzt so wie wir jetzt im Gras, isst was Leckeres und genießt so eine Aussicht?«

Solche Momente entschädigen die Pfadfinder für ein gewisses Befremden, mit dem ihnen mancher begegnet. Wenn sie in ihrer Tracht und mit dem Dreck einer mehrtägigen Fahrt an den Kleidern durch die Dörfer liefen, würden sie oft »etwas mitleidig angeguckt«, erzählt Rick.

»Die meisten«, ergänzt Jamie, »stellen sich unter Pfadfindern spießige Naturschützer vor.«

Wobei der Naturschutz schon eine Rolle spielt. Verzehrt wird nach Möglichkeit Bio-Kost von regionalen Herstellern, kein Tier soll auf einer Fahrt getötet werden (Rick: »Nicht mal eine Fliege!«), und zur Verwertung ausgesucht wird ausschließlich totes Holz. Wie jener Stock, an dem Mario gerade eifrig herumschnitzt. Darum heißt er Fuchs, weil er von klein auf bei jedem Trip seine eigene Säge, einen Fuchsschwanz, dabeihatte.

Ricks Spitzname Loreley stammt aus der Zeit, als er noch lange Haare trug, und Jamie heißt Seitenbacher, weil er, als er

W.A.GREVE

bei einer Fahrt auf der Karte den Ort Seitenbach entdeckte, seine Sippe damit nervte, immerzu die Werbung des gleichnamigen Müsliherstellers zu deklamieren. Benjamin schließlich ist der Zupfgeiger, weil er Geige und Gitarre spielt, und Letztere wird nun ebenso herausgeholt wie der »Liederbock«, ein Gesangsbuch für jene Teile der Pfadfinderbewegung, die die Tradition der Wandervögel und der nach dem Ersten Weltkrieg begründeten Bündischen Jugend fortführt.

Ich habe mich zu früh gefreut beim Gedanken, mal wieder ein bisschen singen zu können, denn mit dem hier versammelten Liedgut bin ich gänzlich unvertraut. Zum Beispiel mit »Wir sind eine kleine verlorene Schar«, einem Lied aus der Zeit, als die Bündische Jugend von den Nazis verboten war. »Wir leben in Lumpen, wir lieben die Nacht, uns're Zeit heißt immer das Jetzt. Wir haben die Spießer ängstlich gemacht, und wir lachen, wenn man uns hetzt.« Klingen ein bisschen seltsam, diese Zeilen, hier bei strahlendem Sonnenschein in der Rhön.

Ebenfalls gewöhnungsbedürftig ist es, vier Jungs beziehungsweise junge Männer im Jahre 2014 das alte Volkslied »Wenn alle Brünnlein fließen« anstimmen zu hören; sie haben sich vorher darauf verständigt, es »normal« zu singen, soll heißen: ohne Pathos. »Sie hat zwei blaue Äugelein, jaja, zwei Äugelein, die glänzen wie die Stern.« Das besungene Mädel zeigt sich nicht, dafür erscheinen kurz darauf zwei Frauen, die wir aber nicht nach dem Weg fragen können, weil sie sich ihrerseits verlaufen haben – sie wollen zum Roten Moor. Hohe Hölle, Rotes Moor, in der Rhön könnte man glatt einen Edgar-Wallace-Krimi spielen lassen. Ansonsten begegnen wir auf unserer Wanderung kaum einer Menschenseele. Ist es möglich, dass es um den Rhön-Tourismus gerade nicht allzu gut steht?

Mit Rucksäcken, Gitarre und einem großen Stock, an dem inzwischen die Nieder-Mörlener Stammesfahne hängt, machen wir uns wieder auf den Weg. Jamie erklärt anhand des Sonnenstands, wo Süden ist. Nur, wo sind wir? Die Karte hilft nicht weiter.

»Der Berg ist an der falschen Stelle«, meint Benjamin. »Entweder ist die Realität falsch oder die Karte.«

Wir sind eine kleine verlorene Schar. Dann plötzlich sehen wir klarer – jedenfalls, was das ominöse Stadion betrifft. Es ist, wie ein präziserer Blick auf die Karte zeigt, gar kein Stadion, sondern ein Buchstabe, nämlich das O in »Hohe Rhön«. Anlass für die Pfadfinder, sich ordentlich über sich selbst zu amüsieren – und die Sache zum Positiven zu wenden: wieder etwas gelernt.

»Das kommt ins Fahrtenbuch«, verspricht Rick.

Und ebenso in dieses hier.

Mit der Lösung des Stadion-Mysteriums scheint auch bei unserer Wanderung der Knoten geplatzt. Nachdem wir uns einmal quer durch die Wildnis geschlagen haben, kommen wir irgendwann an ein Schild, das uns den Weg zum Himmeldunkberg weist, an dessen Fuße der Zeltplatz liegen soll. Euphorisiert laufen wir den Hügel hoch, rasten noch einmal und lassen die Fahne der Kojoten im Wind wehen. Dann geht es hinab ins Tal, zum Ortsrand von Oberweißenbrunn, von wo aus wir bereits die ersten Zelte sehen. Es wird allmählich Zeit. Jamie hat sich eine Blase gelaufen, Mario hat Hunger. Seit sieben Stunden sind wir unterwegs.

Im Lager werden wir vom Fuldaer Gruppenleiter begrüßt. »Sagt Bescheid, wenn ihr etwas braucht! Euer Zelt könnt ihr aufstellen, wo Platz ist.« Eine junge Frau fällt Rick um den Hals, in der Pfadfinderwelt läuft man sich häufiger über den

Weg. Die Fuldaer sind bereits mit allerlei Geländespielen zugange. Eine Gruppe hat zwischen zwei Bäumen eine Hängebrücke errichtet, eine andere versucht sich an einer Seilbahn. Das Tau ist so straff gespannt, dass einem angst und bange werden kann. Ein Gitarrist, umringt von Mädchen, spielt »Wonderwall« von Oasis; die Neuzeit also ist an den singenden Wandervögeln nicht völlig vorbeigegangen. In den Waschräumen gibt es keine Duschen, sondern nur Hähne, aus denen eiskaltes Wasser fließt. Mein biologisch abbaubares Duschgel, ahne ich, wird hier nicht zum Einsatz kommen.

Dafür aber ich selbst, und zwar beim Zeltaufbau. Damit, wie ich mir einen Camping-Urlaub vorstelle, hat dies hier nichts zu tun. »Mit Plastikzelt ist man unten durch«, hat mir Rick im Gespräch vorab gesagt. Stattdessen bauen wir nun eine Kohte auf, ein Tipi-ähnliches Gebilde aus vier schweren schwarzen Baumwolltüchern in Dreiecksform, die wir miteinander verknüpfen, indem wir Schnüre durch Ösen ziehen. Logisch, dass ich gleich zweimal eine Öse auslasse und alles wieder rauszerren muss. Die anderen haben derweil zwei dicke Stangen besorgt, die wir zum Kohtenkreuz verbinden. In einem Crash-Kurs lerne ich zwei Knoten, den Mastwurf und den Palstek. »Die Schlange kommt aus dem Teich, dreht sich um den Baum, kriecht durch die Schlaufe zurück ...« Ebenso schnell vergesse ich die Knoten wieder.

Als die Kohte steht, breiten die anderen im Gras – einen Zeltboden gibt es nicht – ihre gepolsterten Iso-Matten und Lammfelle aus. Als Rick meine leichte alubeschichtete Matte sieht, die meine Frau sich irgendwann mal gekauft hat, fragt er ungläubig: »Auf dem dünnen Ding willst du schlafen?«

Tatsächlich wird es nun, am Abend, kühl. Und ich habe zwar alles dabei, was auf der Packliste stand, aber an einen dicken Pullover habe ich nicht gedacht. Die Nacht droht denkwürdig zu werden.

Erst einmal aber versammelt sich das ganze Lager in dem Großzelt, der Jurte, in deren Mitte schon ein einladendes Lagerfeuer brennt. Auf dem Boden sind Dutzende Teppiche verteilt, die der Stamm aus Fulda über die Jahre gesammelt hat: ein Hauch von Orient in der Rhön. Wir alle sitzen im Kreis, fassen uns an den Händen, danken dann Gott »for this good food«. Und es ist nicht nur gut, es ist fantastisch! Der Chili-Eintopf, den es auch in einer veganen Variante gibt, ist nach dem langen Fußmarsch genau das Richtige. Es ist ein echtes Gemeinschaftserlebnis, rund fünfzig junge Menschen zwischen elf und Anfang zwanzig sitzen am Feuer, essen, trinken, reden, und heutzutage das vielleicht Erstaunlichste dabei, keiner von ihnen spielt an einem Handy herum. Es ist irgendwie eine rührende Erfahrung. Andererseits: Ob ich wohl wichtige Mails bekommen habe?

Normalerweise wäre jetzt ein Bier fällig, doch ich bin nun mal bei den Pfadfindern, und da gibt es ausschließlich Tschai, einen heißen Punsch aus Tee, Fruchtsaft und Gewürzen. Für diejenigen, die über sechzehn sind, ist auch etwas Rotwein beigemischt. Geschmacklich erinnert mich der Tschai an Glühwein, was mich an Weihnachten denken lässt und an die bevorstehende Nacht in der kalten Kohte. Hoffentlich dauert der Abend hier noch recht lange.

Das tut er tatsächlich, denn nun wird gesungen. Das Liederbuch des Fuldaer Stamms trägt den hübschen Titel »Pfadiralala IV«, und auf seinen hinteren Seiten findet sich diverses zeitgenössisches Liedgut, wobei auch hier der Ton der Tradition bewahrt wird. Statt »Music & Lyrics« heißt es etwa: »Wort & Weise: Die Ärzte«. Wünschen aber darf man sich einzig Titel aus der vorderen Hälfte, und das sind wieder die Lieder über Natur und Wandern, Unterdrückung und Freiheitskampf, über Kosaken, Tataren, Partisanen, über Moorsoldaten und Edelweißpiraten. Ricks Beteuerung, dass die Pfadfinderbewegung zwar pazifistisch, aber nicht politisch sei, wird durch dieses Liedgut doch leicht konterkariert.

Dennoch: Ob all die Teenager hier eine Ahnung haben, wer Franz Josef Degenhardt und Hannes Wader sind, deren Songs sie gerade trällern? Ob sie noch etwas wissen von den gemarterten Reispflückerinnen, die erstmals »Bella Ciao« anstimmten? Selbst Lenin wird, im Kampflied »Jalava«, in der heiteren Runde besungen. Man sollte das alles nicht wortwörtlich nehmen. Schließlich geben die jungen Pfadfinder, die sich noch mit rotweinfreiem Tschai begnügen müssen, ebenso inbrünstig lustige Zechlieder wieder: »Sauf das Bier, zerschlag die Kannen, küss die schöne Krügerin!« Zur festgelegten Stunde kriechen sie anstandslos in ihre Zelte.

Und auch ich, müde vom Wandern und vom Tschai, spüre schließlich, dass ich die Nacht nicht weiter hinauszögern kann. Bella, ciao! An den Füßen zwei Paar Socken, eingewickelt in meine Jacke und eine Wolldecke, die mir der herzensgute Rick zur Verfügung gestellt hat, schlüpfe ich in den Schlafsack. Jedes Mal, wenn ein Teil meines Körpers kurz vorm Einschlafen ist, meldet ein anderer, dass er friert. Ich wälze mich herum und ärgere mich über meinen Anfängerfehler: Ich habe den Sonnenstand nicht berücksichtigt. Genauer, ich habe nicht einkalkuliert, dass nachts die Sonne den anderen Teil der Erde beleuchtet und es fürchterlich kalt wird. Gut, dass mir an diesem Wochenende kein Fahrtenname verpasst wird, eine angemessene Wahl wäre »Vollhorst« gewesen. Ich schlafe in dieser Nacht buchstäblich keine Minute. Jedes Glockenläuten der nahen Kirche, jedes Vogelzwitschern bringt ein wenig Erleichterung, bald wird die Tortur vorüber sein.

Als am Morgen der Weckruf ertönt, krieche ich gerädert aus dem Zelt. In meinem Teller, den ich am Abend frisch gespült vors Zelt gestellt habe, befindet sich eine dünne Eisschicht. Mal schauen, wann sich die Erkältung einstellt.

Der heiße Tee zum Frühstück in der Jurte ist großartig. Nicht minder glücklich macht mich die Entscheidung unserer Gruppe, mit dem Bus nach Gersfeld zurückzukehren. In Windeseile ist die Kohte abgebaut, wir machen uns auf den Weg. In Gersfeld erwischen wir den früheren Zug, und in Fulda dirigiere ich uns sicher zur abfahrtbereiten Regionalbahn nach Frankfurt. Mein Orientierungssinn ist gar nicht so schlecht, stelle ich fest, zumindest in der Zivilisation. Im Zug checke ich für die anderen dann schnell noch, wann der Anschlusszug nach Bad Nauheim fährt. Nicht mithilfe des Sonnenstands, sondern mit dem Handy.

Ein Ritual aber muss ich noch hinter mich bringen: den Abschiedskreis. Weil ich früher aussteigen muss, bilden wir den im Zug. Wir fassen uns mit überkreuzten Armen an den Händen, dann wird ein kleines Abschiedsliedchen gesungen. Die Leute, die in Offenbach rauswollen, drängen sich an uns vorbei und schauen irritiert.

»Ich weiß noch«, sagt Rick, »dass ich den Abschiedskreis immer total peinlich fand, als ich ein Wölfling war.«

Das kann ich durchaus nachvollziehen.

Dann wünsche ich Fuchs, Seitenbacher, Zupfgeiger und Loreley Lebewohl. Beziehungsweise: Gut Pfad!

Daheim angekommen, stellt sich heraus, dass meine Frau die Nacht ebenfalls kein Auge zugetan hat. Nicht aus Sorge um mich, sondern um unsere Jüngste, die vierzig Grad Fieber hatte – dagegen war meine Übernachtung im Zelt noch vergleichsweise stressfrei. Am Morgen danach ist die Kleine, anders als ihre Eltern, wieder putzmunter.

»Und«, fragt meine Frau, »wie war's bei dir?«

»Schön«, sage ich, »aber kalt. Ich hätte einen Pullover mitnehmen sollen.«

»Nächstes Mal packe ich dir den Rucksack.«

Dann muss ich das erste Mal niesen.

FURCHTLOS IN DER HUTA

So habe ich mir den Ausflug mit den Zöglingen aus der Tagesbetreuung nicht vorgestellt. Wir sind auf dem Weg zum Außengelände nach Kronberg, damit die Gruppe ein wenig herumtollen kann, und zunächst sitzen auch alle ganz ruhig im Wagen – bis sie sich, als wir an einer Kreuzung stehen, in die Haare kriegen.

Der kleine Henry, er ist einer der Jüngsten, gerät in Panik, und irgendwie gelingt es ihm, über die Lehne hinweg auf die Rückbank zu klettern, um sich in Sicherheit zu bringen. Ob er etwas abbekommen hat? Betreuerin Svantje, die am Steuer sitzt, ist mit Henrys Platzwechsel nicht einverstanden. Eigentlich, sagt sie, wisse die Gruppe genau, »dass sie beim Autofahren keinen Stress machen darf«, und wenn es doch mal Ärger gebe, dann genüge es meistens, wenn sie brülle. Ausnahmsweise darf Henry auf der Rückbank mitfahren, neben einer der beiden Praktikantinnen, die anderen fünf bleiben im Kofferraum. Nur Emily sitzt vorn bei mir, im Fußraum des Beifahrersitzes, und schmiegt ihren Kopf an mein Knie.

Es ist nicht ausgeschlossen, dass sich jetzt der eine oder andere Leser empört und sich fragt: Wieso war Henry nicht angeschnallt? Weshalb hockt Emily zu meinen Füßen, die anderen im Kofferraum? Und warum scheuen die Mitarbeiter einer Tagesstätte nicht davor zurück, die Kinder auch mal anzubrüllen? Doch diese Leser kann ich beruhigen: Von Kindern habe ich überhaupt nicht gesprochen. Sondern von Hunden. Und die Rede ist auch nicht von einer Kita, einer Kindertagesstätte, sondern von einer Hundetagesstätte – einer Huta.

Dass es so etwas gibt, habe ich bis vor Kurzem selbst nicht gewusst. Ich habe überhaupt äußerst wenig gewusst über Hunde im Allgemeinen und Haustiere im Besonderen. Ich habe nie ein Haustier besessen. Meine Schwester, dreieinhalb Jahre älter als ich, schon. Zum Beispiel ein Aquarium, um das sich freilich vor allem mein Vater gekümmert hat. Darin schwammen viele Guppys und ein paar Black Mollys, darunter ein Weibchen, das immer runder wurde, während die Guppys parallel dazu immer weniger wurden. Eines Tages waren dann gar keine Fische mehr da und auch kein Aquarium, und was damals mit den letzten Fischen passiert ist, möchte ich gar nicht so genau wissen.

Meine Schwester besaß auch Wellensittiche, erst einen, dann zwei, dann wieder einen und schließlich keinen mehr. Sie hießen Kiki, Putzi und Nici, und ich erinnere mich daran, dass das Weibchen Putzi ziemlich zickig war. Vor allem aber erinnere ich mich an den Moment, als einer der Vögel in unserem Hausflur herumflatterte, weil nicht nur die Tür des Vogelkäfigs, sondern auch die unserer Wohnung offen gestanden hatte. Der Irrflug endete schließlich unsanft an einer Fensterscheibe, was das Tier aber erstaunlich gut überstand. Mit dem Tod des dritten Sittichs Jahre später war die Haustier-Ära in unserer Familie dann jedoch beendet. Ich bestand damals nicht darauf, dass nun aber ich an der Reihe wäre mit einem Tier, und irgendwie hatte ich den Eindruck, meine Eltern hatten ebenfalls genug.

Auch meine Frau besaß als Kind Haustiere, unter anderem ein paar Stabheuschrecken, vor allem aber hatte sie lange Jahre einen Hund. Den treuen Korek habe ich leider nicht mehr kennenlernen können, ich erlebte lediglich mit, als ihre Mutter ihr am Telefon mitteilte, dass er hochbetagt verstorben sei. Meine Frau war daraufhin so traurig, dass ich zweifelte, ob ich ein annähernd gleichwertiger Ersatz sein könnte.

Inzwischen haben wir selbst Kinder, und da konnte es nicht ausbleiben, dass das Thema Haustiere irgendwann auch bei uns aktuell wurde. Unsere größere Tochter hätte am liebsten ein Pferd, wäre aber auch mit einem Hund zufrieden, für den in unserer kleinen Stadtwohnung jedoch einfach zu wenig Platz ist; fürs Pferd gilt, nebenbei bemerkt, dasselbe. Eine Katze scheidet wegen meiner Allergie aus. Eine Zeit lang hatten wir, wenn auch nicht freiwillig, Mäuse, aber inzwischen haben wir sämtliche Löcher verschlossen – hoffentlich. Bei jedem potenziellen Haustier stellen sich Fragen, die wir familienintern bisher nicht befriedigend beantworten konnten: Wer übernimmt die Pflege? Wer säubert den Käfig? Wohin mit dem Tier, wenn wir mal verreisen? Am Ende haben wir uns dazu entschieden, dem Kind ein Aquarium zu kaufen. Die Geschichte wiederholt sich. Raten Sie mal, wer sich meistens darum kümmert.

Laut dem Verband für das Deutsche Hundewesen leben in Deutschland rund fünf Millionen Hunde, die damit das zweitbeliebteste Haustier nach den Katzen sind. Die sogenannte Hundedichte ist hierzulande überraschenderweise gering im Vergleich etwa zu Frankreich. Während dort in stolzen 38 Prozent aller Haushalte ein Hund lebt, kommt Deutschland nur auf einen Anteil von 8,9 Prozent. Sicherlich gibt es bei uns große regionale Unterschiede, in manchen großstädtischen Parks zum Beispiel dürfte die Hundedichte bei weit über hundert Prozent liegen. Der Hund gilt bekanntlich als bester Freund des Menschen, während der Mensch dem Menschen selbst ja ein Wolf sein soll, der wiederum der Urahn des Hundes ist. Vielleicht erklärt das diese besonders enge Beziehung.

Ich persönlich habe noch zu keinem Hund ein erwähnenswertes Verhältnis aufgebaut. Klar ist es vorgekommen, dass mich der Hund eines Bekannten überschwänglich begrüßte und mir auch mal das Gesicht leckte, nur war die Begeisterung in solchen Fällen eher einseitig. Ich bin glücklicherweise nie gebissen worden. Fünf-, nein, bestimmt zehnmal hingegen ist es mir passiert, dass ich joggte und ein Hund auf mich zugelaufen kam, der dann direkt vor mir stehen blieb und sich nach seinem Frauchen oder Herrchen umdrehte, woraufhin ich fast über das Viech stolperte. Keine Ahnung, ob mir die Tiere damit irgendeine Botschaft vermitteln wollten.

Vielleicht, nein, ganz bestimmt sogar habe ich etwas verpasst, weil ich nie ein Haustier hatte. Es wird schon was dran sein an der Behauptung, dass Kinder enorm profitieren, wenn sie an der Seite eines Tieres aufwachsen. Womöglich wäre ich ein besserer Mensch, ein sozialeres Wesen geworden, womöglich würde ich mich häufiger dazu durchringen, Verantwortung zu übernehmen? Womit sich die Frage stellt, ob für mich schon alles zu spät ist – oder ob ich ihn noch lernen kann, den richtigen Umgang mit Tieren. Und vielleicht sogar deren Sprache, sodass ich beim nächsten Joggen im Park von vornherein die Kollision vermeiden kann.

Für dieses soziale Experiment benötige ich einen Partner, und zwar am besten einen mit einer kalten Schnauze. Wie aber komme ich an einen heran? Unsere Freunde, deren Hund ich schon ein wenig kennengelernt habe, sind vor einiger Zeit aus Frankfurt weggezogen, und bei den anderen Hundebesitzern im Bekanntenkreis traue ich mich nicht recht zu fragen, ob sie mir ihr Tier einmal ausleihen würden – bei meiner Ahnungslosigkeit ist es ja nicht auszuschließen, dass jemand dabei zu Schaden kommt, sei es nun der Hund oder ich. Manche Tierheime, habe ich gehört, lassen freiwillige Helfer mit den Hunden Gassi gehen in der Hoffnung, dass beide Seiten davon profitieren und eine längerfristige Beziehung zueinander aufbauen. Doch auch das, beschließe ich nach kurzer Überlegung, kommt für mich nicht infrage. Zum einen, weil ich erst mal an etwas Kurzfristigem interessiert bin und keine falschen Hoffnungen wecken will, und zum anderen, weil die Hunde in den Tierheimen bei ihren Vorbesitzern häufig Schlimmes erlebt haben und traumatisiert sind – da muss ich ihnen nicht auch noch einen absoluten Gassi-Anfänger wie mich zumuten.

Zu meinem Glück stoße ich schließlich auf die Website der Hundebetreuung Frankfurt – und Ann-Kathrin Schumann, die Huta-Chefin, ist sofort bereit, mich in ihrer Hundetagesstätte einen Tag lang hospitieren zu lassen. Die Einrichtung liegt im Nordend, also mitten in der Stadt und damit günstig für die Hundebesitzer, die morgens ihre Tiere abgeben und dann weiterziehen können zu ihrem Arbeitsplatz. Seit vier Jahren gibt es die Hundetagesstätte, fünfzig bis sechzig Tiere werden mehr oder weniger regelmäßig vorbeigebracht, tagsüber sind es in der Regel um die zehn Hunde. Die Pauschale für die monatliche Betreuung an drei oder mehr Tagen in der Woche liegt bei rund 350 Euro, die meisten der viel beschäftigten Kunden können sich das locker leisten.

Um acht Uhr morgens werden die ersten Hunde abgegeben, ich komme gegen neun. Das Erste, was ich merke, als ich die Tür öffne: Es riecht. Und zwar, nun ja, nach Hund. Schon kommen die, die für den Geruch verantwortlich sind, angelaufen, neugierig auf den Neuankömmling. Noch trennt mich ein Gatter vor ihnen und schützt mich vor einem allzu überwältigenden Empfang. Links in einem Regal stehen Körbchen mit Foto und Namen des jeweiligen Hundes, hier werden Leinen und andere Dinge aufbewahrt. Dutzende Hundeleinen hängen auch an der gegenüberliegenden Wand, sie sind zum Verkauf gedacht. Zwei Schülerpraktikantinnen stehen inmitten der Hunde, ein kurzer prüfender Blick sagt mir: Sie wären, würde die Meute über mich herfallen, physisch nicht in der Lage, mich zu schützen. Aber es nützt ja nichts, ich muss da jetzt rein.

Ann-Kathrin Schumann taucht auf und öffnet mir das Gatter. »Ignorieren, einfach vorbeigehen«, rät sie, und so betrete ich, während die Hunde um mich herumscharwenzeln, erhobenen Blickes die Huta. »Wenn einer zu nahe kommt, dann das Knie hochnehmen und notfalls auch mal aufs Knie hauen.«

Auf das eigene, nehme ich an, nicht auf das des Hundes.

Ein knappes Dutzend Vierbeiner in allen Größen dürfte jetzt hier sein, von deren Rassen, die Schumann nun aufzählt, ich teilweise zum ersten Mal höre: »Golden Retriever, Schweizer Sennenhund, Labradoodle, Goldendoodle, Cockerpoos. Wilde Mischungen, zum Teil auch Straßenhunde.«

Schumann selbst besitzt vier Hunde. Einer davon, ein Grand Gascon Saintongeois namens Ferry, ist auch in der Huta; demnächst bekommt sie noch zwei Huskies. Die Geschäftsführerin wohnt direkt über der im Parterre gelegenen Tagesstätte, in der manche Tiere auch übernachten.

»Bleiben die denn nachts ruhig?«, frage ich.

»Klar, die sind ja den ganzen Tag aktiv und müssen sich im Rudel zurechtfinden, das ist anstrengend. Ich kann sie aber auch über eine Kamera beobachten.«

Gar zu wuselig geht es auch jetzt nicht zu, die Tiere verteilen sich gut auf die einzelnen Räume der hundert Quadratmeter großen Huta. Manche laufen hin und her, balgen sich, andere haben es sich in einer der Kuschelecken gemütlich gemacht. Gilda ist in einem Käfig, nicht zur Strafe, sondern weil sie gerade ihr Frühstück bekommen hat und es unbedrängt von ihren Mitbewohnern verspeisen soll. In den Regalen finden sich Insektizide sowie Mittel gegen Zecken oder Flöhe, eine Badewanne gibt es auch, regelmäßig schaut ein Hundefrisör vorbei. In einer Ecke steht ein Wäscheständer, davor entdecke ich eine Pfütze. »Schon wieder?«, stöhnt die Praktikantin und holt einen Lappen.

Dann kommt plötzlich Unruhe auf. Der Grund dafür ist Emily. Der Flat Coated Retriever ist für heute angemeldet, Frauchen hat einen wichtigen Termin, doch es gibt, wie sich herausstellt, ein Problem: Emily ist läufig. Die Rüden im Rudel riechen natürlich sofort Lunte.

»Keks! Snoopy!«, ruft Schumann die Kerle zur Ordnung.

Nach längeren Verhandlungen mit der Hundebesitzerin entscheidet sie: Emily darf ausnahmsweise bleiben. Leidtragender ist Rüde Dango, der jetzt an die Heizung angeleint wird. »Der besteigt sie sonst, oder er prügelt sich mit den anderen Rüden.« Außerdem sollen die wildesten Kameraden erst einmal in der Huta bleiben, wenn Emily mit den anderen Hunden zum Außengelände gebracht wird, und erst später ihren Auslauf bekommen. Dango, der in Reichweite eines Körbchens angeleint ist, schlafe ohnehin viel, sagt Schumann. »Für ihn ist das also keine Qual, außer dass wir ihn von dieser hübschen Dame fernhalten.«

Ich selbst beschließe, dass es nun an der Zeit ist, Kontakt zu den Tieren aufzunehmen: Aufgepasst, hier ist euer neuer bester Freund! Ich versuche, einen Pudel zu streicheln. Er zuckt zusammen und flüchtet, nicht ohne sich ein paarmal misstrauisch nach mir umzugucken. Er braucht wohl noch etwas Zeit.

Gut, dass es nun ins Freie geht. Vielleicht werden die Tiere dann zutraulicher. Sechs Hunde kommen in den Kofferraum des geräumigen Kombis, die Praktikantinnen auf die Rückbank und Emily zu mir, einem der wenigen männlichen Wesen hier, vor dem sie nichts zu befürchten hat. Chico bekommt einen Maulkorb umgebunden, weil er manchmal schnappt, wenn er im Auto fährt. Bis auf das Gerangel um Cockerspaniel Henry bleibt es auf der Fahrt nach Kronberg ruhig.

»Bei Hunden sieht es, wenn sie sich kabbeln, immer gefährlicher aus, als es ist«, erzählt Svantje, eine Studentin, die seit zwei Jahren hier mitarbeitet und den Wagen fährt. Die Chefin ist in der Huta geblieben. »Sie haben keine Sprache, um sich mitzuteilen. So ein Warnkneifer ist nicht gefährlich, sondern nur eine kurze Zurechtweisung.«

»Und Henry ist gerade zurechtgewiesen worden?«

»Er wird langsam geschlechtsreif. Vorher hat er nach Welpe gerochen, jetzt riecht er nach Rüde. Er denkt momentan, er darf alles, und da hat er von den anderen eins auf den Deckel bekommen. Die bringen ihm bei, wie er sich verhalten muss.«

Vorsichtig fange ich an, die vor mir kauernde Emily zu streicheln. Sie legt ihren Kopf auf mein Bein. Kann schon sehr niedlich sein, so ein Hund.

Schließlich erreichen wir das Auslaufgelände, ein großes Gartengrundstück bei Kronberg. Die sieben Hunde laufen sofort in alle Richtungen davon. Die Praktikantinnen machen sich ans Schneiden der Brombeersträucher, zurück bleiben Svantje und ich – und mein Gefühl, dass ich mit den Hunden jetzt eigentlich irgendetwas tun müsste.

»Beschäftigt ihr die Tiere denn irgendwie?«, frage ich.

»Wir haben zwei Hindernisse und einen Tunnel«, sagt Svantje. »Im Sommer üben wir manchmal mit denen, die es verstehen. Ansonsten lassen wir sie einfach ein bisschen Hund sein.«

In der kommenden Stunde stehe ich also in der Frühlingssonne, plaudere mit Svantje und schaue den Tieren beim Hundsein zu. Selten ist meine Mission, noch einmal meine Jugend zu erleben, entspannter gewesen.

»Man lernt hier auch viel über sich selbst«, sagt Svantje. »Sich zu beruhigen. Wieder runterzukommen.« Im Winter sei der Job dafür richtig hart, und wenn man nach ein, zwei Stunden auf dem Auslaufgelände richtig durchgefroren sei, werde es einem anschließend den ganzen Tag lang nicht mehr warm.

»Und tollt ihr mit den Hunden niemals so richtig übermütig herum?«

»Selten. Man kann sie mal knuddeln, man kann sie loben, wenn sie etwas gut gemacht haben, aber wenn ich in den Laden reinkomme, dann muss ich mich kontrollieren: Ich bin der Chef«, sagt Svantje. »Sie durchschauen einen nämlich. An Tagen, an denen ich gestresst oder unruhig bin, tanzen sie mir auch schon mal auf der Nase herum.«

Manche Hunde laufen im Garten zu dritt nebeneinander her, andere schnüffeln allein vor sich hin, einer gräbt ein Loch. Snoopy und Chico jagen einander um die Bäume, mit wildem Knurren und Kläffen.

»Ist das noch ein Spiel?«, frage ich skeptisch.

»Es ist grenzwertig. Snoopy und Chico sind vom gleichen Schlag, die sind beide ein bisschen giftig. Aufsicht zu halten ist wichtig. Es gibt immer wieder Momente, da schlägt es um in eine Mobbing-Situation, fünf gegen einen, und der Jagdinstinkt setzt ein. Wenn aus Spaß Ernst wird, dann muss man auch mal einen Schrei fahren lassen.«

Erst im Rudel, so lautet die Philosophie der Tagesstätte, findet der Hund seine wahre Erfüllung. »Viele Leute leben aus egoistischen Gründen mit einem Tier zusammen und denken, es müsse sie in ihrem Primatendasein verstehen. Sie vermenschlichen das Tier«, sagt Svantje. »Der Hund ist immer das, was der Mensch aus ihm macht.« Viele Stadthunde seien folglich nur an Menschen gewöhnt. Im Rudel hingegen lerne der Hund, mit seinen Artgenossen umzugehen, sie zu verstehen, zu kommunizieren, und es gebe dort auch, was sehr wichtig sei, eine gewisse Struktur. Für die sorgt unter den Tagesstätten-Hunden in erster Linie Mischlingshund Silas, ein typischer Rudelführer, wie Svantje sagt, der gerade irgendwo in den Büschen verschwunden ist.

»Der macht sein Ding. Silas ist super, sehr geerdet, sehr souverän. Fast ein weiterer Mitarbeiter der Huta. Wenn der irgendwo einschreitet, macht er es immer mit dem richtigen Maß an Aggressivität.«

»Und welcher Hund wird Rudelführer? Immer der stärkste? Oder könnte im Prinzip auch ein Zwergpinscher das Rudel führen?«

»Im Endeffekt der cleverste. Silas war ein Straßenhund, genau wie Chico und Snoopy, und ich glaube, die wissen mehr, worauf es ankommt. Manchmal habe ich das Gefühl«, sagt Svantje und lacht, »der Silas hält die anderen für Idioten.«

Um mich doch noch ein wenig nützlich zu machen, widme ich mich nun ebenfalls den Brombeeren. Ein Dorn in der Hand wird an diesem Tag für meine einzige Verletzung sorgen, von Hundezähnen bleibe ich verschont.

Ferry röhrt. Bei Hunden sagt man das sicher anders, aber es klingt zumindest so. »Das ist der Jagdhundschrei. Sie fordert die anderen zum Spiel auf«, erklärt Svantje.

Gilda und Ferry fangen an, miteinander zu balgen, bis sich Gilda auf den Rücken wirft und kapituliert.

»Werft ihr auch mal Stöcke?«

»Ja, aber man muss vorsichtig sein. Bei Hunden weckt man schnell den Beuteinstinkt, die werden dann wirklich aggressiv und verteidigen den Stock bis aufs Blut.«

Ferry zählt zu den Hunden, die in der Lage sind, zu apportieren, und Svantje wirft nun einen Plastikball. Statt ihn zurückzubringen, kaut Ferry aber lieber drauf herum.

»Das liegt in ihrer Natur: Wenn ich die Beute habe, gehört sie mir.« Svantje lacht.

Ich versuche, mich ebenfalls ins Spiel einzubringen: »Ferry, gibst du mir den Ball?«

Ferry hebt das Pfötchen.

»Na gut. Geben wir halt Pfötchen.« Als Nächstes wende ich mich Gilda zu. »Gilda. Sitz! Platz!« Ich zeige auf den Boden. Sie beginnt, an meinem Finger zu schlabbern. Immerhin eine Reaktion. »Sitz! Sitz! Sitz! Okay, dann eben nicht.«

»Die probieren es natürlich aus, wenn sie jemanden nicht kennen. Bei Hunden gibt's kein nettes Bitten.«

»Ich bin doch eben gar nicht zu nett gewesen, oder?«

Svantje lacht wieder. »Doch.«

Auch Snoopy will nicht sitzen, und darauf, einen weggeschleuderten Stock herzubringen, hat er gerade auch keine Lust. Ich schaue mich nach dem Pudel um. Schon als ich mich ein wenig in seine Richtung bewege, flitzt er davon. Wir beide werden definitiv keine Freunde mehr.

Zwischen Ferry und Gilda entbrennt derweil ein kleiner

Beutezank um den Ball, der in wildem Bellen mündet. Emily setzt sich auf meine Füße.

»Ist das jetzt respektlos?«

»Sie sucht Schutz. Wenn so wie jetzt der Punk abgeht, geht sie lieber zu jemandem, den sie kennt. Sich auf Dinge draufzusetzen kann auch eine Ansage sein: Das gehört jetzt mir.«

Gehören Emily jetzt meine Schuhe? Oder hat sie mich einfach zu ihrem männlichen Beschützer auserkoren? Keine Sorge, Emily, ich pass auf dich auf.

Bald ist es Zeit aufzubrechen. Problemlos lassen sich alle Hunde wieder einsammeln, und auch die Rückfahrt in die Hundetagesstätte verläuft ohne Zwischenfälle. Offensichtlich haben sich die Tiere im Garten müde getobt.

Zurück in der Huta wartet eine Überraschung auf mich. Sie ist cremeweiß, wiegt dreißig Kilo und heißt Barney. Mit dem Golden Retriever soll ich nun Gassi gehen. Gottlob nicht allein. Eine der Praktikantinnen übernimmt Dango, und Svantje geht mit Alwes, dem Berner Sennenhund, der im Vergleich zu Barney noch mal gut das Doppelte auf die Waage bringt. Da habe ich ja Glück gehabt. Denke ich.

Jeder von uns nimmt nur einen Hund, denn fünf, sechs Hunde gleichzeitig an der Leine zu führen, wie es die gelegentlich in der Stadt zu beobachtenden Hundesitter tun, ist quasi ein Selbstmordkommando, meint Svantje. Zudem bekäme bei einem solchen Gassigang der einzelne Hund nicht die Ruhe und die Freiheit, die er benötige. Ich nehme also Barney an die Leine. Er bekommt ein Halsband, das locker anliegt, sich aber zuzieht, wenn er Stress macht. Ann-Kathrin Schumann schärft mir ein: »Er soll mitlaufen, nicht voraus.«

Ich wende mich direkt an Barney: »Sitz!«

Barney setzt sich hin. Das klappt doch hervorragend. Wieso sollte dieser so wunderbar erzogene Hund Stress machen?

Als das Gatter und die Eingangstür geöffnet werden, merke ich, wie schwer dreißig Kilogramm Hund zu bändigen sind. Barney stürmt los, zieht mich mit, und ich krache mit meiner Schulter gegen den Türrahmen. »Sitz!«, rufe ich, und zum Glück setzt sich Barney noch einmal hin.

»Er zieht«, sagt Svantje. »Er hat's nicht anders gelernt.«

So streifen wir nun durch die Gassen im gediegenen Nordend. Svantje mit Alwes, die Praktikantin mit Dango und ganz vorn ich mit Barney – oder besser: Barney mit mir. Der Hund ist mir stets ein, zwei Meter voraus. Ich versuche dagegenzuhalten, so leid es mir tut, dass es Barney dann am Hals etwas eng wird. Einmal verheddern sich die Leinen von Barney und Dango ineinander, und es dauert einen Moment, bis sie wieder entwirrt sind. Wir ziehen weiter, und vor allem zieht Barney. Als uns eine Frau entgegenkommt, erkenne ich den Schrecken in ihren Augen, in letzter Sekunde hole ich Barney näher zu mir. Für Menschen, die mit Tieren nicht viel anfangen können, muss der Anblick unserer drei überdimensionierten Hunde recht furchterregend sein.

Dann erleichtert sich Dango. Die Praktikantin entsorgt das Ergebnis mit einer Plastiktüte in der Mülltonne. Barney vertreibt sich die Zeit mit diversen kleinen Geschäften, hier an einem Baum, da an – hoppla! – einem großen Stapel Gratis-Zeitungen. Sorry, Kollegen! Zum Glück waren sie noch in Folie eingepackt.

Wenn wir eine Straße überqueren, registriere ich, wird Barney schneller. Er hat also doch ein paar Verhaltensregeln gelernt in seinem Hundeleben. Schließlich, an einem Busch auf dem grünen Mittelstreifen der Straße, ist Barney an der Reihe,

sich von fester Materie zu trennen. Nachdem er sein Werk verrichtet hat, kommt Svantje mit einer schwarzen Plastiktüte, doch ich, ganz Gentleman, sage: »Ich mache das schon.« Unterm Busch liegen dann aber gefühlt drei Haufen, mit einer Plastiktüte werde ich nicht auskommen. Da möchte ich gar nicht wissen, wie groß erst die Hinterlassenschaften von Alwes ausfallen.

Ich schmeiße die Tüte weg. Als wir weitergehen, entdecke ich an den Bäumen auf dem Mittelstreifen neben zahlreichen Haufen auch zahlreiche dieser schwarzen Tüten. Den Mist in die Tüte tun, die Tüte dann aber einfach liegen lassen? Hier scheint jemand das Prinzip nicht kapiert zu haben.

Eine ganz neue Erfahrung für mich als Aushilfs-Hundebesitzer ist es, zu erleben, dass alle Leute, die sonst achtlos vorbeigehen, plötzlich in irgendeiner Form reagieren. Sie wechseln die Straßenseite, bleiben stehen, lächeln oder fangen sogar ein Gespräch an. Dies gilt vor allem für andere Menschen mit Hunden.

»Du bist ja ein Schöner!«, wendet sich eine andere Hundebesitzerin an Barney. Wenn sie mich jetzt fragt, wie alt er ist, muss ich passen. Erst als wir schon weitergegangen sind, kommt mir der Gedanke: Hätte ich jetzt auch ihrem Hund ein Kompliment machen müssen, à la »Ihrer ist aber auch ein Prachtexemplar«? Mit welchen Codes sich Herrchen und Frauchen verständigen, ist mir vollkommen unbekannt. Es ist auf jeden Fall ganz angenehm, plötzlich als Teil einer verschworenen Gemeinschaft wahrgenommen zu werden, als ein Mensch mit Hund.

Wir gehen an einem Spielplatz vorbei, vier Mädchen kommen angelaufen und bestaunen unsere Begleiter. Eine von ihnen, erkenne ich zu meiner Überraschung, ist die beste Freundin meiner Tochter. Verdutzt schaut sie mich an. Denkt sie, ihre Freundin hat jetzt einen Hund? Oder der Vater ihrer Freundin hat einen, heimlich, ohne der Familie was zu sagen? »Es ist nicht meiner«, kann ich ihr nur zurufen, bevor Barney mich fortreißt.

Interessanterweise bin dann nicht ich es, der alsbald schlappmacht, sondern Barney. Immer wieder legt er sich in den Schatten eines Autos am Wegesrand und hechelt wie ein Asthmatiker.

»Armer Kerl«, sage ich, »er ist total fertig.«

Doch Svantje drängt zum Aufbruch. Ich bin vermutlich zu weich, um jemals ein guter Hundebesitzer zu werden.

Als wir die Huta betreten, werden wir von ein paar anderen Hunden freudig begrüßt. Barney läuft schnurstracks zum Wassernapf. In der Hundetagesstätte geht es nun viel weniger wuselig zu als noch am Morgen. Die Tiere nehmen sich offensichtlich Zeit für ihre Mittagsruhe, geradezu idyllisch ist es, und ich nutze die Gelegenheit zu einem kurzen Gespräch mit der Chefin.

»Sie kommen jetzt wirklich runter«, sagt Ann-Kathrin Schumann. Viele der Hunde, die regelmäßig gebracht würden, seien in der Huta praktisch aufgewachsen. Wie übrigens auch ihre bald sechsjährige Tochter, die häufig den Tag mit ihr hier verbracht habe.

»Ist das denn für so ein kleines Kind nicht auch gefährlich?«

»Die Hunde sind ihr aus dem Weg gegangen. Sie wollten sich nicht mit ihr anlegen.« Schon früh nämlich habe sich das Kind als äußerst wehrhaft erwiesen.

Manche Kunden, so Schumann, kämen von außerhalb, sogar aus dem Stuttgarter Raum würde ab und an ein Tier abgegeben. In der Hundebetreuung jedenfalls gehe es den Tieren sehr gut, »weil sie hier alles machen können, was sie wollen«. Dann sinniert sie: »Es ist schon eine interessante Entwicklung, dass Leute heutzutage einen Kindergarten für ihre Hunde brauchen. Es ist mein Geschäft, aber es kann einem auch ein bisschen Angst machen.«

»Lassen sich die Halter von Ihnen etwas sagen, wenn Sie merken, dass die Hunde schlecht erzogen sind?«

»Manche Leute sind schon sehr empfindlich. Sie denken dann, dass man ihnen Vorwürfe macht.«

»Gerade die Bessergestellten«, mutmaße ich, »dürften es aus ihrem Berufsleben auch gar nicht gewohnt sein, dass man sie kritisiert.«

Sie nickt. »Es ist interessant, dass harte Managertypen mit Tieren wesentlich zaghafter umgehen als mit Menschen. Umgekehrt sind die stillsten Jugendlichen, die jedem Stress aus dem Weg gehen, im Umgang mit Hunden oft ziemlich klar und direkt.«

»Hm, dann muss ich wohl ein Managertyp sein – so zaghaft, wie ich mich den Hunden gegenüber verhalten habe.«

Mein Tages-Praktikum ist bald darauf beendet. Zum Abschied streiche ich dem einen oder anderen Hund noch schnell übers Fell. Den Pudel lasse ich in Ruhe. Meinen Töchtern werde ich später immer wieder das kurze Handy-Filmchen vorspielen müssen, in welchem der Kofferraum des Autos geöffnet wird und nicht ein, zwei, nein, sechs Hunde daraus hervorspringen. Wenn es denn schon nichts wird mit dem eigenen Hund, dann können sie ja vielleicht eines Tages ein Praktikum in einer Huta machen.

Kleine Einblicke in die Hundeseele habe ich heute sicherlich gewonnen, und es ist, das muss ich sagen, ein großer Spaß gewesen. Nur ahnen kann ich, was es bedeutet, mit einem Tier zusammenzuleben, wie viel Verantwortung, wie viel Arbeit – aber auch wie viel Glück, ein solch treues Wesen an seiner Seite zu wissen. Ein wenig nähergekommen, das muss ich sagen, bin ich dem besten Freund des Menschen an diesem Tage schon, und ich werde Emily, Barney, Gilda und die anderen so schnell nicht vergessen.

Allein schon deshalb, weil meine Jacke noch tagelang nach Hund riecht.

KLONK!

Das hätte man jetzt auch nicht vermutet, dass Tom Cruise noch irgendwo zum Posterboy taugt. Gut, natürlich, bei Scientology, da ist er eine ganz, ganz große Nummer, doch außerhalb dieses bizarren Vereins ist seine Zugehörigkeit zu dem Laden seinem Ruhm stark abträglich. Zu oft hat der zwar äußerlich nur wenig, doch ausweislich seiner Geburtsurkunde ziemlich gealterte Schauspieler in der Öffentlichkeit eine lächerliche Figur abgegeben, als dass sich noch bewundernd zu ihm aufschauen ließe.

Insofern ist es leicht irritierend, dass mir bei meinem neuesten Selbstversuch drei Stunden lang niemand anderes als ebenjener Tom Cruise über die Schulter sieht. Er hängt an der Wand, natürlich nicht in persona, sondern auf einem Poster, ein Motiv aus einem seiner frühen Filme. Nein, die Rede ist nicht von »Top Gun« (1986), schließlich übe ich auch nicht, wie man mit dem Düsenjäger durch die Luft jettet, und auch nicht von »Die Farbe des Geldes« (1986), in dem Cruise zwar einen genialen Billardspieler gibt, aber Paul Newman letztlich die viel coolere Socke ist. Und schon gar nicht von »Lockere Geschäfte« (1983), jener Teenie-Komödie, in der Tom Cruise versucht, in seinem Elternhaus ein Bordell zu eröffnen – dieses Buch hier ist schließlich jugendfrei. Nein, gemeint ist ein Film aus dem Jahr 1988: »Cocktail«.

Alkoholische Getränke, darunter auch Cocktails, begleiten mich auf meinem Lebensweg schon recht lange. Einen sicheren Geschmack habe ich über all die Jahre aber nicht entwickelt. An einem denkwürdigen Abend hatte ich einmal Stuart Pigott zu Gast, den Weinpapst unserer Zeitung, der mir und zwei Kollegen einen Crash-Kurs in Sachen Weinkunde gab, doch hängen geblieben ist bei mir davon leider nicht viel. Außer der Erkenntnis, dass eine gute Riesling Spätlese selbst dann noch ordentlich munden kann, wenn man sie drei Stunden im Gefrierfach vergessen hat.

Auch in Sachen Cocktails bin ich nie zur Kennerschaft vorgedrungen und blättere bei jedem Barbesuch von Neuem heillos überfordert durch die Hunderte von Namen verzeichnende Karte, um mir am Ende doch nur einen Whisky Sour zu bestellen. Ich habe nicht mal eine Lieblingsbiermarke. Vielfältig genährt wurden die Kater, die ich über die Jahre hinter mich gebracht habe, ohne dass sie mir zu irgendeiner Expertise verholfen hätten. Das nötige Fachwissen anzusammeln ist heute auch schwierig, denn als Familienvater, der nur selten nachts um die Häuser zieht, trinke ich heute kaum noch was. In der Folge vertrage ich auch fast nichts mehr. Zwei Weizen, und ich bin reif fürs Bett. Das ist einer der Vorteile des Alters: Welche Unsummen hat man früher in Alkoholika investieren müssen, um endlich besoffen zu werden!

In der Adoleszenz nehmen Rauschmittel, ob legale oder illegale, häufig eine zentrale Rolle unter den Lieblingsbeschäftigungen ein. Den höchsten Status genießt dabei weniger der, der am meisten davon konsumiert – oft mit ausgesprochen uncoolen Folgen –, sondern der, der die anderen damit versorgt. Das war meistens nicht ich, sondern einer meiner bessergestellten Kumpel, die an der Quelle saßen. An den elterlichen Bars im hauseigenen Partykeller nämlich, in denen unsere Wochenendpartys stiegen, seinerzeit – jüngeren Lesern dürfte dieser Begriff nicht vertraut sein – »Feten« genannt. Wer dort hinterm Tresen stand, demonstrierte Macht, besaß das überall beneidete Herrschaftswissen. Ich konnte sie nur bestaunen, diese Typen, die Pilsflaschen mit dem Feuerzeug öffneten, teuflische Bowlen mysteriösen Inhalts einschenkten oder den Inhalt exotisch aussehender Flaschen in hammerharte Mixgetränke verwandelten.

An dieser Stelle kommt nun Tom Cruise ins Spiel. Denn der spielt in »Cocktail« einen jener Theken-Zauberkünstler, die selbst überzeugten Abstinenzlern Lust auf einen Barbesuch machen. In atemberaubender Manier schleudern er und seine Kollegen Flaschen und Becher in die Luft und, mindestens ebenso wichtig, fangen sie wieder auf. Klar, dass auch die Frauen im Film in Cruise' geschickten Armen landen, zumal der Mann auch mit Worten jonglieren kann und zwischen seinen zirkusreifen Nummern Gedichte vorträgt, deren finale Zeile »Die Bar ist geöffnet« lautet. Einmal bestellt eine Barbesucherin einen Orgasmus bei ihm, einen multiplen, und wie die beiden weiß auch der Zuschauer, dass hier nicht allein vom gleichnamigen Cocktail die Rede ist.

Wäre es nicht nett, den Gästen der selten und arg gesittet gewordenen Feiern bei uns eine solche Show bieten zu können? Ich habe beschlossen, die coolen Cocktailmischer von einst zu überholen, ohne sie einzuholen. Was macht es schon, wenn ich höchstens drei Cocktails mixen kann, wenn ich die Gläser und Becher dabei in atemberaubender Weise rotieren lasse wie einst Tom Cruise? Als »Cocktail«-Held ist er der Säulenheilige einer kleinen, feinen Zunft geblieben, die sich Flair- oder Showbartender nennt. Daher hängt sein Poster auch in der Barschule von Tony Oliviero in Frankfurt. »When he pours, he reigns« steht unter Toms Porträt, was nur noch halb so cool klingt, wenn man es ins Deutsche übersetzt, zum Beispiel so: »Wenn er einschenkt, ist er König.«

Auch für die Disziplin des Flairbartending gibt es keinen adäquaten deutschen Begriff. »Flair« könnte man mit »Talent«, natürlich mit »Flair«, aber auch mit »Fingerspitzengefühl« übersetzen. Letzteres trifft es vielleicht am besten. Ohne gewisse feinmotorische Fähigkeiten wäre nicht zu leisten, womit Oliviero sein Geld verdient.

Wer sich von seinen Künsten überzeugen will, der findet zahlreiche Zeugnisse im Internet. Zum Beispiel von Tonys Auftritten bei der Deutschen Meisterschaft im Flairbartending, die er zweimal für sich entscheiden konnte. Er steht auf einer großen Bühne, von einem stimmkräftigen Moderator wie ein Preisboxer angekündigt und vom Publikum frenetisch bejubelt, und beginnt, Drinks zu mixen. Die Flaschen fliegen durch die Lüfte, er lässt sie über seine Schulter und über den Ellenbogen hüpfen – auch in diesen Körperpartien braucht es, äh, Fingerspitzen- oder zumindest Spitzengefühl. Vier Dinge gleichzeitig wirbeln bei Tony hin und her, Becher, Shaker, zwei Flaschen, fünf, sechs Minuten lang geht das so. Am Ende stehen drei fertig gemixte Cocktails auf dem Tisch. Klar, das könnte man auch viel schneller und weniger aufwendig haben, aber darum geht es nicht beim Showbartending: Die Leute wollen hier nicht nur was zum Trinken, sondern auch zum Gucken kriegen. Das Auge säuft schließlich mit.

Neben dem Tom-Cruise-Plakat hängen in Tony Olivieros Barschule, etwas versteckt gelegen im Hinterhaus einer nicht sonderlich ansehnlichen Frankfurter Straße, Dutzende Urkunden, die von der Umtriebigkeit und dem Können des Chefs zeugen. Einen festen Job in einer Bar hat Oliviero schon lange nicht mehr, und er muss es auch nicht. Bei Wettkämpfen lassen sich schon mal 5000 Euro Siegprämie gewinnen, und für Gastauftritte bei Veranstaltungen kassieren Showbarkeeper bis zu 900 Euro. Eine Vitrine platzt fast vor Pokalen. Richtige Baratmosphäre herrscht gerade nicht in der Barschule, schon weil es taghell und kein Publikum vorhanden ist. Dafür aber bin ich, der nun gleich seine ersten Flaschen umherschmeißen soll, ausgesprochen dankbar.

»Showbarkeeper Basic« nennt sich der Kurs, den ich gebucht habe. »In drei Unterrichtsstunden lernen Sie, schwungvoll mit Barutensilien umzugehen. Entwickeln Sie das richtige Gespür für Ihre Gäste. Mit den Basics des Showbartendings sind Sie bald nicht nur Barmixer, sondern mit ein bisschen Übung ein Entertainer«, verspricht die Beschreibung.

Davon haben sich an diesem Vormittag außer mir noch zwei Leute locken lassen, ein Mann und eine Frau. Ich hätte mit etwas mehr Andrang gerechnet.

»Laufen die Flair-Kurse nicht besonders?«, frage ich Tony Oliviero.

»Ich würde gern mehr machen, aber die Leute hier nehmen Flair nicht wirklich an.«

Man kann sich das gut vorstellen. Bei manchem Barbesuch hierzulande drängt sich der Eindruck auf, auch das Trinken gehöre zu jenen Dingen, die die Deutschen mit heiligem Ernst betreiben. Da geht es steif und still zu, und der Barkeeper rührt mit arrogant-gelangweilter Miene jene Drinks zusammen, die er den Gästen von oben herab kredenzt – mit der Attitüde eines Majordomus, der sich von den in sein Reich eingedrungenen Banausen behelligt fühlt. Was für ein Gegensatz dazu ist ein gut gelaunter, lässiger Typ wie Tony, der nicht nur an die Entspannung, sondern auch an den Spaß der Leute denkt. Sollte das etwas mit seinen italienischen Wurzeln zu tun haben?

Nachdem er Techno-Musik eingeschaltet hat, bittet Tony Heiko, Christine und mich zum Training an die mobile Flairbar. »Das ist eine amerikanische Bar, hier bereiten wir die Cocktails zu. Es gibt ein Eisfach und zwei Fächer für Flaschen, Shaker oder Gläser. Wir arbeiten immer so, dass die Leute zugucken können.«

Mit leichter Enttäuschung blicke ich auf die Flaschen. Es sind keine echten Whisky- oder Rumpullen, sondern spezielle Trainingsflaschen aus schwerem Plastik in verschiedenen Farben, was bedeutet: Es ist keine Flüssigkeit darin. Die Hoffnung auf einen gepflegten frühen Nachmittagscocktail ist dahin, wir sind tatsächlich zum Arbeiten hier.

»Wenn du Flüssigkeit an den Händen hättest«, erklärt Tony, »dann wäre es rutschig.«

Leuchtet ein. Schade ist es trotzdem.

Wir machen uns ans Werk. Schon beim ersten Griff zur Flasche soll diese kurz kopfstehen. Statt sie einfach zu nehmen, sollen wir sie mit dem Daumen nach unten am Hals packen, in der Luft rotieren lassen und wieder auffangen.

»Ob wir die Flasche so oder so nehmen«, sagt Tony, »kostet nicht mehr Zeit.«

Das mag stimmen – sofern die Flasche nicht wie bei mir zu Boden fällt und ich sie aus der Ecke, in die sie gekullert ist, herausholen muss. Das kostet dann schon ein paar wertvolle Sekunden, und dämlich sieht es außerdem aus. Beim zweiten Mal klappt es zum Glück, beim dritten Mal auch.

Wir verteilen uns nun so an der Bar, dass jeder von uns den anderen möglichst wenig in die Quere kommt: Heiko ganz links, Christine in der Mitte, ich rechts. Tonys Mitarbeiter Alex nimmt sich meiner an. Die neue Aufgabe lautet: Wir lassen die Flasche über unsere rechte Schulter nach hinten in die offene Fläche der linken Hand fallen.

So weit die Theorie. In der Praxis fällt die Flasche auf die viel größere offene Fläche des Bodens. Gut, dass sie nur aus Plastik ist. Auch beim nächsten Versuch knallt die Flasche auf den Boden. Klonk! Schade eigentlich, dass ich hinten keine Augen habe.

»Soll ich sie lieber schmeißen oder einfach nur fallen lassen?«, frage ich.

»Nicht schmeißen, nur fangen. Du kannst dich dabei ein bisschen drehen.«

Und wieder: klonk!

»Du wirfst viel zu stark nach hinten. Versuch's mit weniger Schwung.«

Ich lasse die Flasche fallen, sie landet auf meinem Finger. Autsch.

»Genau! Super.« Das kommt von Heikos Seite. Offensichtlich hat er's schon drauf. Er ist zwar kein Barkeeper, doch seine Schwiegermutter hat einen Partykeller, da wird er schon mit der einen oder anderen Flasche hantiert haben.

Christine braucht, wie ich, etwas länger. »Du schnappst«, ermahnt Tony sie. »Nicht schnappen, einfach fallen lassen.«

Ab und an kommen wir uns bedenklich nahe, immer wieder rollen die Flaschen durch die Gegend.

»Du brauchst keine Angst zu haben, hier ist alles aus Gummi«, beruhigt mich Alex.

Doch es wird mir mit einem verfehlten Wurf gelingen, selbst eine der unkaputtbaren Trainingsflaschen kaputt zu machen: Sie fällt auf den schmalen Ausgießer, der im Flaschenhals steckt und prompt abbricht.

»Ich fürchte, ich bin einfach kein Koordinationswunder«, seufze ich mit aufsteigender Frustration.

»Keiner hat gesagt, dass es einfach ist. Aber irgendwann sieht es auch bei dir flüssiger aus. Dranbleiben!«

LA. GREVE

Und wirklich: Nachdem ich die Flasche ein, zwei Mal gefangen habe, ist plötzlich das richtige Gefühl da. Ich weiß nun, wie die Flasche fällt und wie ich sie fangen muss.

»Wir werden nun einen Cocktail mixen«, verkündet Alex. Ein Cocktail, der, da in den Flaschen nix drin ist, aus viel frischer Luft besteht.

Wir beginnen mit dem Mise en Place, das so viel bedeutet wie: richtig hinstellen. Was in unserem Fall zunächst richtig hinlegen heißt, und zwar die Serviette. Alex führt vor, wie wir sie aus dem Handgelenk werfen, sodass sie nach mehreren Drehungen auf dem Tresen landet. Auch hier gilt: Das Schmeißen ist einfacher als das Landen.

Meine erste Serviette trudelt ins Waschbecken. Immerhin ist das Werfen von leichten Papierservietten weniger riskant als das von schweren Plastikflaschen. Es ist ein bisschen wie Frisbee-Werfen, nur nicht ganz so weit. Irgendwann landen meine Servietten an der richtigen Stelle.

»Nimm dir ein Glas, stell es auf die Serviette. Dann kannst du eingießen.«

»Prima.«

»Aber das ist noch nicht alles. Wir machen noch was dazu.«

»Schade.«

Was schließlich wäre ein Cocktail ohne Eis? Beziehungsweise, wir machen hier ja nur Trockenübungen: ohne Kronkorken? Wir nehmen das Glas, werfen es von der einen Hand in die andere, führen die Schaufel in einen Haufen voller Kronkorken und schieben sie schwungvoll in das Glas. Die Rede ist von der Theorie, natürlich.

Also los. Serviette, Glas, Eis. Und schließlich die Flasche, die wir greifen wie gelernt, rückwärts über die Schulter fallen und dann in einer neuen Choreographie ein paarmal um unseren Kopf kreisen lassen sollen, die so kompliziert ist, dass ich sie rückblickend unmöglich wiedergeben kann.

Es gelingt mir natürlich auch nicht gleich. Alex will mir den Trick vormachen, doch es gibt ein Problem: Er ist Linkshänder. Ich nicht.

»Die Flasche muss hier herum …«

»Wie, wo lang?«

»Äh … Warte mal. Das ist für mich jetzt ein bisschen kompliziert.«

Um die Kommunikationsschwierigkeiten zwischen uns Verschiedenhändigen zu überwinden, greift Alex zu einem Trick: Er stellt sich mir gegenüber, so kann ich seine Bewegungen direkt nachmachen, ohne umdenken zu müssen. Es ist ein bisschen wie im Marx-Brothers-Film »Duck Soup«, in dem Harpo als Groucho verkleidet dessen Spiegelbild mimt und selbst die absurdesten Bewegungen imitiert. Mit dem Unterschied: Ich bin ein miserabler Harpo. Langsam, nur sehr langsam kommen wir voran.

»Hinter den Kopf. Wechsel der Hand! Genau. Genau, wunderbar!«

Meine minimalen Fortschritte ermutigen Tony dazu, zum nächsten Punkt überzugehen. »Hast du Lust, es mal mit einer richtigen Flasche zu versuchen, in der etwas drin ist?«

»Okay.«

»Wichtig ist«, erklärt Tony, »dass der Flaschenhals trocken ist, sonst kann die Flasche zweihundert Meter weit fliegen. Hatte ich auch schon alles.«

Diesen Rekord breche ich heute nicht, der Platz in der Barschule ist ja auch begrenzt – aber verschüttet wird bei mir, unter dem strengen Blick von Tom Cruise, einiges. Zum Glück ist es kein teurer Alkohol, sondern nur preiswertes Wasser. Am

Ende meines Trainings hätte ich andernfalls Spirituosen in gewiss dreistelliger Höhe vernichtet. Nun weiß ich auch, warum mir Tony in der Mail vorab empfohlen hat, rutschfeste Schuhe anzuziehen.

Bei Heiko, das bekomme ich aus den Augenwinkeln mit, klappt es besser, und auch bei Christine. Genauso habe ich es befürchtet.

Alex gibt derweil Tipps für die richtige Haltung. »Natürlich muss man bei den kritischen Punkten die Flaschen angucken. Aber sonst schaue ich immer ins Publikum.«

»Schultern hoch, Brust raus und überzeugt davon sein, was man macht«, empfiehlt Tony.

»Lächeln ist auch immer wichtig«, ergänzt Alex.

Lächeln … Wenn das so einfach wäre! Stattdessen muss ich ein ums andere Mal lachen, wenn ich mir wieder eine Flasche um die Ohren haue.

»Den Shaker nicht schmeißen«, ruft Alex, »er gleitet!« Und zwar wieder mal ganz rasch auf den Fußboden.

Es wäre Zeit für einen Drink. Aber den gibt's nicht.

Ab und an gelingt mir ein Ablauf tatsächlich, doch es passiert viel zu selten, um mehr als Zufall zu sein. Ich stoße hier, das merke ich ganz deutlich, an meine Grenzen. Und weil auch Alex das erkennt, gönnt er mir eine Übung, die vor allem das Gefühl in der Hand verbessern soll: Mit der Linken halte ich eine Flasche senkrecht in die Höhe, lasse sie fallen und fange sie mit dem Rücken der anderen Hand auf. Ausbalancieren und halten.

Muss ich darauf hinweisen, dass dies wiederum die Theorie ist? Klar landet die Flasche auf der Hand, allerdings immer nur sehr, sehr kurz. Ich würde nicht einmal von einem echten Zwischenstopp vor dem endgültigen Absturz sprechen. Klonk!

Doch mein Ehrgeiz ist geweckt, wieder und wieder versuche ich, das Ding mit dem Handrücken zu fangen.

Endlich bleibt die Flasche einmal auf meiner Hand stehen, sie schwankt, doch sie fällt nicht um.

»Habt ihr das gesehen?«, rufe ich enthusiastisch. »Habt ihr's gesehen?«

Haben sie leider nicht.

Damit will ich es an diesem Tag auch bewenden lassen, weiter reicht mein Ehrgeiz nicht. Während Heiko noch Flaschen und Shaker kreisen lässt und seine Schwiegermutter demnächst gewiss nachhaltig beeindrucken kann, begnüge ich mich mit meinem Minimalerfolg. Ich habe daheim ja auch keinen Partykeller und nur eine äußerst bescheidene Hausbar. Und immerhin kann ich jetzt mit etwas Glück Flaschen, die vom Himmel fallen, mit dem Handrücken auffangen. Wofür im richtigen Leben brauche ich das noch mal?

Tony und Alex trösten mich.

»Auch bei mir gibt es Sachen, die ich bei zehn Versuchen nur zwei-, dreimal schaffe«, sagt Alex.

»Wie oft sollte man üben, um die Sachen hier einigermaßen hinzukriegen?«

»Auf jeden Fall eine Woche lang, jeden Tag zwei Stunden. Man braucht viel Geduld. Ich habe ein Jahr lang viel trainiert und war an manchen Tagen total frustriert, weil vieles immer noch nicht geklappt hat. Die meisten wollen nach zwei Monaten schon alles können.«

Auf der Homepage der Barschule ist zu lesen, dass manche Flairbartender in anderen Ländern ein Bett in ihrem Trainingsraum haben und täglich zehn bis vierzehn Stunden trainieren, bis ihr Körper aufgibt. Für solch ein hartes Training ist hierzulande kaum jemand bereit.

»Es gibt in Deutschland vielleicht zwanzig Leute, die Flair gut können«, schätzt Alex. »Wichtig ist, all das Klassische zu können. Wer hinter einem Tresen stehen will, sollte tatsächlich auch Cocktails mixen können. Es gibt junge Leute, zum Beispiel aus Russland, die können schon mit sechs oder acht Jahren ganz viele Kunststücke, aber vom Bartending verstehen sie nichts. Sie haben noch nie in einer Bar gearbeitet.«

Was, aus der Perspektive des Jugendschutzes betrachtet, natürlich auch gut so ist.

Den nachdrängenden Nachwuchs spürt auch Tony. »Bei manchen Wettkämpfen merke ich, dass mich Achtzehn-, Neunzehnjährige plattmachen. Ich bin zweiunddreißig, ich lerne nicht mehr so schnell.«

Dann brauche ich, der ich über vierzig bin, mich nicht zu wundern, dass ich an diesem Vormittag kein zweiter Tom Cruise geworden bin. Christine hat sich beim Versuch, einen Becher zu fangen, in den Finger geschnitten, musste vorzeitig aufhören und trägt nun ein Pflaster. Komisch, normalerweise bin bei solchen Dingen immer ich es, der sich verletzt.

Zum Abschluss bekomme ich meine erste Flairbartending-Urkunde, die mir die erfolgreiche Teilnahme am »Showbarkeeper Basic«-Kurs bescheinigt. Das »erfolgreich« ist ein bisschen geflunkert, aber egal. Meine große Tochter ist jedenfalls schwer beeindruckt, als ich ihr daheim die Urkunde zeige und erzähle, wie ich mit den Flaschen jongliert habe.

»Bitte, Papa, kann ich auch so einen Kurs machen?«

»Ähm … vielleicht ein wenig später, Maus.« Eine Bartending-Schulung als Event zum nächsten Kindergeburtstag, das wäre sicher mal was anderes als die üblichen Basteleien, aber würden die anderen Eltern ihre Kinder dahin schicken?

Eines aber kann ich ihr selbstverständlich noch gewähren:

eine kleine Privatvorführung. Von unseren Wodkaflaschen lasse ich lieber die Finger, stattdessen hole ich aus der Küche eine gut gefüllte Plastik-Wasserflasche, logischerweise verschlossen. Ich ergreife sie am Hals, werfe sie kurz in die Luft und lasse sie dann elegant über meine Schulter nach hinten fallen.

Klonk!

IN NEUER FÜHRUNGSPOSITION

Der Mann von heute steckt ja in einer Identitätskrise. Er soll kein Macho mehr sein, er hat Frauen als gleichberechtigt oder vorgesetzt zu akzeptieren, und wenn er doch selbst noch der Chef ist, dann soll er delegieren, diskutieren, auf andere hören. Der einsame Entscheider ist nicht mehr gefragt. Klar, dass das manchem schwer zu schaffen macht. Wer doch einmal den Mann in sich rauslassen möchte, der verzieht sich auf die Stehtribüne im Fußballstadion oder zum Survival-Camp in die Wildnis.

Kaum einer, und das ist rätselhaft, geht in die Tanzschule. Tanzen gilt seit jeher als unmännlich, die meisten Männer würden vermutlich, statt ihre Partnerin zum Tanzkurs zu begleiten, lieber ihren Urologen besuchen. Dabei ist das Tanzparkett eines der letzten gesellschaftlichen Felder, wo dem Manne eine unangefochtene Führungsrolle zugestanden wird.

Das wird mir aber auch erst klar, als Diereck Dross, mein Tanzlehrer, den Novizinnen einschärft: »Solange sich der Kerl bewegt, bewegst du dich mit. Tanzt er Discofox, obwohl langsamer Walzer aufgelegt wurde, tanzt du Discofox.«

Für jemanden, der als einziger Mann in einem Haushalt mit drei weiblichen Wesen hierarchisch den undankbaren vierten Platz einnimmt, ist das eine ganz ungewohnte Machtposition. Dass ich bislang weder Walzer noch Discofox tanzen kann, ist egal.

»Wir lassen den Männern hier ziemlich viel durchgehen«,

kündigt Diereck an. »Solange keiner umfällt, ist alles in Ordnung.«

Ich habe das Tanzen, wie so vieles andere auch, nie gelernt. Als einst, in der elften Klasse, das Thema aktuell wurde, wäre es mir nie in den Sinn gekommen, mich bei einer Tanzschule anzumelden. Die einzigen Jungs, die dort hingingen, trugen schon mit sechzehn ein Aktenköfferchen zur Schule und sympathisierten mit der Jungen Union; ihre Nähe suchte ich allein dann, wenn wir eine Mathearbeit schreiben mussten. Mit meinen Freunden tanzte ich lieber auf Partys und in Discos, dann aber meist ohne Körperkontakt mit Mädchen und in zwei bevorzugten Varianten: entweder – zu rockigen Sachen – so heftig zappelnd wie möglich oder – zum Grufti-Kram – praktisch ohne mich überhaupt zu bewegen.

Wobei ich ja eigentlich der Meinung bin, dass ich in meinem bisherigen Leben so schlecht nicht getanzt habe. Ich finde, ich habe ein ordentliches Rhythmusgefühl, und meine Bewegungen sind nicht übermäßig peinlich. Leider ist meine Frau da anderer Ansicht, und immerhin hat sie mich – anders als ich selbst – beim Tanzen schon beobachten können. Für eine böse Unterstellung halte ich jedoch ihre Behauptung, ich würde beim Tanzen des Öfteren meine Zunge zwischen die Lippen pressen und damit einer gewissen Anspannung Ausdruck verleihen, wie es Helmut Kohl auf seinen unvorteilhaftesten Fotos tat. So richtig zufrieden ist sie jedenfalls nie gewesen, wenn wir miteinander getanzt haben, was so oft auch nicht vorgekommen ist. Immerhin gibt es Beweisfotos, die uns bei der Ausführung eines Hochzeitswalzers zeigen. Oder zumindest bei seiner Simulation.

Wie cool es ist, richtig tanzen zu können, habe ich erst begriffen, als ich mit Anfang zwanzig ein Jahr in Costa Rica lebte und mit glühendem Neid die begnadet übers Parkett wirbelnden Latinos betrachtete. Eine Woche lang besuchte ich damals einen Salsa- und Merengue-Kurs, hampelte neben anderen weißhäutigen Menschen vor einer Spiegelwand herum und versuchte meine Hüften zu lockern. Den Europäer in mir konnte ich trotzdem nicht überwinden, jedenfalls nicht beim Tanz mit meiner damaligen costa-ricanischen Freundin. Viel besser klappte es komischerweise mit ihrer Schwester. Vielleicht tanze ich einfach besser mit Frauen, die nicht die meinen sind.

Ein weiteres einschneidendes Erlebnis war die Hochzeit einer Freundin. Das Brautpaar ebenso wie praktisch alle Gäste (außer uns) ist adelig, und allesamt waren nicht nur ausgesucht freundlich und höflich, sondern auch ausgezeichnete Tänzer – gehören in diesen Kreisen doch nicht nur vollendete Manieren zur standesgemäßen Erziehung, sondern auch der Besuch einer Tanzschule. Wir haben uns gut unterhalten auf dieser Hochzeit, meine Frau und ich, aber auf die Tanzfläche haben wir uns, eingeschüchtert von den leichtfüßigen Darbietungen der anderen, nur kurz gewagt. Ich weiß nicht, wie es meiner Frau ging, aber ich spürte, dass wir doch noch in einer Klassengesellschaft leben: oben die Tänzer, unten – das heißt einsam am Tisch sitzend – die Nichttänzer. Irgendwann, schwor ich mir, sollte das anders werden, und zwar noch bevor ich mit der ersten meiner Töchter auf deren Hochzeit würde tanzen müssen.

Und so beschloss ich, mit bald dreißig Jahren Verzögerung, mit den einst verachteten Aktenkofferträgern der Jungen Union gleichzuziehen. Ich wollte eine Tanzschule besuchen.

Zum Glück ist Diereck Dross, der Tanzlehrer, bereit, mir eine Partnerin »aus dem Umfeld der Tanzschule« zur Verfügung zu stellen. Ausnahmsweise, denn eigentlich bietet seine Schule, wie viele andere auch, aufgrund des akuten Männermangels keine Single-Kurse mehr an. In vielen Single-Kursen bleiben die Frauen weitgehend unter sich.

Single bin ich schon lange nicht mehr, im Gegenteil, ich bin zu viert. Aber zum einen haben wir momentan keinen Babysitter, zum anderen wäre es für unsere Ehe womöglich besser, ich könnte allein die ersten Schritte machen, um keine neue Angriffsfläche zu bieten. Eines Tages dann werde ich meine Frau sicher über das Parkett führen, und sie wird Augen machen.

Am Telefon kommt es mir dennoch ein bisschen so vor wie bei einer Partnervermittlung, als Diereck meine Größe abfragt und wissen möchte, wo ich abends lieber ausginge, in den Rock-Schuppen oder in die Cocktailbar. Nicht erörtert werden Gewicht, Haarfarbe, Bildungsgrad und Familienstand, aber man kann nicht alles haben. Hauptsache, meine Tanzpartnerin ist nett. Und sehr geduldig.

Im Foyer des Serengeti-Saals gleich neben dem Frankfurter Zoo, wo sich die Novizen zur Schnupperstunde versammeln, gibt es erst mal ein Glas Sekt, zur Begrüßung und gegen die Nervosität; dankbar kippe ich es hinunter. Sieben Paare, alle zwischen Ende zwanzig und Anfang vierzig, sind an diesem Abend zusammengekommen, von denen sich eines in diesem Moment erst kennenlernt. Erleichtert stelle ich fest, dass das Casting schon mal perfekt funktioniert hat. Itka ist Mitte dreißig, kleiner als ich, und sie trägt kein Cocktailkleid, sondern Jeans. Seit drei Jahren tanzt sie zwei Abende die Woche mit ihrem Freund, bevorzugt Tango, und zwar schon in Stufe drei. Ein dritter Abend ist nun für mich reserviert, jedenfalls für die nächsten Wochen.

»Mein Freund war einverstanden«, erzählt sie, »ich soll ihm nur genau berichten.«

Ich stehe also gewissermaßen unter doppelter Beobachtung.

Doch Itka beruhigt mich. »Ich kann einiges einstecken, ich spiele auch Fußball.«

Eigentlich, das zeigt die kleine Vorstellungsrunde, können wir beide am lockersten an die Sache herangehen, schließlich steht bei uns nicht, wie bei den meisten anderen, schon sehr bald eine Hochzeit an. Das erhöht den Druck, auch wenn manche Paare, insbesondere der weibliche Part, schon einige Tanzerfahrung gesammelt haben.

»Wir heiraten im Mai. Ich habe schon mal ein bisschen Discofox getanzt.«

»Ich habe schon dreimal den Grundkurs gemacht. Wir heiraten im Juni.«

»Wir haben in Madrid einen einwöchigen Salsa-Kurs gemacht. Wir trauen uns im August.«

Eine Frau allerdings stellt klar: »Wir müssen nicht heiraten. Wir werden auch nicht heiraten.« Ihr Tanzpartner lacht verlegen.

Ein weiteres Paar hat bereits zwei Tanzkurse in anderen Schulen absolviert, und das Ergebnis, sagt sie, sei katastrophal gewesen. »Wir haben uns am Ende mehr gestritten als getanzt.«

Das, bestätigt Lehrer Diereck, sei tatsächlich eine recht typische Erfahrung. »Ich kann mich dann hervorragend streiten, wenn du eine bestimmte Idee von einem Tanz hast und ich eine andere. Ein Tanzkurs kann ein ziemlicher Stress für eine Beziehung sein.«

Ein Glück, dass Itka und ich keine haben. Und ich mich gegen meine Frau als Begleiterin entschieden habe.

Der Schwerpunkt der Kurse bei Diereck liegt nicht auf einzelnen Figuren, vielmehr will er »ein ganz stabiles Betriebssystem installieren«. Selbst wenn das mal ein wenig gestört sei, soll das Paar damit in der Lage sein, mit Spaß weiterzutanzen. Er lege, so Diereck, »ganz viel Wert auf die richtige, rein körperliche Verbindung zwischen Tänzer und Tänzerin«. Ist diese Verbindung hergestellt, »mündet sie hoffentlich in eine Mechanik, die man Führen und Folgen nennt«. Heißt konkret: Der Mann führt, die Frau folgt.

Unser Lehrer wendet sich noch einmal an die Damen. »Ihr werdet merken, dass wir Tanzlehrer zu euch kommen und sagen: ›Nicht reden. Klappe halten!‹ Versucht, euch mit den Bewegungen des Mannes zu synchronisieren. Tappt nicht in die Falle und übernehmt die Trainerrolle.«

Die arme Itka, die sich mit meinen Bewegungen synchronisieren muss!

Im Serengeti-Saal findet sich keine Spiegelwand wie einst in Costa Rica, dafür Wandmalereien galoppierender Tiere: Antilopen, Zebras, Wasserbüffel, Elefanten. Da sollte jeder Tänzer sich in einem Tier wiedererkennen können.

Wir nehmen unsere Grundstellung ein: die linken Hände aufeinander. »Ihre Hand sollte sich nicht blau färben«, sagt Diereck, »der Griff darf aber auch nicht labberig sein.« Die rechte Hand wiederum wird flach am Schulterblatt der Partnerin platziert. »Das ist eure Hauptverbindung zur Frau. Ihr bleibt stehen, aber versucht, die Frau in Bewegung zu bringen. Wenn sie anfängt, sich zu bewegen, stimmt die Signalstärke«, erklärt Diereck.

Itka, zum Glück, bewegt sich. Ohne festgelegte Schritte, einfach nur im Takt der Musik, wippen wir durch den Saal. Qué será, fragt sich Doris Day. »Unsere Mütter können das mitsingen«, meint Diereck.

Moment, das könnte ich auch! Wieder einmal komme ich

mir ziemlich alt vor. Dabei liege ich vom Alter her im guten Durchschnitt.

Itka gibt mir derweil eine wichtige Information. »Tanzen und sprechen, das geht bei mir gar nicht. Wenn du nicht sprechen, sondern dich konzentrieren willst, dann ist das okay. Ich spreche nur, wenn du sprichst.«

Meine Machtfülle wächst gerade ins Unermessliche. Dabei ist mir das eigentlich gar nicht so lieb, ich würde viel lieber folgen, statt die Führung zu übernehmen.

»Wenn ich wählen könnte«, sagt auch Diereck, »würde ich immer die Frauenrolle nehmen. Der Kerl kümmert sich ums Menü, ärgert sich mit dem Kellner rum, zahlt – und ich habe einen entspannten Abend.«

Wobei der Grad der weiblichen Entspannung schon auch vom Mann abhängt und davon, wie er tanzt.

Georgia, seufzt Ray Charles, *is in his mind.*

»Wenn sie anfängt, mit dir zu reden, dann ist das ein gutes Zeichen, dann heißt das, sie ist entspannt«, ruft Diereck den männlichen Tänzern zu.

»Wie gesagt: Ich rede nicht«, raunt mir Itka zu.

Jeder, der laufen kann, kann auch tanzen. So lautet das aufmunternde Motto der Schule. Freilich sind beim Laufen die Schritte einfacher.

»Lauf-tschack-tschack«, tönt Dierecks Stimme, und ich lauf-tschack-tschacke, so gut es geht. Ziel ist es, uns zwei Schrittfolgen zu vermitteln, Pendeln und Carré. »Damit können wir mit jeder Frau überall auf der Welt zu jeder Musik tanzen«, verspricht Diereck.

Nächstes Lied.

»Das ist Elvis, oder?«, fragt Itka.

»Hey, du hast angefangen zu sprechen!«

»Hm, stimmt. Aber es war auch kein schwieriges Thema.«

Nach einer guten halben Stunde passiert das, worauf ich die ganze Zeit gewartet habe: Ich trete auf Itkas Zehen.

»Tut mir leid«, sage ich bestürzt, doch zu meiner Verwunderung nimmt sie die Schuld auf sich.

»Ich habe den Fuß nicht schnell genug weggezogen. Wenn du nach vorn gehst, und meine Füße sind noch im Weg, dann ist das mein Problem.«

Die Vorgabe, den Männern viel durchgehen zu lassen, hat sie in rührender Weise verinnerlicht. Aber ob sie das auch so sehen wird, nachdem ich ihr zum zwanzigsten Mal auf den Fuß getreten bin?

Am Anfang jedes Tanzes soll man bei der »Startrampe« die Frau so zur Seite neigen, dass sie spürt, mit welchem Bein es losgeht.

»Das ist Gentleman-Dancing«, sagt Diereck, »wir informieren die Frau darüber, was passiert.« Er ermuntert die Männer, ihre Partnerinnen entschlossen nach hinten zu kippen, was einige Überwindung kostet. »Es geht um die Balance zweiter Menschen, deshalb muss ich mit meinen Plänen direkt in ihr Rückenmark. Männer, traut euch, die Frau ganz klar auf einen Fuß zu stellen und zu halten!«

Die Frauen wiederum fordert er auf, sich möglichst schwer zu machen, was ihnen gewiss ebenfalls nicht leichtfällt. Welche Frau macht sich schon gern schwerer, als sie ist?

Und noch eine Regel. »Niemals«, warnt Diereck, »darfst du auf der Tanzfläche auf andere Paare gucken.«

Klar, dass ich mich da nicht dran halte – ich will schon sehen, wie sich die anderen so schlagen. Während des Walzers erkenne ich aus dem Augenwinkel, dass das Paar neben uns plötzlich aufhört und eine neue Startrampe bauen muss. Innerlich frohlocke ich – wir sind nicht die Schlechtesten! – und werde dadurch derart abgelenkt, dass ich selbst aus dem Rhythmus komme. Mist. Neue Startrampe. Nach jedem Tanz danken wir einander höflich, selbst wenn Itkas Zehen bislang dreimal unter meinen Fuß geraten sind.

»Das Minimum beim Abschluss eines Tanzes ist ein nettes, anerkennendes Nicken«, hat Diereck gefordert. »Komplimente sind ganz wichtig.«

Itka, die längst nicht so schweigsam ist, wie sie angekündigt hat, hält sich daran: »Deine Ansagen sind recht deutlich. Aber ohne Schraubstock, nicht zu brutal.«

Sollte aus mir doch noch eine Führungskraft werden? Am Ende der Stunde plaudern wir noch kurz, Itka scheint zufrieden zu sein mit mir. Die Chancen stehen gut, dass sie beim nächsten Mal wiederkommt. Das Tanzfieber hat mich auf jeden Fall gepackt. Beim Warten auf die U-Bahn tänzele ich im Carré, jedenfalls so lange, bis ich merke, wie die Leute mich anstarren.

In den kommenden Stunden bewege ich mich auf der Tanzfläche immer häufiger, ohne im Kopf die Schritte mitzuzählen. Ich versuche, die Tänze zu erkennen, beziehe aber sicherheitshalber meine Partnerin in die Entscheidung ein, etwa bei »Singin' in the Rain«: »Ist das jetzt Slowfox oder Walzer?«

»Ich bin nicht für den Rhythmus zuständig.«

»Es geht mir nicht um den Rhythmus, sondern um den Tanz.«

»Probier's einfach mal aus. Du entscheidest.«

Und meistens klappt das tatsächlich ganz gut.

Wer mag, kann an sechs Abenden in der Woche hier tanzen, das Ganze funktioniert nach einem Flatrate- oder Abo-Modell. »Wir plädieren sehr fürs Vieltanzen«, sagt Diereck,

»aber einmal in der Woche reicht eigentlich aus.« Häufiger hätte ich auch gar nicht Zeit, und Itka noch einen weiteren Abend von ihrem Freund zu trennen würde ich nicht wagen.

An einem Abend hat Diereck etwas besonders Fieses mit uns vor. Wir sollen den nächsten Tanz mit einer anderen Frau ausprobieren, nicht mit unserer Partnerin. Ein leises Stöhnen durchdringt den Raum.

»Die natürliche Reaktion ist: Argh, o mein Gott, Katastrophe!«, spottet er. »Es war doch ganz schön bisher.«

Auch ich, der ich mich gerade an Itka gewöhnt habe, bin erst mal erschrocken. Doch der anschließende Reigen, bestehend aus Startrampe, kurzem Tanz und freundlichem Dank mit den wechselnden Partnerinnen, macht eigentlich Spaß. Am Ende führen wir die Dame, mit der wir zuletzt getanzt haben, zu den Klängen von »Love and Marriage« zurück zu ihrem festen Partner.

An die Führungsrolle habe ich mich allmählich gewöhnt, vielleicht bin ich ja doch zum Leader geboren. Aber wie mag es für eine selbstbewusste, emanzipierte Frau sein, sich im Tanzkurs dem Mann unterzuordnen? Ich frage Itka.

»Die Frau fügt sich nicht«, korrigiert sie mich, »sie nimmt die Einladung dankend an. Und sie überlegt sich: Mach ich das jetzt oder nicht? Am Anfang habe ich mich schon ein wenig aufgeregt über Dierecks Sprüche.«

Sie meint Momente, in denen er zum Beispiel verkündet: »Liebe Frauen, ich spreche über alles mit euch, aber nicht übers Tanzen! Die Männer bestimmen, wann sie in den Fortgeschrittenenkurs gehen möchten.«

Andererseits: Kaum jemandem kann man so etwas weniger übel nehmen als unserem Tanzlehrer, der alles andere als ein

Macho ist, sondern ein munterer Typ mit Entertainer-Qualitäten, der, wenn er für uns an der Seite eines Kollegen eine kleine Tango-Performance hinlegt, schon mal begeistert in die Damenrolle schlüpft.

In der fünften Stunde kommt es zum von mir schon mit Spannung erwarteten Salsa-Exkurs: Hier werde ich bestimmt auf dem einstmals Erlernten aufbauen können. Doch ausgerechnet hier läuft es verheerend.

»Stellt euch vor, ihr tanzt auf einem Bierdeckel. Bei drei sind beide Füße auf dem Deckel.«

Den Tanz habe ich völlig anders in Erinnerung, vor allem ohne Deckel. Doch auch andere Paare haben mitunter ihre Probleme. Einmal flüchtet eine Frau genervt aus dem Raum, ihr Typ schaut kurz blöd aus der Wäsche, bevor er zögernd hinterhergeht. Ob sie jetzt gleich die Hochzeit absagt?

Meist aber geht es sehr entspannt und familiär zu, es wird viel gelacht. Besonders, als es um das geht, was Diereck »Schubbern« nennt: »Wenn ich vorwärtstanze, reibe ich mit der Innenseite des ausschreitenden Beins an der Innenseite des Partnerbeins.« Das soll dabei helfen, angstfrei zwischen den Füßen des Partners zu tanzen, denn das ist der einzig sichere Ort, da trete ich sie nicht. »Ihr Bein ist quasi eine Leitplanke.«

Also reiben nun alle die Beine aneinander, begleitet von leicht peinlich berührtem Gelächter und Dierecks Rufen: »Ohh, aah! Wenn der Mann solche Laute macht, ist es richtig.«

Zwischendurch legt unser Trainer gern ein paar Musiktitel auf, die nicht unbedingt Tanzschulen-typisch scheinen, aber gute Laune machen, von Karel Gotts »Biene Maja« bis zu »Probier's mal mit Gemütlichkeit«.

»Verratet bloß keinem, was hier läuft«, sagt er. »Sagt allen, hier spielen wir immer nur Frank Sinatra und Stevie Wonder.«

Wir treffen uns eigentlich immer freitagabends, setzen aber einmal eine Woche aus – und prompt komme ich mir beim nächsten Mal vor wie ein Schüler, der seine Hausaufgaben nicht gemacht hat. Nicht nur habe ich die Schrittfolge für den Discofox vergessen (»Lauf, lauf – und was?«), ich bin auch überfordert von den gefühlt im Dreiminutentakt geforderten neuen Figuren, die für die anderen offenbar nur Wiederholungen sind. Zum Beispiel davon, die Partnerin laufen zu lassen und wieder zurückzuholen.

»Die linke Hand aktivieren, die Lady wegschicken, dann umgreifen. Der Mann hat auch die Möglichkeit, sich ein bisschen aufzudrehen, um Leben reinzubringen«, erklärt Diereck, und ich verstehe nur Bahnhof.

Und als ob das alles noch nicht genug wäre, sollen wir auch noch den Platzwechsel einstudieren, bei dem Mann und Frau aneinander vorbeilaufen, mal mit Blickkontakt, mal ohne, in Dauerschleife.

»Die Hände, die sich umfassen, nach oben, sodass eine Tür für die Ladys entsteht.«

Mein System ist kurz vor dem Absturz, die Festplatte ist voll.

»Mach's mal langsam, ohne den Rhythmus«, rät mir Itka.

Es wird etwas besser. Am Ende werde ich vom Chef des Hauses persönlich gelobt: »Das war richtig gut, du musst dich nur trauen. Sie macht alles mit.«

Naja, alles nun sicher auch nicht.

Gerade nach einem langen Arbeitstag, merke ich, kann eine abendliche Tanzstunde richtig entspannend sein und ein gelungener Tanz ein gewisses Glücksgefühl auslösen. Ganz zu schweigen davon, dass das derart geschulte Körpergefühl auch noch in anderen Lebensbereichen von Nutzen sein könnte.

Lauf
Tschack
Tsch
Tschack
Tschack
Aktivieren
Lauf
ack
W.GREVE

Um sich auf Dauer wirklich sicher zu fühlen, müsste ich aber kontinuierlich einige Monate tanzen, und das wäre mir momentan schwer möglich.

In der fünften Stunde, die laut Plan meine letzte sein wird, ruft Diereck zur Tanzparty auf. Ohne Ansage müssen wir entscheiden, wie wir zu »Born to be alive«, »Killing Me Softly« und anderen Stücken tanzen. Bei Santanas »Oye Como Va« kann ich es wieder nicht lassen, umherzuspähen. Die eine Hälfte der Paare tanzt im Carré, die andere pendelt. Und beides, inzwischen verstehe ich die Idee, funktioniert.

Den Abschluss macht »See the Day«, für Itka und mich der letzte gemeinsame Tanz. Ein wenig Wehmut kommt auf. Zugleich bin ich erleichtert, dass ich meine Leihtänzerin unbeschadet wieder abgeben kann. Am Ende verrät mir Itka, dass sie eben, bei unserem letzten Tanz, ein ganz kleines bisschen geführt hat.

Hm, hätte ich das merken müssen? Und hat sie das womöglich noch viel häufiger getan? Egal. Ich glaube jedenfalls, dass ich nun tatsächlich überall auf der Welt zu fast jeder Musik halbwegs tanzen könnte, zumindest mit den paar Grundschritten, die ich gelernt habe. Ich weiß nur nicht, ob ich das auch mit allen Frauen könnte oder einzig und allein mit Itka.

Eines Tages, das habe ich mir fest vorgenommen, werde ich meiner Frau zeigen, dass sie mich unterschätzt hat. Wenn mein Können dazu nicht ausreicht, werde ich einen weiteren Tanzkurs besuchen, diesmal mit ihr gemeinsam. Und ich werde darauf achten, meine Zunge stets im Mund zu behalten.

DES MANNES NEUE KLEIDER

Es ist der Tag des alljährlichen Treffens des gesamten politischen Ressorts unserer Zeitung, die Korrespondenten aus allen Ländern sind eingeflogen, es werden wichtige und ernste Gespräche geführt, und es ist geboten, sich ein wenig schicker anzuziehen. Ich trage, was ich im Büro nur selten tue, einen Anzug und darunter ein hellblaues Oberhemd. Am Tisch, an dem ich mich niederlasse, sitzt bereits meine Kollegin Anke. Sie grüßt mich, mustert mich dann kurz und sagt: »Oh, du trägst ja unser Hemd.«

Einen ähnlichen Satz hört man häufiger in Film und Fernsehen und gelegentlich auch mal im wahren Leben: »Schatz, sie spielen unser Lied.« Da haben zwei Menschen eine gemeinsame Geschichte, in den allermeisten Fällen eine glückliche, und ein verbindendes Element ist eben jener Song, zu dem sie erstmals miteinander tanzten oder sich erstmals küssten oder erstmals miteinander – auf jeden Fall irgendetwas zusammen erlebt haben. Den Satz »Du trägst ja unser Hemd« höre ich an diesem Nachmittag zum ersten Mal; er wird auch anderswo auf der Welt, wie ich vermute, eher selten gesprochen.

Es gibt auch gar nicht so viele Umstände, unter denen eine solche Aussage sinnvoll erscheint. Eine davon wäre die Annahme, dass man in unserem Unternehmen Uniform trüge, und zwar hellblaue Hemden. Die Kollegin hätte ihres vergessen, ich aber an meines gedacht, ich hätte »unser« Hemd angezogen.

Doch bei der FAZ tragen wir keine Uniform.

Eine zweite Möglichkeit wäre, dass die Kollegin in diesen Zeiten, die für den Journalismus wahrlich keine rosigen sind, ein zweites Standbein hätte und unter ihrem eigenen Modelabel Hemden schneiderte. Um ihr eine Freude zu machen, hätte ich an diesem besonderen Tag ein Stück aus ihrer Kollektion angezogen.

Doch die Kollegin schneidert keine Hemden.

Bleibt eigentlich nur noch die Option, dass wir, sie und ich, besagtes Hemd gemeinsam erworben hätten. Das ist tatsächlich der Fall. Wobei ich es schon allein bezahlt habe und es ausschließlich mir gehört, nur war sie beim Einkauf dabei, ebenso übrigens wie eine weitere Kollegin. Zu »unserem Hemd« aber wurde das gute Stück dadurch, dass wir die Kaufentscheidung mehr oder weniger zu dritt getroffen haben. Gleiches gilt für eine Hose, die jetzt in meinem Schrank hängt. Seit jenem Tag ist meine Garderobe, oder zumindest ein Teil von ihr, ein wenig zum Allgemeingut der Redaktion geworden. Wie es dazu kommen konnte? Nun, ich habe es selbst so gewollt.

Normalerweise kleide ich mich selbstständig ein und an, sogar seit vielen Jahren schon. Ein jeder, der sich allein Klamotten kauft, hat im Laufe der Zeit schon mal einen Fehltritt begangen, welcher dann in der Regel auf Jugendfotos zu besichtigen ist. Das ist bei mir nicht anders, nur liegt die Zahl meiner Fehltritte womöglich ein wenig über dem Durchschnitt. Bei einer USA-Reise mit sechzehn meinte ich, mich dadurch an die Einheimischen anpassen zu müssen, indem ich die grellbuntesten Shorts und Hawaiihemden trug, die ich finden konnte. Seltsamerweise sind die Einheimischen, die auf den Fotos neben mir zu sehen sind, alle in viel dezenteren Farben gekleidet. Bei einem Interview mit dem deutschen Botschafter in Costa Rica Anfang der Neunziger trug ich ein ausgewaschenes Batik-Shirt und ein paar Jeans, die voller Löcher waren (was ich wusste) und obendrein ziemlich dreckig (was ich nicht wusste). Wir wurden während des Gesprächs, der Botschafter trug selbstverständlich Anzug und Krawatte, nicht wirklich warm miteinander. Noch etliche Modesünden mehr gäbe es zu beichten – zahlreiche Kurzarm-Oberhemden, eine graue Lederkrawatte, Second-Hand-Sakkos mit zerbrochenen Knöpfen –, doch dazu reicht der Umfang dieses Buchs nicht aus. Natürlich lag ich modisch häufiger auch richtig, doch war dies nicht unbedingt meinem Stil geschuldet, sondern dem Zufall. Oder dem Ratschlag eines Freundes oder meiner Frau.

Wenn man sich so umschaut, scheint das modische Empfinden vieler deutscher Männer nicht allzu ausgeprägt zu sein. Manchem gelingt ja der nahtlose Übergang von der Phase, in der die eigene Mutter abends die Kleider für den nächsten Tag rauslegt, zu jener, in der es die Ehefrau für einen tut. Wer von dieser Männerspezies nicht heiratet und eines Tages ohne Mutter dasteht, der hat dann modetechnisch Pech gehabt, was man ihm auch ansieht, wenn man ihn auf der Straße oder im Büro trifft.

Meine Strategie in den vergangenen Jahren war der genaue Gegenkurs zu meinen Experimenten mit schrillen Farben: Ich kleidete mich unauffällig. Unifarbene dunkle T-Shirts oder Hemden, schwarze oder graue Jeans, ganz selten mal etwas Leuchtendes und grundsätzlich nichts mit einer Aufschrift drauf. Das mochte manchmal elegant wirken, meist ganz okay und fast nie richtig schlimm. Ein echtes Modebewusstsein bildete sich bei mir jedoch nie heraus. Ich blieb den Marken treu, die mich einmal überzeugt hatten, ohne recht zu wissen, ob ich damit immer so richtiglag. Nur eines wusste ich stets ganz genau: Ich wollte nie im typischen Business-Look eines Bankangestellten herumlaufen – langweiliger Anzug, langweiliges Hemd und eine Krawatte, die entweder langweilig oder verkrampft unlangweilig ist, weil zum Beispiel mit drolligen Comic-Figuren verziert.

Durchaus mitbekommen habe ich, dass sich immer mehr Männer über Mode definieren – und von den Frauen darüber definiert werden. Wer weiß, was ihm steht, dem werden auch in anderen Bereichen Urteilsvermögen und weitere positive Charaktereigenschaften attestiert, er ist also auch beruflich im Vorteil. Die Frage ist nur: Kann man im fortgeschrittenen Alter noch so etwas wie einen gepflegten, individuellen Stil entwickeln? Und wer könnte mir dabei helfen?

Zumindest auf die zweite Frage habe ich schnell eine Antwort gefunden, die sogar äußerst naheliegt. Nur ein paar Zimmer weiter in unserem Redaktionstrakt sitzen nämlich zwei Frauen, für die Mode nicht nur ein Hobby ist, sondern Beruf und Berufung. Das »Leben«-Ressort unserer Sonntagszeitung vertraut Woche für Woche ihrem verlässlichen Urteil, und es fährt, ebenso wie das Magazin der Tageszeitung, bestens damit. Die Kolleginnen Jennifer und Anke haben nicht nur einen Koffer in Berlin, sondern auch in Paris, Mailand, New York und überall sonst, wo es Mode anzuschauen gibt, und sie wissen stets, was man tragen kann und was nicht. Ihrem Gespür und ihren Texten, die selbst Laien wie mir etwas sagen, verdanke ich meine wenigen gesicherten Erkenntnisse über das Modegeschäft. So weiß ich heute, dass Kaviar Gauche nichts zu essen ist, dass Alexander McQueen kein Filmschauspieler war und sich hinter LaLa Berlin kein Damenchor verbirgt. Ich habe gelernt, wie man Louis Vuitton und Miuccia Prada schreibt und dass Loafer nicht so heißen, weil man darin ganz schnell loafen kann. Und dass die Welt, jedenfalls die der Mode, nicht allein Rot, Gelb, Blau oder Grün umfasst, sondern auch Malve, Mint, Maisgelb und Magenta. Auch wenn ich bei keiner jener Farben zu sagen vermag, wie genau sie aussieht.

Doch das muss ich auch gar nicht, das sollen Jennifer und Anke tun. Blutjung die eine, die andere sogar noch jünger. Und doch hat Jennifer schon bei der britischen »Vogue« und dem New Yorker Magazin »W« gearbeitet. Anke ist noch viel länger im Geschäft, 1997 schrieb sie ihren ersten Modetext in der FAZ über florale Muster in der Frühjahrsmode, und sie hat sie alle getroffen – Claudia Schiffer, Wolfgang Joop, Karl Lagerfeld. Und David Hasselhoff, aber das ist eine andere Geschichte.

Als ich sie frage, ob sie mir ein paar nachmittägliche Nachhilfestunden in Sachen Mode geben könnten, sagen beide gleich zu. Wer nicht gleich zusagt, ist meine Frau. »Aber in unseren Kleiderschrank guckt keiner!«

»Keiner wird in unseren Kleiderschrank gucken. Und wenn, dann höchstens in meinen. Aber es wird wohl gar nicht nötig sein, meinen Stil kennen die beiden ja. Wahrscheinlich gehen wir einfach nur zusammen in ein paar Geschäfte.«

»Gut, dann kauf dir etwas Schönes. Aber pass auf, dass du an dem Tag keine durchgelaufenen Socken anziehst.«

Mit großen Erwartungen und den besten Socken komme ich an diesem Tag, dessen später Nachmittag aus mir einen modebewussten Menschen machen soll, ins Büro. Die Kolleginnen haben sich schon Gedanken gemacht und eine kleine Tour vorbereitet: verschiedene Geschäfte, verschiedene Moden, verschiedene Preisklassen.

»Wir müssen mit dir auf jeden Fall auch zu Uli Knecht gehen«, sagt Anke.

»Gerne, warum?«

»Die haben da schon etwas exklusivere Sachen.«

Offenbar muss ich betreten geguckt haben, denn sie ergänzt: »Wir gehen da ja nur zum Anschauen hin. Du willst dir doch nicht wirklich etwas kaufen, oder?«

»Äh, doch, wenn wir was gefällt, möglicherweise schon.«

Als mir Anke die Preise sagt, die mich bei Uli Knecht erwarten, rutscht der Laden auf der Liste allerdings erst mal nach unten. Mein Gehalt ist damit nicht ganz kompatibel.

Als Erstes, schlägt Jennifer vor, gehen wir zu COS, der edlen Schwester von H&M, die für minimalistische Mode steht. Und so begeben wir uns nach der Arbeit ins Frankfurter Zentrum rund um Hauptwache, Zeil und Roßmarkt, einer Gegend, der man, so wie sie nach dem Krieg wiederaufgebaut worden ist, deutlich ansieht, dass ihr einziger Sinn und Zweck der Konsum ist. Keine Architektur an diesem Ort wäre aufregend genug, um von den Schaufenstern abzulenken, ja, im Gegenteil: Viele der Bauten hier sind so hässlich, dass die Schaufenster fürs Auge der einzige Fluchtpunkt sind.

Zuerst einmal blicke ich ins Schaufenster von COS. Wie, frage ich mich, wird es sein, mit zwei Frauen einkaufen zu gehen, und zwar Sachen für mich? Mit zwei Frauen, die beide weit kompetenter sind als ich? Mir kommt der Loriot-Sketch in den Sinn, in dem ein Mann mit seiner Gattin einen Anzug kaufen geht und die Ehefrau einen Verkäufer mit den Worten anspricht: »Mein Mann ist etwas voll in den Hüften, mit ziemlich kurzen Armen.« Worauf der Angesprochene, der in Wirklichkeit selbst ein Kunde ist, entgegnet: »Das tut mir sehr leid.« Ich male mir aus, wie wir jetzt gleich da hineingehen und sich zwischen den Kolleginnen und dem Verkäufer ein Gespräch entwickelt wie zwischen Eltern und Lehrer im Beisein des minderbemittelten Schülers.

»Wir suchen etwas für den jungen Mann hier. Er hat ziemlich kurze Arme, und seine Hüften sind auch schon dabei, etwas voll zu werden. Er möchte sich gern etwas modischer kleiden, weil – nun, Sie sehen ja selbst.«

»In der Tat, die Damen. Das dürfte ein ausgesprochen schwerer Fall werden.«

Augenzwinkern zwischen allen Beteiligten. Außer mir.

Aber so kommt es dann überhaupt nicht. Jennifer und Anke sind allerliebst und strahlen so viel Kompetenz aus, dass sich erst gar kein Verkäufer in unsere Nähe bequemt.

»Ich habe mir überlegt«, sagt Jennifer, während wir die Treppe zur Herrenabteilung hochgehen, »du bist ja eher der kühle nordische Typ.«

Wird schon stimmen, einen Südländer würde mir mit meiner Blässe nicht einmal ich selbst abnehmen.

»Das ist sehr klassisch hier, aber auch modisch und sogar ein bisschen avantgardistisch«, fährt Anke fort, und als ich skeptisch schaue, fügt sie hinzu: »Das sehen wir in dir auch.«

Damit hat sich der Nachmittag schon fast gelohnt.

»Mit Sachen von COS«, referiert Jennifer weiter, »schafft man es eigentlich, mit simplen Schnitten ganz cool auszusehen.«

Schon mit dem ersten flüchtigen Blick über die an den Stangen hängenden Jacken, Hemden und T-Shirts erkenne ich: Das liegt recht nah an meinem Stil – oder was ich dafür halte. Ganz schöne Sachen, eigentlich. Ich begutachte ein schwarzes Hemd.

»Schwarz ist eine Farbe, die du gerne trägst, oder?«, fragt Anke.

»Ja … Ich mag es generell eher dunkel und zurückhaltend.«

»Wobei jedem Mann auch ein bisschen Farbe guttut.«

Ich lasse das schwarze Hemd hängen.

»Manchmal hast du auch einen Blazer an, nicht wahr?«

Ich nicke. »Gern kombiniert mit einem dunklen T-Shirt.«

Da fällt mir ein: Ich bin ja auch hier, um etwas zu lernen. »Was habe ich hier eigentlich an?« Ich zeige auf mein Oberteil, einen Sweater mit vier Knöpfen am Kragen.

»Einen Henley«, kommt es sofort von Jennifer zurück.

Noch nie gehört.

»Ab und zu hast du Hemden an, die ein bisschen ausdrucksstärker sind«, meint Anke.

Ab und zu, ein bisschen – alles klar. Meist komme ich dann wohl recht ausdrucksschwach daher.

»Wir können also auch nach Hemden gucken?«

Ich nicke wieder.

»Vielleicht so was in Piqué«, schlägt Jennifer vor. »Das ist wie ein Poloshirt, aber dennoch ein Hemd.«

»Polohemden trage ich eigentlich fast nie …«

»Was ich dir mal raten würde«, meldet sich Anke zu Wort, »ich trage selber gern Schwarz und mein Mann auch, aber manchmal ist ein Dunkelblau noch ein bisschen frischer. Blau steht im Grunde jedem.«

»Dunkelblau«, bekräftigt Jennifer, »ist eine Gewinnerfarbe. Man kann in Dunkelblau eigentlich nichts falsch machen.«

Hm, ein blaues T-Shirt, wenn ich mich nicht täusche, habe ich im Schrank liegen. Auf der Siegerseite stehe ich damit noch nicht.

»Auch schön: ein dunkelblauer Baumwollpulli«, fährt Anke fort. »So etwas ist immer lässig. Oder wäre dir so was«, sie zeigt auf einen Pullover mit Flicken an den Ellenbogen, »schon zu poppermäßig?«

»Es geht ein bisschen in die Hipster-Richtung«, meint Jennifer zweifelnd.

»Das probierst du jetzt gleich mal an«, entscheidet Anke.

»Gut, dann nehme ich die Sachen mal mit in die Kabine«, setze ich an, doch meine Mentorinnen sind noch lange nicht fertig.

»Wie stehst du eigentlich zu Chinos?«, will Jennifer wissen.

»Äh, was ist das genau?«

»Sonst hast du immer ein gerades Bein, Chinos sind unten enger«, erklärt Anke.

»Sie sind insgesamt weniger jeansig«, ergänzt Jennifer.

Ungewohnt ist für mich, dass diese Hosen hinten keine Taschen haben. Die Taschen vorn wiederum sind, lerne ich, oft nicht rund, sondern senkrecht geschlitzt. Wir wählen eine strahlend blaue Chino, ein Farbton, den ich allein niemals in Betracht gezogen hätte. Mit einem hellblauen Hemd kombiniert sei das super, versichern mir die Damen.

Anke und Jennifer haben jeweils ein blaues Hemd gefunden. »Das ist auch ganz schick, mit so einer verdeckten Knopfleiste«, sagt Anke. »Das ist fast schon ein wenig Business-Look.«

Ich versuche, mich auch mal ein wenig mit Fachbegriffen hervorzutun: »Sind denn solche Button-down-Sachen inzwischen wieder in?«

Selbstverständlich scheitere ich.

»Nee, Button-down nennt man es, wenn die Knöpfe auf dem Kragen drauf sind«, klärt mich Anke auf. »Das sind diese amerikanischen Hemden.«

Mit einem ganzen Wäschestapel begebe ich mich nun in die Kabine. Und immer noch werden Sachen nachgereicht, die Kolleginnen sind nun in ihrem Element.

»Wir haben noch einen schönen Pulli entdeckt, guck mal!«

K.A.GREVE

Ich probiere zunächst einen Blouson. Er sitzt gut, gefällt mir.

»Wie fühlst du dich?«, erkundigt sich Jennifer, fast wie die Chefärztin beim Besuch des Patienten.

»Gut«, sage ich und streife als Nächstes den dunkelblauen Pullover über.

»Schön«, befindet Jennifer, »das sieht sehr ordentlich aus.«

»Ordentlich?« Ordentlich gepflegt ist der Rasen, ordentlich angezogen der kleine Junge, dem man zu Omas Geburtstag Oberhemd und Fliege aufgezwungen hat – als modisches Attribut ist mir das eher suspekt. Sah Kate Moss jemals ordentlich aus? Doch beide, Jennifer wie Anke, versichern mir, dass dieses »ordentlich« als Kompliment gedacht sei.

»Aber wirke ich in diesem Pullover«, wende ich ein, »nicht ein wenig zu konservativ?« Am Ende ist auch dieser Begriff noch positiv konnotiert.

»In Italien zum Beispiel haben alle Männer solche Pullis im Schrank«, sagt Anke. »Aber mir persönlich …«

»Das T-Shirt!«, sagt Jennifer plötzlich. »Das muss weg.«

Sie meint mein schwarzes T-Shirt, das bei mir die Rolle des Unterhemdes einnimmt.

»Was sollte ich dann überhaupt drunter tragen?«

»Ein Unterhemd. Oder ein etwas weiter ausgeschnittenes T-Shirt.«

»Probier noch mal den anderen.«

Ich ziehe den anderen Pulli an, den mit den Flicken am Ärmel. Skepsis bei den Fachfrauen.

»Hm … nein. Ich glaube, das passt nicht so zu dir.«

»Er ist zu *oldschool!*«

Schade, ich hatte gerade begonnen, mich mit den Flicken anzufreunden. Ich verschwinde wieder in der Kabine und ziehe ein Hemd und eine Hose über. »Diese Hose ist mir zu …«, sage ich, als ich die Kabinentür öffne, doch ich spreche den Satz nicht zu Ende: Die Kolleginnen sind längst wieder ausgeschwärmt, auf der Suche nach neuer Beute. Nicht auszuschließen, dass sie die für sie ungewohnte Situation genießen, mal einen Mann ausstaffieren zu können. Denn wie sie mir erzählt haben, kaufen sowohl Ankes Mann als auch Jennifers Freund ihre Sachen grundsätzlich selbst. Unsere Mode-Redakteurinnen müssen sich da vorkommen wie zwei Sterneköche, die daheim nicht an den Herd dürfen.

Die Hose passt gut, aber sie ist so, nun ja – blau.

»Aber die sitzt gut«, sagt Jennifer.

»Echt? Die sind oben ziemlich weit, oder?«

»Die gehört aber so. Sie muss oben locker sitzen. Normalerweise wird sie auch noch mehr auf den Hüften getragen«, erklärt Anke.

Jennifer ergänzt: »So wie ein Skater sie tragen würde.«

Skater, das bin ich ja auch mal gewesen, jedenfalls drei Stunden lang. Trotzdem: Ich gefalle mir mit dieser Hose nicht so recht. »Ich finde, ich sehe etwas … dick aus.«

Überraschenderweise springt Jennifer mir bei. »Ich bin mir, ehrlich gesagt, auch nicht ganz sicher bei der Farbe. Vielleicht ist sie doch ein bisschen krass. Das hellblaue Hemd passt definitiv besser zu einer etwas dunkleren Hose. Du siehst etwas kostümiert aus.«

»Das heißt, man erkennt es …«

»… wenn Leute nicht sie selbst sind, ja. Du bist einfach doch der klassischere Typ.«

Ich ziehe das andere hellblaue Hemd und eine dunkelblaue Chino an, die sie mir rasch gebracht haben, und verlasse erneut die Kabine. Der Empfang fällt geradezu überschwänglich aus.

»Oh, das sieht gut aus!«

»Die Dunkelblaue ist viel besser, das sieht ganz toll aus. Die Farbe macht natürlich auch schlanker.«

Alles klar. Gekauft.

Moment, ein letzter Zweifel: »Und ich sehe damit auch nicht aus wie ein Bankkaufmann?«

»Nein, überhaupt nicht! Die Hose sitzt viel lässiger. Und vom Stoff her ist es auch keine Anzughose, sondern ein robuster Freizeitstoff.«

Nächste Frage: »Wie viele Knöpfe trage ich beim Hemd offen?«

»Wie man möchte«, antwortet Jennifer. »Man kann alle geschlossen haben oder einen, zwei …«

»Nicht so viele, dass die Brusthaare sichtbar sind«, ergänzt Anke.

Mist. Dann muss ich immer alle geschlossen haben.

Die erste Entscheidung ist auf jeden Fall getroffen: Ich werde die allererste Chino meines Lebens kaufen und eines der hellblauen Hemden, später auch bekannt als »unser Hemd«.

In der Umkleidekabine herrscht ein wüstes Durcheinander, die von mir in schnellem Wechsel an- und ausgezogenen Kleider liegen querbeet auf einem Hocker, einige auch auf dem Boden. Draußen frage ich eine Verkäuferin, ob ich die Klamotten selbst wieder einsortieren soll oder ob das jemand aus dem Geschäft macht.

»Das erledige ich«, antwortet sie freundlich und schreitet, ohne dass ich sie aufhalten könnte, schnurstracks in Richtung Kabine. Als sie zurückkommt, schaut sie gar nicht mehr nett. Das so zu hinterlassen, das sei ja nun wirklich keine Art, schimpft sie, alles einfach auf den Boden geworfen, und es sei ja schließlich immer noch ihre Ware.

Meine Beteuerung, dass ich die Sachen ganz gewiss noch

hätte aufheben wollen, gerät nicht sehr überzeugend. Für die kleine Standpauke immerhin entschädigt mich, dass die Verkäuferin mich beim anschließenden Bezahlen an der Kasse duzt; das passiert mir auch nicht mehr jeden Tag.

Meine Begleiterinnen diskutieren derweil die nächste Station unserer kleinen Einkaufstour: »Hackett?«

»Oder vielleicht Marc O'Polo?«

»Ja, die haben ganz schöne Sachen.«

Marc O'Polo ist mir als Label bekannt, als wirklich cool hätte ich es freilich nicht eingestuft.

»Das ist eine ehrliche Marke«, versichert Jennifer.

Nun, ehrlich bin ich ja eigentlich auch, also könnte das passen. Doch Hemden, wie es sie hier gibt, habe ich so ähnlich schon zu Hause.

»Was jetzt viel getragen wird, aber ich finde es ganz gefährlich, sind diese Schals für Männer«, sagt Anke.

»So was hat Wolfgang Joop«, bestätigt Jennifer.

Und Anke legt mir – »Ich möchte nur mal sehen, wie's aussieht!« – kurzerhand so einen Joop-Schal um. Beide schauen mich an – und lachen. »Das ist nicht so dein Ding«, stellt Anke fest.

»Es sieht fast etwas feminin aus«, meint Jennifer.

Ist in Ordnung, dass der Schal bei ihnen durchfällt, es ist nämlich verdammt warm damit am Hals.

Wir betreten den nächsten Laden, Scotch & Soda. Hippe Verkäufer mit Walkie-Talkie am Ohr schwirren herum. Der Eingangsbereich ist voll behängt mit bunten Hosen.

»Bei Bermudas«, sagt Anke, bevor ich auf falsche Gedanken komme, »wäre ich ebenfalls vorsichtig.«

Ich bleibe vor einem T-Shirt stehen. »Was ist das für eine Farbe? Rot, Braun?«

»Ich würde sagen: Malve. Oder Aubergine.«

Wer sich mit den Farben von heute auskennen möchte, ist im Vorteil, wenn er Gärtner oder Gemüsehändler ist.

Wir finden hier nichts, also ziehen wir weiter. Nächste Station ist ein Laden, den ich schon kenne und die beiden Kolleginnen nicht: Urban Outfitters. Es ist ein riesiges Geschäft auf drei Etagen, in dem es neben Mode auch allerlei bunten Schnickschnack gibt, Bilder, Tassen, Karten und etliches andere. Offensichtlich teilen manche Modegeschäfte das Schicksal der meisten Buchhandlungen.

»Solche Hosen habe ich mit fünfzehn getragen«, sage ich, als wir an ein paar Hawaii-Shorts vorbeigehen.

»Das Hawaii-Thema ist ja auch wieder ganz in«, weiß Anke. »Aber das ist natürlich ganz schwierig zu tragen.«

Bei den T-Shirts entdecke ich eines, das ich mir vor Kurzem gekauft habe, mit dem Motiv der Radiowellen vom Cover des Joy-Divison-Albums »Unknown Pleasures«. Jetzt will ich es wissen: Ohne mich zu offenbaren, frage ich die beiden, was sie davon halten.

»Nee …«

»Naja.«

»Ich weiß gar nicht, was das sein soll.«

Ich breche das Experiment ab, bevor es zu arg wird.

Schließlich packt mich die Abenteuerlust: Ich flirte mit einem engen dunkelblau-violetten T-Shirt mit weiß umrandeten Achtecken im Siebzigerjahre-Stil.

»Das würdest du tragen?«, fragt Anke irritiert. »Das wäre mutig.«

Jennifer immerhin findet das Shirt »in sich schlüssig« und ermuntert mich, es überzuziehen, was ich dann auch tue. Der Blick in den Spiegel aber zeigt mir: In sich schlüssig mag das T-

Shirt sein, mein Leib darin bricht diese Schlüssigkeit aber katastrophal auf.

Zum Abschluss gehen wir noch mal auf die Goethestraße, die ich sonst beim Einkaufen meide, allein schon aus Gründen der Selbstachtung angesichts der Tatsache, dass andere Menschen dort so viel für eine Jacke ausgeben, wie ich in einem Monat verdiene. Cartier, Tiffany, Gucci, Armani, Prada, alle Luxusmarken sind hier vertreten. Auch Versace, vor dessen Schaufenster ich stehen bleibe. Zu sehen ist eine beigefarbene Hose mit blauen, gelben und roten Farbstreifen, die aussehen, als habe jemand mit dem Pinsel drübergestrichen.

»Ich sage einfach mal: Du bist nicht der Versace-Typ«, bemerkt Anke trocken.

»Aber die Hose ist schon ganz lustig, oder?«

»Ja, lustig. Willst du lustig herumlaufen?«

Schluss mit lustig ist dann spätestens beim Preis: Die Hose kostet 810 Euro. Habe ich ein Schwein, dass ich kein Versace-Typ bin.

Wir schauen noch bei Hackett rein, einem englischen Label, ganz stilecht mit Regenschirmen als Türklinke und etwas steifem Ambiente, wo sich natürlich wieder die Pullis mit den Ellenbogenflicken finden, und bei Massimo Dutti, überraschenderweise kein italienisches, sondern ein spanisches Unternehmen mit für ein Geschäft in der Goethestraße erstaunlich bezahlbaren Preisen. Doch ich kaufe an diesem Abend nichts mehr.

Bleibt die Frage, wie ich mich von nun an weiterentwickeln kann: Wie finde ich zum guten Stil?

»Du musst gucken, was zu dir passt«, sagt Jennifer, »was du für ein Typ bist.«

Ach was.

»Du solltest ein gewisses Selbstbewusstsein entwickeln«, rät Anke. »Meinem Mann zum Beispiel ist es eigentlich egal, was ich sage.«

Hm. Dieses Stadium habe ich noch lange nicht erreicht. Mir ist es durchaus nicht egal, was meine Familie zu meinen Kleidern sagt, und daher bin ich, als ich nach Hause komme, höchst gespannt.

Es ist schon dunkel, und als ich in der neuen Chino unser Wohnzimmer betrete, fragt meine Frau: »Du hast dir eine Jogginghose gekauft?«

Ich schalte eine hellere Lampe an, damit sie ihren Irrtum erkennen kann. Und tatsächlich ist sie bei besseren Lichtverhältnissen ausgesprochen angetan von meiner Wahl.

Die zweite Jurorin ist meine ältere Tochter. »Du siehst schick aus, Papa«, sagt sie.

Gutes Kind!

Und dann sagt sie noch: »Der Gürtel ist schön.«

Den habe ich allerdings nicht heute gekauft, sondern vor vielen Jahren.

Schließlich frage ich noch unsere Dreijährige. »Gefällt dir der Papa?«

Sie schüttelt den Kopf.

»Okay. Und was genau gefällt dir nicht?«

»Das da.« Sie zeigt auf das Hemd. »Und das da.« Sie zeigt auf die Hose.

Trotzdem: Mit einer Zweidrittelmehrheit ist meine Wahl familiär abgesegnet.

Am nächsten Morgen ziehe ich fürs Büro »unser« Hemd und »unsere« Hose an. Täusche ich mich, oder stoße ich mit besonderem Schwung durch die Drehtür? In der Konferenz mit den anderen Ressorts registriert enttäuschenderweise niemand, dass ich ein komplett neuer Typ bin. In meiner Abteilung ist es gottlob ganz anders. Nicht nur Jennifer und Anke sind nach wie vor von meinem Look begeistert (es wäre auch bestürzend, wenn nicht), auch bei anderen Kolleginnen errege ich eine gewisse Aufmerksamkeit und merke, wie sie im Türrahmen tuscheln. Und zwar, wie ich hinterher recherchiere, nichts Despektierliches.

Bleibt noch eine letzte Kollegin. Sie sagt, als ich sie in ihrem Büro besuche: »Das sieht super aus.« Damit hätte sie es bewenden lassen sollen. Leider fügt sie noch einen Satz hinzu: »Damit könntest du auch in einer Bank arbeiten.«

Wiederum einen Tag später merke ich, dass das Dasein als Stil-Ikone gar kein so leichtes ist. Ich stehe in meiner Chino vor dem Spiegel, das hellblaue Hemd ist in der Wäsche, und überlege, welches andere Hemd ich stattdessen anziehen soll. Das schwarz gestreifte? Das graue? Oder sind womöglich alle Hemden, die ich besitze, nicht passend? Weder Anke noch Jennifer sind in der Nähe, ich kann sie nicht fragen. Vielleicht nehme ich mehrere Hemden mit zur Arbeit und ziehe mich notfalls um?

Ich seufze. Ich mag jetzt zwar eine schicke Hose haben, aber mein Leben ist abermals ein Stückchen komplizierter geworden.

BENZIN IM BLUT

Ein Auto habe ich früher nie haben wollen. Als ich Gymnasiast war, hielt ich Autos für entsetzliche luftverpestende Monstren, die alle anderen Verkehrsteilnehmer gefährdeten und ihnen den Platz wegnahmen – vor allem, und ich war einer von ihnen, den Fahrradfahrern.

Ein paar Jahre meines Lebens fuhr ich praktisch überall mit dem Fahrrad hin, egal ob von daheim zur Schule oder vom hohen Norden Berlins, wo ich aufwuchs, bis in den tiefsten Süden. Das machte meistens viel Spaß, war aber auch anstrengend und manchmal, etwa bei Dauerregen, gar nicht lustig. Aus dem oft kräfte- und nervenzehrenden Radeln schöpfte ich damals eine moralische Überlegenheit gegenüber allen, die motorisiert unterwegs waren. Bei den vom Allgemeinen Deutschen Fahrradclub organisierten Sternfahrten durch meine Heimatstadt, die im Grunde vor allem eine ausgiebig zelebrierte Verkehrsstörung waren, war ich häufiger dabei und genoss nicht nur den Triumph, über eine autofreie Autobahn zu radeln, sondern auch den Ärger der ringsum im Stau steckenden Pkw-Fahrer.

Dass es unter meinen Mitschülern kurz vorm Abi nicht wenige gab, die selbst schon Autos besaßen, bestätigte mich in meiner Haltung. Gut, ich wehrte mich nicht dagegen, im schrottreifen und ständig kaputten VW-Käfer meines guten Freundes mitzufahren. Zielscheibe meines Spotts war schon eher eine Mitschülerin, die von ihrem Papa zum Achtzehnten einen nagelneuen VW-Golf bekommen hatte, mit dem sie dann auch prompt einen Unfall baute. Leute wie sie muss Florian Illies im Sinn gehabt haben, als er seinen Bestseller »Generation Golf« verfasste. Ich selbst, obzwar vom selben Jahrgang wie Illies, habe niemals von einem Golf geträumt, ich besaß ja mit neunzehn noch nicht einmal den Führerschein.

Doch wie es bekanntlich so ist mit den schärfsten Kritikern der Elche: Sie waren früher selber welche. Oder, wenn sie es nicht waren, werden sie eines Tages zu einem. Meine Elchwerdung vollzog sich wie folgt: Ein guter, schon sehr betagter Freund meines Opas hatte versprochen, meiner älteren Schwester seinen Wagen zu überlassen, sobald er zu alt zum Fahren und sie alt genug dazu wäre. Als sie dann den Führerschein machte, hatte er diese Abmachung, nun ja, vergessen und behielt das Auto. Ein paar Jahre später, als er schon fast nichts mehr sehen konnte, wollte er sich dann doch von dem Fahrzeug trennen, meine Schwester freilich fuhr da längst ihren eigenen Wagen. Blieb also nur ich. Nach gutem Zureden meiner Eltern entschloss ich mich dazu, das Geschenk, an dem ich erst mal gar kein Interesse hatte, anzunehmen. Und war als Neunzehnjähriger plötzlich im Besitz eines fünfzehn Jahre alten gelben Opel Kadett, der von seinem Vorbesitzer kaum gefahren worden war, ein sogenannter Garagenwagen. Was mir fehlte, war die Fahrerlaubnis.

Ich besuchte also die Fahrschule. Dort musste ich viele, viele Stunden nehmen und vor allem bezahlen, bevor mein Lehrer mich für prüfungstauglich befand. Die Prüfung bestand ich dann prompt beim ersten Versuch. Sonst ist mir sehr wenig von der Fahrschule in Erinnerung geblieben. Einen Hauch von Freiheit, den so viele Menschen mit dem Autofahren verbinden, verspürte ich seinerzeit nur ein einziges Mal: als mein Fahrlehrer Autobahn-, Überland- und Nachtfahrt zu einer einzigen verband und mich von Berlin aus zur Ostsee fahren ließ. Bei der Rückfahrt schlief er auf dem Beifahrersitz.

Inzwischen fahre ich seit bald fünfundzwanzig Jahren Auto. Was sich in all den Jahren nicht geändert hat, ist die Tatsache, dass mir Autos relativ egal sind. Einschließlich meines eigenen. Die emotionale Beziehung, die zahlreiche zumeist männliche Autobesitzer zu ihrem Vehikel pflegen, die wochenendlichen Wiener- und Waschorgien, all das konnte ich nie nachvollziehen. In die Waschanlage schickte ich meinen Wagen nur, wenn es gar nicht mehr anders ging, er war und blieb ein Nutzgegenstand, kein Objekt der Begierde. Das notorische Desinteresse an fahrbaren Untersätzen besteht bis heute. Ich fühle mich dem eigenen Geschlecht selten fremder als in Momenten, wenn mir irgendein Mann mit strahlender Miene etwas vom tollen Doppelkupplungsgetriebe des neuen XYZ erzählt – und das Gespräch alsbald verebbt, da ich außer einem Kopfnicken oder einem »Aha« partout nichts beizutragen habe. Die Mitgliederzeitschrift des ADAC landet bei mir stets ungelesen im Papierkorb.

Wie so ein Auto grundsätzlich funktioniert, das habe ich selbstverständlich in der Fahrschule gelernt – und danach sehr schnell wieder vergessen. Wenn mein Wagen mal kaputtging, was häufiger passierte, war ich prompt ein Spielball in den Händen der Werkstätten, die mir hohe Rechnungen ausstellten, mit Begriffen darauf, bei denen ich nur Bahnhof verstand, obwohl es hier doch eindeutig um Autos ging.

Im Jahr 2000 schickte ich meinen guten alten Opel Kadett, damals stolze vierundzwanzig Jahre alt, auf das Abenteuer seines Lebens und fuhr mit meiner zukünftigen Frau und zwei ihrer Freundinnen binnen drei Wochen von Berlin nach Lissabon und wieder zurück. Während dieser Reise blieb mein Auto nicht weniger als dreimal liegen und musste ebenso oft abgeschleppt werden. Ich erinnere mich an nicht ganz unkomplizierte Verhandlungen mit portugiesisch sprechenden Notrufsäulen und an die Versicherung eines Mechanikers, es sei hundertprozentig die »bomba gasolina« defekt und müsse ausgetauscht werden. Ich, der ich damals noch ganz gut Spanisch sprach, reimte mir zusammen, dass es sich hierbei um die Benzinpumpe handeln musste. Aber letztlich machte es keinen Unterschied, ob ich nun auf Portugiesisch oder auf Deutsch nicht verstand, was nun so dringend repariert werden musste. Erst nach dem dritten Abschleppen wies uns dann jemand darauf hin, dass der Tank leer war, weshalb ich inzwischen davon ausgehe, dass in Wahrheit nur die Kraftstoff-Vorratsanzeige defekt war. Zum ersten Mal jedenfalls empfand ich am Ende dieser Reise so etwas wie Stolz auf den alten Kadett, der uns nach weit mehr als zweitausend Kilometern und mit neuer bomba gasolina zurück nach Berlin befördert hatte.

An meiner generellen Ignoranz gegenüber der Funktionsweise und den Bedürfnissen eines Autos hat sich bis heute nichts geändert, doch im Laufe der Zeit ist mir das etwas unangenehm geworden, nicht nur wegen der nach wie vor unerklärlich hohen Rechnungen aus der Werkstatt. Mit drei jungen Frauen irgendwo in Portugal in der Pampa zu stranden kann immerhin ein nettes Abenteuer sein; das Gleiche mit zwei kleinen Kindern an Bord zu erleben ist definitiv keines. Müsste ich, wenn ich nun ein unzweifelhaft regelmäßiger Nutzer eines Autos bin, nicht mehr darüber wissen – auch, um meiner Verantwortung als Verkehrsteilnehmer und Vater zu genügen? Könnte ich, wenn ich mich selbst regelmäßig um die Wartung des Fahrzeugs kümmerte, unser Budget ein wenig schonen? Wer weiß – wäre ich einer jener Knirpse gewesen, die schon ihre Spielzeugautos begeistert auseinander- und wieder zusammenschrauben, es hätte aus mir ein Ingenieur werden können, der locker das dreifache Gehalt nach Hause bringt. Oder wenigstens jemand, der die nötigsten Reparaturen in der eigenen Garage in einer Art erledigt, die anschließend nicht noch viel aufwendigere Reparaturen nötig macht.

Doch wie kriege ich die Wandlung zum Auto-Experten hin? Eine Ausbildung als Kfz-Mechaniker kommt schon aus Zeitgründen nicht infrage. Mit einem Mal anzufangen, die ADAC-Clubzeitschrift zu lesen, scheint mir eine quälende Vorstellung und auch von geringen Erfolgsaussichten, sofern man mir kein Fachlexikon zur Verfügung stellt. Und beim klassischen Männergespräch über Motoren würde ich, wie ich fürchte, trotz bester Absichten schnell wieder in den Leerlauf schalten.

Dann stoße ich per Zufall auf das Angebot eines lokalen VW-Händlers. Das Autohaus Fischer-Schädler in Bad Vilbel lädt regelmäßig zu kostenlosen Pannenkursen speziell für Frauen ein. Eine Frau bin ich nicht, wie ein typischer Mann aber komme ich mir, wenn es um Autos geht, auch nicht vor. Möglicherweise könnte ich in einem rein weiblichen Umfeld meine Scheu vor automobiler Technik leichter überwinden? Ohne den Frauen zu nahe treten zu wollen, würde ich tippen, dass das Gefälle zwischen mir und den anderen Teilnehmern weniger groß wäre als bei Kursen in anderen Konstellationen. Also greife ich zum Telefon und frage bei Fischer-Schädler an, ob ich beim kommenden Pannenkurs für Frauen teilnehmen kann. Als Mann.

Geleitet wird das Autohaus von einer Doppelspitze: Mirjam Fischer-Quaiser teilt sich die Geschäftsführung mit ihrem Vater. Und sie ist sofort einverstanden, mich mitmachen zu lassen. »Ich muss allerdings vorher die Teilnehmerinnen fragen, ob sie etwas dagegen haben«, sagt sie.

Das aber ist zum Glück schnell erledigt. Die Damen, die den Kurs gebucht haben, seien ganz entzückt und freuten sich auf mich, teilt Fischer-Quaiser mir mit. Es handelt sich bei ihnen um eine Gruppe der Gesellschaft, mit der ich bislang noch weniger zu tun hatte als mit Autos, nämlich um eine Delegation des Landfrauenvereins. Das macht mich erst einmal neugierig, jedenfalls so lange, bis mir der Gedanke kommt, dass all diese Landfrauen möglicherweise von früh bis spät mit dem Trecker über ihre Felder holpern und mir damit, was die Kenntnisse der Fahrzeugtechnik betrifft, uneinholbar voraus sind. Aber gut, schauen wir mal.

Auf dem Weg nach Bad Vilbel läuft im Autoradio Bowies »Absolute Beginners«, und ich frage mich, was mir das Schicksal damit wieder sagen will: Ich beobachte dich? Dann verschluckt sich an einer Ampel der Motor meines Wagens, heute ist es ein Astra, einmal ganz gewaltig; es rumpelt heftig, doch ich kann weiterfahren. Mein Auto, das muss ich schon sagen, hat einen ganz eigenen Sinn für Humor: Wegen einer Panne nicht zum Pannenkurs zu erscheinen, das wäre zu witzig gewesen.

Ohne weitere Zwischenfälle erreiche ich jedoch das Autohaus. Zeitgleich mit mir kommen die Landfrauen an, wie ich aus der Ansammlung älterer Damen am Straßenrand schließe. Elf Frauen sind es an der Zahl, es dominiert die praktische Kurzhaarfrisur in Grau oder Weiß. Zum ersten und einzigen Mal bin ich in der Erfüllung meiner Mission der Jüngste – und seit Langem nicht mehr bin ich an einem Tag so oft »junger Mann« genannt worden.

Die Landfrauen kommen aus dem schönen Berkersheim im Nordosten Frankfurts, einem, wie die Kollegen der »Frankfurter Rundschau« urteilen, idyllischen Stadtteil, in dem es indes an der Infrastruktur hapert. Daher fahren die Landfrauen zwar nicht ständig mit dem Traktor, müssen aber häufig ihre Wagen benutzen, um beispielsweise einkaufen zu fahren. Zehn der elf Frauen haben ein eigenes Auto. Längst nicht mehr alle Landfrauen, lerne ich, sind in der Landwirtschaft tätig, sie leben jedoch allesamt auf dem Land oder am Stadtrand. Neben dem Engagement in diversen Lebensfeldern – Kuchenverkauf bei Stadtfesten! – gehören zum Landfrauendasein gemeinsame Ausflüge. Unlängst war man bei einem Bio-Bauern Schweine schauen, diesmal geht es eben zum Autohändler – auf Empfehlung der Landfrauen aus Niederdorfelden, die den Pannenkurs vor ein paar Wochen besucht haben.

Fischer-Schädler hat so gar nichts von jenen Autohäusern mit gelangweilten Schalterdamen und maulfaulen Mechanikern, die für mein Misstrauen gegenüber der Automobilbranche mitverantwortlich sind. Für Bad Vilbel scheint dieses Etablissement vielmehr eine Art soziales und kulturelles Zentrum zu sein. Regelmäßig lädt man hier zu Krimilesungen oder zu Partys mit Tombola, deren Erlös wohltätigen Zwecken zufließt. Zu den Besonderheiten im Programm zählt nicht zuletzt so ein kostenloser Pannenkurs, wie wir ihn an diesem Abend besuchen. Es ist der 34. dieser prinzipiell nur für Frauen gedachten Kurse. Und der erste, bei dem ein Mann dabei ist. Okay, außer mir ist auch noch Manfred Hellmich dabei, aber der zählt nicht, denn der Service-Mitarbeiter leitet diesen Kurs.

Wir nehmen an einem Tisch mit Getränken, Weintrauben und eigens zubereiteten Buletten und Lachsbrötchen Platz und dürfen erst einmal einen Film schauen. Es ist ein speziell für solche Pannenkurse fabrizierter Werbefilm von Volkswagen, der Marke, auf die sich Fischer-Schädler spezialisiert hat.

Dem Mann, das registriere ich sofort, fällt in diesem Film die Deppenrolle zu.

Wir sehen einen Vater, der auf der Landstraße mit seinem naseweisen Töchterchen unterwegs ist. »Ich glaube«, stellt er fest, »wir haben einen Platten.«

»Juchu! Endlich passiert mal was.«

Vater und Tochter steigen aus. »Wo is'n das Reserverad? Alles, was ich finde, ist dieser Kasten hier«, wundert sich der Vater und fragt allen Ernstes sein vielleicht zehnjähriges Kind: »Weißt du, was das ist?«

Also, Leute, ich habe ja ebenfalls keine Ahnung, aber ich würde mich wenigstens nicht entblöden, meine kleinen Töchter um Hilfe zu bitten.

Doch die Rettung naht schon, und zwar – es lebe die Emanzipation – in Gestalt einer jungen blonden VW-Fahrerin. »Na, ihr zwei? Kann ich euch helfen?«

Fast schon sympathisch, wie hölzern das Ganze geschauspielert ist.

Die blonde Fee weiß im Gegensatz zum beschränkten Familienoberhaupt selbstredend sofort, was das für ein Kasten ist: ein Reifen-Pannen-Set. Und sie weiß auch, wie man es benutzt. »Abdichten, Ventilkappe ab, Ventil raus, Reifendichtmittel ansetzen.« So ein Apparat braucht aber auch Saft, und deshalb kommt nun das kleine Mädchen ins Spiel.

»Willst du mir helfen, Maja?«, fragt die Blonde. Klar will die Kleine. »Dann nimmst du jetzt diesen Anschluss und steckst ihn in euren Zigarettenanzünder.«

Großartig: Zwei weibliche Wesen verbünden sich gegen das schwache männliche Geschlecht. Aber wieso weiß das Gör auf Anhieb, wo sich der Zigarettenanzünder versteckt? Was sagt das Jugendamt dazu?

»Ich schließ derweil den Kompressor an.«

Im Nu pumpt sich der platte Reifen von selbst auf. Und Papi? Der darf auch noch was machen.

»Das ist nur ein Notbehelf«, mahnt der blonde VW-Engel. »Dieses Schild müssen Sie jetzt auch noch aufkleben.«

Immerhin weiß er, ohne dass sie es ihm sagt, wo der Aufkleber hin soll: innen ins Auto.

Etliche Male in dem Filmchen wird der »Volkswagen-Pannenkurs« erwähnt und auch das »Volkswagen-Servicemobil«, und am Ende hat der tumbe Vater seine Lektion verstanden: »Bei nächster Gelegenheit besuche ich unbedingt einen Pannenkurs beim Volkswagen-Partner!«

Abspann.

Ob ich am Ende dieses Kurses auch wie nach einer Gehirnwäsche daherreden werde? Zumal ich ja sogar noch einen Schritt weiter bin als jener Vater. Ich befinde mich schließlich bereits in einem Pannenkurs beim Volkswagen-Partner.

Zum Glück sieht die Wirklichkeit im Autohaus Fischer-Schädler ganz anders als im Pannenfilmchen aus, und auch das soeben reichlich ramponierte Männerbild erfährt Wiedergutmachung in Gestalt von Manfred Hellmich. Als Leiter des Kurses verkörpert er die traditionelle männliche Autohaus-Autorität, mit dem jammervollen Familienoberhaupt von eben hat er nichts gemein. Ein paar Ölflecken auf seinem Oberhemd zeugen authentisch von seiner Tatkraft. Hellmich geleitet die Damen und mich zu unserem Übungswagen, der mit zwei gasgefüllten Luftballons dekoriert ist. Einer der Reifen ist platt.

»Die klassische Panne«, diagnostiziert Hellmich. »Was machen wir als Erstes?«

Die eifrigen Landfrauen liefern geschwind die Antworten.

»Warnblinker an!«

»Weste!«

»Warndreieck!«

»In welcher Entfernung?«, fragt Hellmich und bereitet dem Ratespiel dann selbst ein Ende: »Fünfzig Meter innerorts, hundertfünfzig Meter außerorts.«

Dann ist Bastelzeit: Hellmich und die Geschäftsführerin Fischer-Quaiser verteilen verpackte Warndreiecke an die Teilnehmerinnen und den Teilnehmer. Jeder soll eins aufbauen. Jetzt bloß nicht blamieren!

Ich schiebe die Balken zum Dreieck zusammen und drehe die vier Metallstangen nach außen. Puh, das ist gut gegangen, ein Zauberwürfel wäre echt ein anderes Kaliber. Auch die meisten Landfrauen haben ihr Werk vollendet. Und dann fallen unerwartet zwei Metallstangen – pling! plong! – aus meinem Dreieck zu Boden. Fantastisch: Ich habe es kaputt gemacht.

Doch die Chefin entlastet mich sofort. »Es gibt immer mal ein Dreieck, das das 34. Mal nicht überlebt«, sagt sie.

Als Nächstes präsentiert Hellmich das zum Standard zählende Bordwerkzeug: Radmutternschlüssel, Wagenheber, Abschlepphaken, Käppchenabzieher für die Radmuttern.

»Wo hebt man so ein Auto hoch?«, fragt er.

Wäre ich in der Qualifikationsrunde für »Wer wird Millionär?«, ich schaffte es niemals in den Ratesessel: Immer ist irgendeine Landfrau fixer!

»Da ist doch so ’ne Einbuchtung.«

So ist es. Irgendwo an der Seite findet sich eine stabile Blechkante, erklärt Hellmich. »Nur an diesen Punkten darf der Wagenheber angesetzt werden, sonst drücken Sie zwar das Blech nach oben, aber nicht das Auto.«

Um uns das zu verdeutlichen, begeben wir uns zu einer Hebebühne, auf der ein weiteres Fahrzeug steht. Wir schauen uns die Unterseite des Autos an, und wie wir sehen, sehen wir – nicht viel.

»Die neueren Fahrzeuge sind unten fast alle komplett verkapselt, da können Sie gar nicht mehr so viel erkennen«, erläutert Hellmich und weist dennoch auf die wichtigsten Teile hin. »Hier irgendwo sitzen Motor und Getriebe. Da haben wir den Vorderachskörper. Die Antriebswellen sind geschützt mit Gummimanschetten, die irgendwann kaputtgehen. Nach fünf, sechs Jahren verschwindet der Weichmacher aus dem Gummi, der dann porös wird und schließlich reißen kann.«

Wir begeben uns nun zu einer Wand, an der wie in einer Galerie zu besichtigen ist, was am Auto alles so defekt sein kann.

»So sieht eine Bremsscheibe aus, wenn das Auto lange gestanden hat. Langes Stehen ist für ein Fahrzeug immer die Höchststrafe.«

»Das heißt«, sage ich und denke an meinen seligen Kadett, »man sollte sich besser keinen Garagenwagen anschaffen?«

»Besser nicht. Wir haben Kunden, die fahren höchstens zweitausend Kilometer im Jahr. Bei denen müssen wir alle zwei Jahre die Bremsscheiben erneuern. Fahren ist immer das Beste.« Und weiter: »Hier haben Sie einen Zahnriemen. Wenn der reißt, haben Sie meist einen kapitalen Motorschaden. Nach spätestens acht Jahren sollten Sie den austauschen.«

Der Staub- und Pollenfilter in der Lüftung sollte nach zwei Jahren gewechselt werden, fährt Hellmich fort. Reifen, egal ob Sommer- oder Winterreifen, halten ungefähr sechs Jahre. Angesichts der vielen Einzelteile, die kaputtgehen können und ausgetauscht werden müssen, frage ich mich, ob es nicht günstiger wäre, nach einigen Jahren das komplette Auto auszutauschen.

Erst einmal gilt es aber einen Reifen zu wechseln, den platten vom Wagen mit den Luftballons. Wir gehen alles Schritt für Schritt durch: Handbremse anziehen, Gang rein. Radkappe ab.

»Das Rad«, gibt Hellmich vor, »wird immer gelöst, solange das Fahrzeug noch draufsteht. Wenn das Auto auf dem kleinen Wagenheber angehoben wird, übt man beim Lösen des Rads viel Kraft aus, dann ist die Gefahr groß, dass der Wagen wegrollt.« Zum Radwechsel empfiehlt er statt des üblichen Schlüssels ein Radkreuz. Das wird angesetzt – Hellmich zeigt den Winkel –, mit der einen Hand stützt man sich am Auto ab, ein Fuß drückt das Kreuz nach unten, und die andere Hand zieht nach oben. Er macht es kurz vor, dann sind die Damen dran.

»Heidi, schmeiß das Auto net um, gell?«

»Das geht net, ich hab die verkehrten Schuh' an.«

Es geht dann aber doch. Das Schraubenlösen, nicht das Autoumschmeißen. Dann ist »der junge Mann« an der Reihe. Zum Glück zeige ich mich der Herausforderung durch die Landfrauen gewachsen, das Kreuz lässt sich ganz leicht drehen.

Als Nächstes kommt der Wagenheber zum Einsatz. Jede der Damen darf einen Radbolzen herausdrehen, das Rad nimmt Hellmich, der Kavalier, persönlich ab.

»Was machen wir jetzt damit?«, fragt er und gibt erneut selbst die Antwort: Man legt es neben den Wagenheber unters Auto. »Falls das Auto kippen sollte, fällt es auf den Reifen.«

Weil wir kein Ersatzrad haben, kommt der alte platte Reifen aber direkt wieder dran.

»Halt, stopp!«, ruft Hellmich, als eine der Damen das Rad auf die Bolzen schieben möchte. »Nie da reingreifen – da ist die Nabe, da klemmen Sie sich die Finger ein.«

Merke: Den Reifen immer nur außen anfassen.

Nun ist das Rad wieder montiert, doch immer noch ohne Luft.

Jetzt Sie, junger Mann!
U.A.GREVE

»Mir tut der Reifen grad so leid«, klagt eine Landfrau mit offensichtlich starker emotionaler Verbindung zu Automobilen. »Ich kann das nicht sehen, so schlaff, wie er da hängt.« Zum Glück muntert sie der Anblick des Reifen-Pannen-Sets wieder auf. »Ach, da isses ja. Super!«

Achtzig bis neunzig Prozent aller Fahrzeuge heute hätten nur noch solche Sets und kein Ersatzrad mehr dabei, erzählt Manfred Hellmich. Das Set, warnt er, tauge nur bei sogenannter Reifenkleinstbeschädigung, etwa durch Nägel oder Schrauben. »Wenn Sie so etwas sehen, ziehen Sie es um Gottes willen nicht raus, lassen Sie es stecken.«

Interessant. Ich hätte es garantiert sofort herausgezogen.

Dem Set entnommen werden Reifenfüllflasche und Füllschlauch. Geduldig beantwortet unser Lehrer die Landfrauenfragen: Muss man die Flasche vorher schütteln? Nein. Was ist das für Material? Irgendwas auf Kautschukbasis. Als das Loch versiegelt ist, präsentiert Hellmich den im Set enthaltenen Mini-Kompressor, der den Reifen wieder aufpumpt. Angeschlossen wird er, wie das kluge Kind im Film uns gezeigt hat, am Zigarettenanzünder oder an einer anderen Stromquelle im Auto. Kurz darauf läuft der Kompressor und veranstaltet einen Heidenlärm, maximal sechs bis acht Minuten darf das Ding in Betrieb sein. Schließlich sieht der Reifen wieder hübsch rund aus.

»Wie viel Atü haben Sie da jetzt drauf?« Der landfrauliche Wissensdurst ist unerschöpflich.

»Moment, Sie sind immer einen Schritt voraus«, ruft Hellmich, um dann seinerseits zu fragen: »Wie oft prüfen Sie bei Ihrem Auto den Luftdruck?«

»Also, mein Mann macht's immer, wenn er tankt.«

»Guter Mann!«

Ein schlechter Mann, der dies hört, guckt betreten.

»Bei jedem zweiten Tanken sollte man das machen«, stellt Hellmich klar.

Bei jedem zweiten Mal? Ich habe das bislang überhaupt erst zwei, drei Mal in meinem Leben gemacht, und tanken war ich deutlich öfter.

Mit dem solcherart flottgemachten Reifen darf man nun wieder fahren, allerdings mit höchstens 80 Stundenkilometern und nur bis zur nächsten Werkstatt. »Den Reifen«, sagt Hellmich, »können Sie danach auf jeden Fall entsorgen.«

Kaum haben wir den Reifenwechsel einigermaßen unbeschadet hinter uns gebracht, stehen wir schon vor einem neuen Problem. Nach dem Aufpumpen mit laufendem Warnblinker, Zündung und Gebläse ist die Batterie des Wagens leer. Natürlich nur eine Simulation, doch was ist zu tun?

»Wir werden das Auto überbrücken müssen«, kündigt Hellmich an. »Wer weiß, wie die Motorhaube aufgeht?«

Sechs Landfrauenhände fingern gleichzeitig unter der Haube herum, die unter der geballten Frauenpower schließlich einknickt und sich öffnen lässt. Beim Überbrückungskabel, lernen wir dann, kommt es auf den Überspannungsschutz an. Mit etwas älteren Kabeln – so eins habe garantiert auch ich im Auto – könne man sich die Steuergeräte kaputt machen. Hellmich sagt: »Eines kostet vierhundert Euro, und Sie haben bis zu zwanzig Steuergeräte in einem Auto, das kann also richtig teuer werden.«

Steuergeräte? Da hätte ich jetzt eigentlich ans Lenkrad gedacht, aber davon habe ich im Auto nur eines.

Weiter im Programm. »Wo würden Sie jetzt anfangen zu verkabeln?«, will Hellmich wissen.

»An der leeren Batterie«, sind sich die Landfrauen einig.

»Und zuerst mit Plus oder mit Minus?«

»Am besten beide zusammen?«

»Mit Minus.«

Beides falsch. Wir fangen mit Plus an. Der junge Mann darf den Auftrag ausführen und das rote Kabel am Pluspol der entladenen Batterie befestigen. Per Kreislauf geht es dann vom Minuspol aus weiter, wie ich vermute, zum Minuspol der kaputten Batterie.

Irrtum!

»Das Kabel kommt niemals auf den Minuspol«, sagt Hellmich, »sondern immer auf die Karosseriemasse. Also auf alles, was irgendwie aus Metall ist und nicht lackiert.«

Allgemeines Staunen. »Des hab' ich net gewusst!«

»Zu 99 Prozent wird das Kabel am Minuspol der leeren Batterie angebracht«, erklärt Hellmich weiter, »aber jedes Mal entsteht dabei ein kleiner Funke, der dafür sorgen kann, dass eine Verpuffung entsteht.«

Jetzt habe ich noch eine Frage: »Was würde eigentlich passieren, wenn man die Kabel in einer anderen Reihenfolge festmacht?«

»Was würde passieren ... Vom Stromfluss her ... Tja, warum machen wir es nicht andersherum?«, sinniert Hellmich. »Das müsste ich jetzt selbst nachlesen, das kann ich Ihnen gar nicht beantworten.«

Wer hätte das gedacht? Ausgerechnet ich, der dem Treiben der Landfrauen an diesem Abend weitgehend schweigend zugeschaut hat, bringe mit einer unerwarteten Frage den Experten in Bedrängnis. Zeugt das womöglich doch von einer gewissen Kompetenz?

Wir schauen noch aufs Öl, auf den Kühlwasserbehälter (»Bitte nur bei kaltem Motor öffnen!«) und auf den Behälter für die Bremsflüssigkeit (»Da haben Sie eigentlich nix dran verloren.«). Letzter Punkt ist das Abschleppen. Wo ist die Öse?

»Hier!« Landfrau Ingrid hält sie triumphierend in die Höhe, sie ist nämlich kürzlich selbst abgeschleppt worden.

Abschleppen mit dem Seil ist für Hellmich die Höchststrafe. »Gerade als Hintermann haben Sie es extrem schwer. Die Bremsen gehen nicht richtig, die Lenkung geht nicht richtig. Ich kann es keinem empfehlen.«

Eine der Landfrauen weiß: »Am besten ist 'ne Stang'.«

Selbstverständlich hat das Autohaus auch eine Stange parat, und so kommen die Landfrauen an diesem Abend zu ihrem letzten Einsatz: Sie müssen die Stange zusammenschrauben.

»Net so fest drücken, sonst geht's Auto kaputt!«

»Nee, nee, nee …«

»Das hat auch so einen Trick. Da sind auch irgendwelche Vertiefungen drin.«

»Du musst erst hier unten die Klapp' … dann das Ding … da, genau!«

Der junge Mann schaut aus sicherer Entfernung zu, wie die Damen werkeln, und schafft es damit, den Abend ohne Schmach zu überstehen. Auch wenn er mit dem automobiltechnischen Fachwissen und dem Einsatz der Landfrauen nicht ganz mithalten konnte. Ein bisschen habe ich heute gewiss gelernt, obwohl mich meine mickrigen Kenntnisse kaum vorm Erwerb der bomba gasolina bewahrt hätten. Bestimmt aber schaue ich mir meinen Wagen demnächst mal etwas genauer an. Wenn ich Zeit habe. Irgendwann. Bis dahin hoffe ich einfach, keine Panne zu haben. Und wenn doch, dann kommt vielleicht irgendeine junge blonde Frau vorbei, um mir weiterzuhelfen. Es darf auch sehr gern eine Landfrau sein.

HÄHNCHEN, DREH DICH!

Na großartig. Jetzt habe ich auch noch einen Krampf.

So ein Wadenkrampf, sagt Annette Gasper, könne mehrere Ursachen haben: Nach einer Stunde Schwimmen sei vielleicht einfach die Muskulatur platt. Oder der Beinschlag komme zu sehr aus dem Knie, nicht aus dem Oberschenkel. »Das passiert«, erklärt sie, »wenn man sich auf drei, vier andere Sachen konzentriert und den Beinschlag vernachlässigt.«

Klingt logisch, zu konzentrieren versuche ich mich bei diesem Kraul-Training ja auf etliche Dinge: Wasserlage, Wasserposition, Armzug, Körperdrehung, Atmen … Wobei, spätestens beim Atmen hat sich das mit der Konzentration bei mir erledigt. Jedes Mal, wenn ich Luft holen möchte, hole ich Wasser. Und zwar, was es nicht angenehmer macht, mit der Nase.

In meiner sportlichen Laufbahn ist das Schwimmen ein glanzloses Kapitel gewesen. Nur ungern habe ich als Kind den Kopf unter Wasser getaucht, vielleicht weil mich eine unerwartet heranrollende Ostseewelle einmal meiner Brille beraubte. Gut, das Seepferdchen habe ich geschafft und auch den Freischwimmer, wie das damals hieß, aber schon bei der nächsten Stufe, dem Fahrtenschwimmer, habe ich gepasst, weil ich damals partout nicht vom Dreimeterbrett springen wollte. Ist nämlich schwer möglich, dabei nicht mit dem Kopf unter Wasser zu geraten. Etwas später, als ich mich endlich traute, vom Dreier zu springen, war es mir dann zu peinlich, noch auf den Aufnäher zu bestehen. Immerhin habe ich alle Goldenen Sportabzeichen gesammelt, die es nur dann gibt, wenn man auch eine längere Schwimmstrecke bewältigt. Doch übers simpelste Brustschwimmen bin ich nie hinausgekommen. Ich bin einer derjenigen, denen nach dem Schwimmen nicht Arm- oder Beinmuskeln schmerzen, sondern der Hals, der sich giraffengleich aus dem Wasser reckt.

Wurde bei uns im Schulschwimmen Kraulen gelehrt? Ich kann mich nicht erinnern. Ich erinnere mich nur daran, dass ich mit ein paar anderen traurigen Figuren gefühlte Ewigkeiten im brusthohen Wasser herumstand, um irgendwelche Gegenstände vom Boden aufzuheben; was genau für Gegenstände, weiß ich nicht mehr, meistens blieben sie ja unten liegen. Möglich, dass all die anderen in der Zwischenzeit gekrault haben.

Obwohl: Alle anderen können es nicht gewesen sein. Sonst würde es heute nicht in jeder größeren Stadt Kraulkurse für Erwachsene geben, die oft um sechs oder sieben Uhr morgens beginnen, weil sie sich offenbar hauptsächlich an viel beschäftigte Erfolgsmenschen richten, die sich von diesem Makel in ihrer Drei-Sterne-Vita befreien wollen. Wer als Büro-Alphatier das große Rad dreht, dem droht im Sommerurlaub eine Identitätskrise, wenn er nicht ab und an ein Kleinkind vorm Ertrinken rettet. Kraulen ist schnell, Kraulen ist cool – wer krault, ist der Chef im Ring, dem der Rest ehrfürchtig Platz macht, schon weil der Kraulschwimmer, das Gesicht im Wasser, nichts sieht. Raumgreifend wie ein SUV durchpflügt er das Becken und jagt die Brustschwimm-Nuckelpinnen von seiner Bahn.

Auch ich will jetzt endlich aus dem Omi-Fahrwasser auf die Überholspur wechseln, und helfen soll mir Annette Gasper.

Sie schwimmt, seit sie vier ist, trainiert andere seit ihrer Jugend und organisiert den City-Triathlon in Frankfurt. Sie hat auch ein Buch geschrieben, »Die 100 besten Tipps für Schwimmer«, wobei ich darauf hoffe, dass sie nicht alle einhundert bei mir ausprobieren möchte; meine Aufnahmekapazität ist, vor allem im Wasser, nicht unbegrenzt.

Angehende Triathleten zählen zur Hauptklientel von Annette Gaspers Schwimmkursen; das Schwimmen ist schließlich der Schwachpunkt bei vielen Menschen, die ordentlich laufen und radeln können. Wer will schon beim Triathlon im Waldsee all den Kraulschwimmern mühsam im Bruststil hinterherplanschen? Den Sieben-Uhr-morgens-Kurs für die Alphatiere indes spare ich mir, sondern vereinbare lieber zwei Einzelstunden um acht. Damit bin ich allerhöchstens ein Betatier, aber immerhin ein halbwegs ausgeschlafenes.

Zugleich aber ein nahezu blindes, denn unter die Schwimmbrille passen meine Gläser natürlich nicht. Macht nichts, beim Kraulen schaut man eh ins Wasser – und dass ich nicht erkennen kann, wer so alles meine Kraulkrämpfe miterlebt, ist mir sogar sehr lieb.

Wir treffen uns in keinem öffentlichen Bad, sondern im Hallenbecken eines Fitnessstudios. Erfreulicherweise ist das Schwimmbad fast leer, und schön warm ist das Wasser auch noch. Welch ein Unterschied zum Schulschwimmen damals! Statt des typischen Hallenbad-Geräuschgemischs aus Quietschen, Spritzen und Schreien hört man hier nahezu nichts, und schon das Umkleiden ist wesentlich entspannter als einst beim Schulschwimmen, wo man sich in aller Hektik an- und auszog, Socken über schlecht abgetrocknete Füße zwang und garantiert irgendwo sein Handtuch liegen ließ. Hier tobt keine wilde Schülerhorde durch die Kabine. Nur zwei, drei ältere

Herren machen sich fit für den Tag, den sie vermutlich in einem Chefsessel verbringen.

Auch meine Lehrerin heute ist viel netter. Sie trägt keine Brille, die sie abnehmen könnte, und daher muss sie das, was ich so unter Schwimmen verstehe, mitansehen – doch sie versteht es meisterhaft, ihre Kritik in Worte zu kleiden, die fast so warm sind wie das Schwimmbadwasser. »Für den Anfang hervorragend«, sagt sie etwa, oder: »Von der Grundidee verstanden.« Oder auch: »*Fast* gut.« Sie sagt auch nicht etwas wie: »Das war jetzt aber ganz schön lahm gerade.« Sondern: »Und das Ganze steht und fällt ein bisschen mit der Geschwindigkeit.«

Das Vertrackte beim Kraulen, erklärt Gasper, sei die ungewohnte Wasserlage. »Ich kann nichts sehen, ich kann nichts hören. Unser Gleichgewichtsorgan, das im Ohr sitzt, meldet dann: Alles ein bisschen komisch.« Es gebe auch nur wenige andere Alltagsbewegungen, die in der Horizontalen stattfinden, etwa das Schlafen, auch daher sei die Lage beim Kraulen erst mal verwirrend. »Zum Atmen drehe ich den Körper nur um die Längsachse, daran muss man sich erst mal gewöhnen.« Dass wir alles im Schnelldurchlauf einüben wollen, macht es nicht einfacher; normalerweise, so Gasper, würde man sich viel mehr Zeit nehmen für »Wassergewöhnung und Wasserbewältigung«.

Ans Wasser gewöhnt bin ich eigentlich schon, ich schwimme heute sogar gern – nur eben nicht gut. Sie werde, kündigt Gasper an, auch eine Videokamera einsetzen, um meine technischen Fehler analysieren zu können. Darauf freue ich mich schon, mir endlich mal selbst beim Schwimmen zuschauen zu können.

Ganz zu Beginn aber darf ich so loslegen, wie ich es auch sonst im Schwimmbad tue: mit Brustschwimmen.

»Meine Eingangsanalyse: Schwimmen können Sie.«

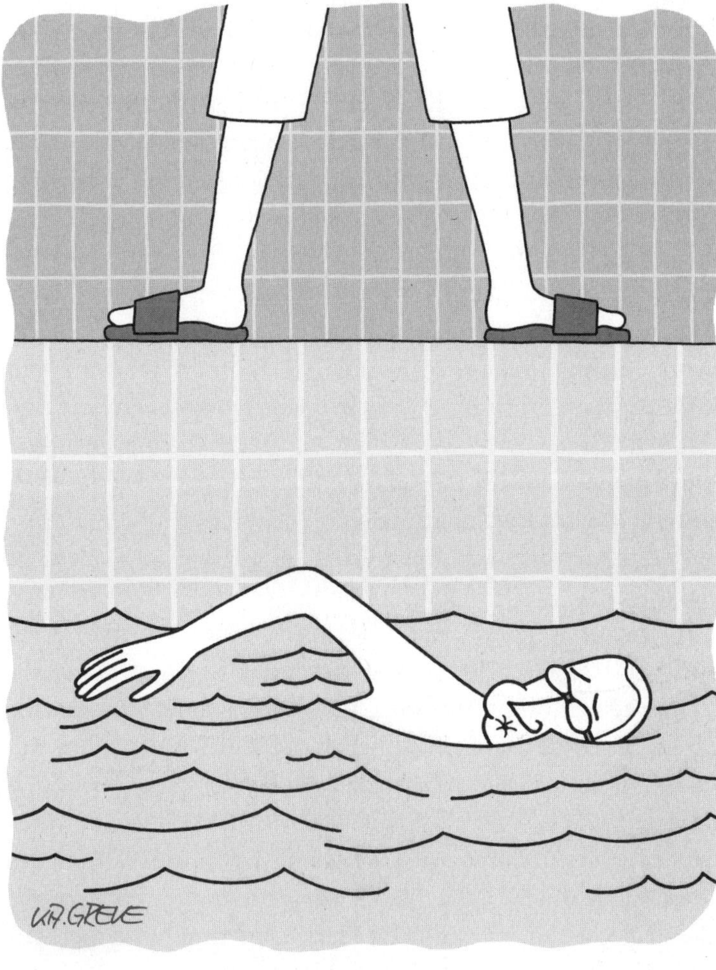
KH.GREVE

»Das ist gut.«

»Was mir fehlt, ist die Gleitphase.«

Ach, wenn es doch nur die Gleitphase wäre! Tatsächlich fehlt, wie sich im Laufe meiner Schwimmstunden herausstellen soll, weitaus mehr.

Wir fangen mit dem Kraulunterricht an. Abstoßen, gleiten, Beinschlag, rechter Armzug, linker Armzug, Rotation.

»Mit den Basics und der Koordination bin ich zufrieden, mit der einzelnen Ausführung noch nicht«, lobtadelt Gasper auf schon bekannte, bittersüße Weise. »Aber man sieht die Schritte des Mitdenkens, das ist schon viel wert.«

Um meine recht eckigen Armbewegungen zu verfeinern, zieht Gasper Analogien zu anderen Sportarten. »Mit dem Armzug ist es ein bisschen wie beim Bogenschießen, wir drehen den Körper leicht auf«, sagt sie. Oder: »Es hat auch was vom Kajakfahren: Ich tauche mein Paddel ein, schiebe es nach hinten, und das Kajak fährt nach vorne.«

Paddeln, Bogenschießen: Pech, dass ich beides ebenfalls nicht kann.

Der angestrebten Körperdrehung von 90 Grad nähere ich mich in Trippelschritten: 45 Grad, 50, 75. Wieder bemüht Gasper ein einprägsames Bild: Der Körper dreht sich um die Längsachse wie das Grillhähnchen am Spieß. Allerdings bin ich nicht nur wesentlich blasser als die Broiler, meine Drehung verläuft auch weniger elegant. Doch die Hähnchen sind beim Drehen auch klar im Vorteil: Weil ihnen der Kopf fehlt, kann ihnen nichts in die Nase laufen. Genau das aber passiert mir jedes Mal, wenn ich versuche, den Kopf zum Einatmen zur Seite zu drehen.

»Mir ist wieder Wasser in die Nase gelaufen«, gurgle ich. »Kann man dagegen was tun?«

»Man kann durch die Nase ausatmen. Wo die Luft rausströmt, kommt kein Wasser rein. Das wäre die elegante Variante.«

»Und für den nicht so eleganten Typen?«

»Der kann eine Nasenklammer nehmen«, sagt Gasper, »wie die Synchronschwimmer. Aber ich bin davon eigentlich kein Riesenfan, so ein Ding verliert man nämlich ganz leicht.«

Um es zu verlieren, müsste ich ja erst mal eins haben, und ich hätte schon ganz gern eins. Ich versuche, auf dem Beckenboden so eine Klammer zu entdecken, doch leider liegt da keine.

»Ein Fehler ist es auch, zu tief zu atmen«, sagt Annette Gasper. »Wir haben ein Lungenvolumen von vier bis fünf Litern, und beim Schwimmen versucht man aus Panik oft, mindestens vier Liter einzuatmen und möglichst wenig auszuatmen.« Also üben wir jetzt das Schwimmen mit wenig Atmen. »Abstoßen. Lockeren Kraul-Beinschlag. Rechten Armzug. Linken Armzug. Rotation. Das Ziel ist es, nicht zu hektisch zu werden. Drei, vier Züge abwechselnd, mit ein bisschen Gleiten. Immer einen Arm vorn liegen lassen, bis der andere Arm dazukommt. Ich finde, das sieht schon richtig gut aus bei Ihnen – aber fühlen Sie sich denn dabei wohl?«

Im Grunde schon, nur würde ich jetzt doch mal wieder gern einatmen.

Dann soll ich mich einmal auf den Kraul-Beinschlag konzentrieren, ein wenig Abwechslung tut mir gewiss gut. Es darf gestrampelt werden, die Füße sollen Richtung Beckenboden gekickt werden, »je weicher, desto besser – wie gekochte Spaghetti«. Und hin und her.

»Wie fühlt sich das an?«

»Eigentlich gut.«

»Atmen Sie aus unter Wasser?«

»Nee.«

»Dann nehmen wir das mit dazu.«

Und wieder öffnen sich meine Nasenschleusen. Der Frust wächst. Doch Annette Gasper tröstet mich. »Für den Anfang bin ich sehr zufrieden, das ist ausbaufähig.« Auch nicht jeder Triathlet bekomme in ihren Kursen alles perfekt hin, erzählt sie. »Mit der richtigen Technik machen wir uns das Leben etwas einfacher, nicht mehr. Er wird kein Ian Thorpe mehr aus uns werden.«

Aus ihr vielleicht, aus mir ganz bestimmt nicht.

Dafür hilft Gasper auch schon mal einer Achtundsiebzigjährigen dabei, das Rückenschwimmen zu lernen. »Ich arbeite an dem, was sie mir an Beweglichkeit anbieten kann.« Ich selbst liege, was das Alter der Kursteilnehmer angeht, im Mittelfeld, die meisten seien zwischen fünfundzwanzig und fünfundsechzig.

Zwischendurch darf auch ich ein wenig auf dem Rücken schwimmen, was besser funktioniert als die Bauchlage, aber keine Dauerlösung ist. Sollte ich doch mal einen Triathlon anstreben, dann hätte ich als Rückenschwimmer nicht die besten Karten.

Dann – die Zeit drängt – hat die Trainerin noch eine Idee: Da es bei mir mit dem richtigen Atmen partout nicht klappen will, soll ich das Atmen einfach mal weglassen. Klingt ein bisschen wie Fußballspielen ohne Ball, aber mir soll's recht sein, schließlich habe ich schon gefühlt ein Viertel des Beckens leer getrunken – durch die Nase. Also kraule ich mit angehaltenem Atem ein wenig hin und her, solange es eben geht.

Meine Bilanz klingt recht niederschmetternd: Ich bin zu blöd zum Atmen. Annette Gasper drückt es natürlich freundlicher aus: Ich müsse jetzt einfach üben, üben, üben. »Wenn Sie über drei Wochen zwei, drei Tage in der Woche schwimmen gehen, dann sollte es kein Problem mehr sein, in diesem Becken zwei, drei Bahnen zu kraulen.« Videoaufnahmen von mir hat sie keine gemacht, was, wie ich fürchte, nicht daran liegt, dass bei mir keine technischen Fehler zu erkennen waren. Doch es ist vielleicht besser so: Zwar ist Gasper eine höchst vertrauenerweckende Frau, doch es sind schon auf den abenteuerlichsten Wegen unerfreuliche Filmchen im Internet gelandet. Und auf YouTube-Kommentare wie »LOL: Schwimm-Depp ›krault‹« kann ich verzichten.

Mit einem Leben als Brustschwimmer abfinden kann ich mich auch. David Hasselhoff, der alte »Baywatch«-Bademeister, kann prima kraulen, und wohin hat es ihn geführt? In den »Big Brother«-Container.

Epilog: ein Hotel-Pool in Kampanien. Unter der italienischen Sommersonne zieht ein nicht mehr ganz junger Mann seine Bahnen, er krault eine ganze Bahn, dann noch eine. Am Ende habe ich mich doch tatsächlich selbst überrascht: Ich hätte es nie für möglich gehalten, dass ich so lang die Luft anhalten kann.

DIE GABELFRAGE

Manchmal sind es Kleinigkeiten, die unsere vertraute Welt aus den Angeln heben. Mit einem Mal ist nichts mehr wie zuvor, und im schlimmsten Fall scheint unsere gesamte Existenz, oder auch nur Teile davon, ein Irrtum zu sein.

Zum Beispiel, wenn man herausfindet, dass man für die Straßenbahnstrecke, die man täglich zur Arbeit fährt, seit Jahren einen zu hohen Fahrpreis bezahlt hat, weil man den Kurzstreckentarif hätte nutzen können. Oder wenn man erfährt, dass Sydney keineswegs die Hauptstadt Australiens ist. Wenn man erklärt bekommt, dass Bob Marley in »No Woman, No Cry« nicht die Unbeschwertheit eines frauenlosen Daseins besingt, sondern eine Frau zu trösten sucht. Je später im Leben eines Menschen solche Denkfehler aufgeklärt werden, desto nachhaltiger kann dies seine Existenz erschüttern.

Eine solche Erfahrung habe nun auch ich gemacht. Es war an einem eigentlich sehr angenehmen Abend, ich saß auf der Terrasse eines feinen Restaurants und speiste ein vorzügliches Mahl, als meine Begleiterin plötzlich jene Worte aussprach, die mich völlig unerwartet trafen und mit Verve aus der Bahn werfen sollten.

»Sagen Sie mal«, sagte sie, während sie meine linke Hand betrachtete, »halten Sie die Gabel eigentlich immer so?«

Ich habe – dem Leser dürfte das inzwischen bekannt sein – so einige Dinge nicht gelernt, die man sich als Kind oder als Jugendlicher normalerweise aneignet. Aber ich hätte nie gedacht, dass dazu auch die richtige Gabelhaltung zählt. Träumt man als junger Mensch davon, gutes Benehmen, Stil und Etikette zu lernen? Sicher nicht. In der Jugend legt man es vielmehr darauf an, zu testen, wie schlecht man sich aufführen kann, ohne ernsthafte Probleme zu kriegen. Die gute Kinderstube, die man vielleicht von zu Hause mitbekommen hat, verwandelt sich in ein schlecht gelüftetes, vollgerümpeltes Teenager-Zimmer, und wer es als Erwachsener wagt, dort einzutreten, der hat mit allem zu rechnen, nur nicht mit guten Manieren. Das ist so, das ist auch gut so, das war auch bei mir so.

Andererseits habe ich in späteren Jahren, was das gute Benehmen betrifft, vieles wieder wettgemacht. Ich mache zwar heute keinen Diener mehr, wie man es mir als kleinem Jungen eingetrichtert hat, aber ich verhalte mich in der Regel ganz gesittet, wie ich meine. Ich biete betagten Herrschaften in der U-Bahn meinen Platz an, selbst auf die Gefahr hin, dass sie das Angebot empört zurückweisen, weil sie sich viel jünger fühlen, als sie aussehen. Damen halte ich die Tür auf, wenn sich die Gelegenheit bietet, und befreie sie von Kinderwagen oder anderen schweren Lasten. Ich tue wahrlich nicht viel, aber in einem Land wie Deutschland reicht das bereits aus, um positiv aufzufallen.

In Polen, dem Heimatland meiner Frau, rangiere ich mit meinem Verhalten nur unter ferner liefen. Als ich vor ein paar Jahren dank eines Stipendiums mit einer deutschen Journalistengruppe in Polen und der Ukraine unterwegs war, registrierten es die Kolleginnen immerhin wohlwollend, wenn ich ihnen beim Tragen des schweren Gepäcks half oder spätabends eine volltrunkene Mitstipendiatin, da selbst nur halbtrunken, sicher zu ihrem Zimmer geleitete. Eines Abends rügte eine Frau aus unserer Gruppe einen der unübersehbar an ihr interessierten Männer: »Warum kannst du nicht so sein wie Jörg und die Polen?«

Ein Grundkorsett an gutem Benehmen also ist bei mir vorhanden. Und dennoch habe ich immer das Gefühl gehabt, dass es mir auf diesem Gebiet an Wissen fehlt. Zuvorderst jene Zeitgenossen aus den sogenannten besseren Kreisen schienen mir gegenüber einen Vorsprung zu haben, den ich nie würde einholen können. Die kleinbürgerliche Angst, einen Fauxpas zu begehen, sitzt mir tief in den Gliedern, wenn es mich in eine gehobene Gesellschaft oder in ein edleres Restaurant verschlägt, und kaum etwas bereitet mir größere Pein als die Aussicht auf Small Talk bei einem Empfang mit lauter fremden Gesichtern. Es fehlt mir ganz offensichtlich an Parkettsicherheit – und die sollte besitzen, wer große Sprünge machen möchte. Wer weiß, wo ich im Leben stünde, begleitete mich die Gewissheit, in jeder Lage garantiert den richtigen Ton zu treffen?

Doch vielleicht ist es noch nicht zu spät. Vielleicht bietet sich mir noch die Chance, formvollendet und selbstbewusst durch mein weiteres Leben zu schreiten, höhere Aufgaben im Visier. Dass solche Aufstiege möglich sind, zeigt die Vielzahl von Etikette-Seminaren für Manager, unter denen es offenkundig genügend ungehobelte Kerle gibt. Einen solchen Kurs zu besuchen scheidet für mich freilich aus zweierlei Gründen aus. Zum einen käme ich mir mit meiner kleinen Angestelltenexistenz unter lauter Alphatieren ausgesprochen mickrig vor. Zum anderen könnte ich mir einen solchen Kurs, der gut und gern über tausend Euro kosten kann, nicht leisten.

Schon eher meine Kragenweite wäre das Seminar »Knigge für Azubis«, das in Dreieich im »Haus des lebenslangen Lernens« angeboten wird – ein ausgesprochen schöner Name übrigens, der hervorragend zu meiner Mission passt. Leider wurde das Seminar kurzfristig abgesagt. Entweder kennen die Azubis schon alle ihren Knigge, oder sie hatten schlichtweg keinen Bock.

Dann aber stoße ich auf Lis Droste, seit 1990 Trainerin für Stil und Etikette, Präsidentin der »Etikette Trainer International« und Mitglied der Gastronomischen Akademie Deutschlands. Als ich sie am Telefon erreiche und ihr mein Begehr mitteile, schlägt sie vor: »Sie könnten mich zum Essen einladen.«

Normalerweise zeugt eine so offensive Selbsteinladung auch dann nicht von allerbesten Manieren, wenn eine Frau sie ausspricht, in diesem Fall aber ist es genau das, was ich hören möchte. Hintergrund des Vorschlags ist die Simulation eines Business-Essens, genauer: Simuliert wird nur das Business, gegessen wird tatsächlich. Ein Dinner für zwei Personen, das sollte mein Geldbeutel gerade noch hergeben. Es kommt allerdings darauf an, wo wir uns treffen.

»Sie suchen das Restaurant aus«, hat Frau Droste entschieden, »das ist schon ein Teil der Schulung.«

Mein Lieblingslokal, fürchte ich, fällt von vornherein aus, denn die dort servierten ostafrikanischen Spezialitäten werden grundsätzlich mit den Händen verzehrt – für Etikette-Unterricht wäre das etwas zu speziell. Nein, es muss schon etwas mit Messer und Gabel sein, und sicherlich auch mit weißen Tischdecken. Gar Edelgastronomie? Bei der Auswahl solle ich meine finanziellen Möglichkeiten im Blick behalten, rät sie. Edelgastronomie scheidet folglich aus.

Gleichwohl bleibt die Auswahl unüberschaubar. Ich beginne sie einzugrenzen und suche etwas in meiner Nähe. Bis mir ein genialer Gedanke kommt: Ich suche etwas in *ihrer* Nähe. Vor einem Geschäftsessen ist es ja heutzutage üblich, sein Date zu googeln, und so finde ich flugs heraus, wo Frau Droste wohnt. Wenn sie von dort zu Fuß gehen kann, statt vorher durch die ganze Stadt zu gondeln, dann dürfte mir das Pluspunkte einbringen.

Und so lande ich bei einem Italiener, den ich mir ohnehin schon länger mal anschauen wollte, ein Frankfurter Traditionslokal mit gehobener, aber bezahlbarer Küche. Die Internet-Bewertungen sind im Durchschnitt sehr ordentlich. Einen »ruhigen Tisch« möge ich für uns beide reservieren, hat Frau Droste gebeten, und weil diese Option bei der Online-Reservierung des Lokals nicht angeboten wird, rufe ich kurzerhand durch.

»Ruhig?«, fragt der Mann am anderen Ende der Leitung. »Bei uns ist alles gerade ruhig.«

Sollte ich die falsche Wahl getroffen haben? Werde ich am Ende mit Frau Droste in einem riesigen menschenleeren Restaurant sitzen? Sei's drum. Ich reserviere. Erst bei meinem Besuch dort werde ich erkennen, wieso »alles gerade ruhig« ist: Das Lokal ist umgeben von einer großen Baustelle.

Sonntagabend, 18 Uhr, mache ich mich mit dem Rad auf zum Restaurant. Einen Dresscode haben wir nicht verabredet. Ich trage weder Anzug noch Krawatte, um Frau Droste für den unwahrscheinlichen Fall, dass sie mit ungebügelter Bluse und durchlöcherten Jeans erscheint, nicht zu beschämen, sondern bin halb elegant in T-Shirt und Jackett gekleidet. Gut, dass ich das Rad genommen habe, denn die Straße, in der das Restaurant liegt, ist halbspurig gesperrt, die Straßenbahn fährt nicht. Wie befürchtet, ist das Lokal, das in diesen Minuten freilich erst öffnet, noch gähnend leer. Es wirkt allerdings trotzdem sehr heimelig, und der Patron führt mich zuvorkommend von Tisch zu Tisch, damit ich mir den besten aussuchen kann. Angesichts der Möglichkeit, auf der Terrasse zu sitzen, verschiebe ich die Entscheidung bis zur Ankunft meines Gastes.

Mit hauchzarter Verspätung, wie es sich für eine Dame ziemt, trifft Lis Droste ein. Eine gepflegte Erscheinung, elegant, aber nicht herausgeputzt. Wir entscheiden uns für die Terrasse, und es gibt einen kurzen Moment der Irritation, weil ich nicht weiß, ob ich ihr auf dem Weg dorthin den Vortritt lassen soll.

»Gehen Sie voran«, fordert sie mich auf. »Sie sind der Einladende.« Frau Droste zieht ein Bein etwas nach, was, wie sie später erzählen wird, auf einen noch nicht ganz verheilten Fußbruch zurückzuführen ist.

Chapeau!, denke ich. Die Wahl eines nahe gelegenen Restaurants war ein Volltreffer.

Tatsächlich fand Frau Droste meine Auswahl im Wortsinn sehr entgegenkommend. Meine Hoffnung aber, damit aus dem Schneider zu sein, erfüllt sich nicht.

»Wussten Sie eigentlich«, erkundigt sie sich nämlich, »dass hier gerade eine Baustelle ist?«

Ich wusste es nicht. Merke: Vor einem echten wichtigen Geschäftsessen unbedingt persönlich die Lokalität prüfen, damit der teure Gast seine edlen Business-Treter nicht von Baustaub überzogen sieht.

Und noch mehr muss man wissen über die Gaststätte, in die man wichtige Menschen ausführt. »Man sollte die Karte kennen und Empfehlungen aussprechen«, meint Lis Droste.

»Tja, Empfehlungen aussprechen kann ich leider nicht. Ich

kann Sie nur einladen, sich das zu nehmen, worauf Sie Lust haben. Gerne Vorspeise, Hauptgang, Dessert.«

»Das ist schon mal eine sehr wichtige Information. Ganz schlimm ist es, wenn jemand einfach nur sagt: ›Ich zahle. Suchen Sie sich was Schönes aus.‹«

Viel wichtiger als das, was der Gast ordert, ist an diesem Abend jedoch, was ich mir selbst bestelle. Denn ich bin es schließlich, der sich hier beweisen muss, und am besten dafür geeignet ist einigermaßen kompliziertes Essen.

»Dorade royal«, liest Frau Droste von der Karte, »ist oft Inhalt in meinen Seminaren.«

»Wie man einen Fisch richtig isst?«

»Wie man ihn selber zerlegt. Aber das kann man sich auch jederzeit vom Kellner zeigen lassen. Diese Unsicherheit muss man nicht ertragen.«

Soll ich die Dorade bestellen und sie selbst zerlegen? Wie viel Zeit haben wir am heutigen Abend zur Verfügung?

»Oder Kalbskotelett«, fährt Lis Droste fort. »Das ist beim Italiener meistens riesengroß. Und da kann man natürlich auch nicht einfach den Knochen in die Hand nehmen und ihn abnagen.«

Sie selbst möchte den Salat mit Lachsfilet nehmen, als Hauptspeise. Eine Vorspeise will sie nicht.

»Dann würde ich auch keine Vorspeise nehmen«, entscheide ich. »Ich würde mich schon dem Gast anpassen.«

Es ist immer misslich, das weiß ich auch ohne Etikette-Schulung, wenn einer dem anderen beim Essen zuschauen muss. Damit ich meine Künste in gleich zwei Gängen unter Beweis stellen kann, bestellt sich die Fachfrau dann doch eine Vorspeise, den Parmaschinken mit Melone. Und auch für mich wird sie beim Hauptgang fündig: »Tortellini à la Surf

’n’ Turf, Ochsenschwanz und Scampi. Ich weiß nicht, ob Sie Meeresfrüchte mögen …«

»Im Prinzip schon, wenn sie nicht gerade eine Schale haben.«

»Das wäre ja gerade interessant daran.«

Und wie isst man wohl einen Ochsenschwanz? Gibt’s den im ganzen Stück? Gut, dann für mich also die Meeresfrüchte. Als Vorspeise gibt es gebratene Pilze auf Rucola, denn Rucola, weiß Frau Droste, ist immer tricky.

Der Kellner kommt. »Sie dürfen jetzt für mich mitbestellen.«

Ich tue, worum ich gebeten wurde.

»Vorzügliche Wahl«, lobt der Kellner.

Ich hebe mein Wasserglas – und zögere. »Äh … anstoßen?«

»Das macht man heutzutage nicht mehr. Es ist ein Brauch aus dem Mittelalter, da hat man es aus Sicherheitsgründen gemacht. Wenn Besucher in einem fremden Haus zu Gast waren, dann bekam der Anführer einen Becher mit Wein kredenzt. Die Gläser waren voll, und man stieß sie so hart aneinander, dass die Flüssigkeit darin überschwappte und sich vermischte. Dann wäre bei Gift im Wein der Gastgeber mitvergiftet worden.«

Es geht Schlag auf Schlag weiter. Die Serviette kommt gefaltet auf den Schoß, und zwar mit der Öffnung nach innen, damit man sich den Mund an einer Seite abtupfen kann und keine Flecken sichtbar werden. In das Brot, das serviert wird, beißt man nicht hinein wie in eine Stulle, sondern bricht kleine Stücke ab und bestreicht sie mit der Tapenade, von der man eine kleine Menge auf seinen Brotteller getan hat.

Dann holt Lis Droste eine Bestecktasche hervor und breitet ihren Inhalt auf dem Tisch aus wie ein Chirurg vor einer

Operation. »Das ist mein Werkzeug fürs Seminar«, erklärt sie. »Fischbesteck, Austernbrecher. Das hier ist ein Gourmetlöffel, der hat eine seitliche Kerbe und ist flacher als andere Löffel. Damit kann man vom flachen Teller Soße löffeln, oder man benutzt ihn zum Filetieren des Fisches. Das ist ein Kaviarlöffel aus Perlmutt, hier eine Hummerschere.«

Hummer, lerne ich, wird in Deutschland mittlerweile fast ausschließlich mundgerecht serviert – ein vermeintlich lobenswerter Service, der in anderen Ländern aber als Ausdruck nicht vorhandener Esskultur gewertet würde. Alles eine Frage der Haltung eben.

Unsere Vorspeise kommt.

»Besteck von außen nach innen«, sagt Lis Droste.

»Alles klar. Guten Appetit.«

»Den wünscht man sich nie bei einem offiziellen Essen. Das ist etwas Familiäres.« Und dann kommt die Sache mit der Gabel. »Sagen Sie mal, halten Sie die Gabel eigentlich so, weil Sie Ihren Daumen verletzt haben, oder halten Sie sie immer so?«

Ich blicke auf meine linke Hand, deren Daumen ein Pflaster ziert, seit ich am Morgen versucht habe, einen Drachen zu bauen, und dann auf meine Gabel. Sie liegt in der Beuge zwischen Daumen und Zeigefinger, ihre Zacken krümmen sich nach oben. »Ähm, ich fürchte, ich halte sie immer so.«

»Sie halten die Gabel genau wie das Messer«, belehrt mich die Benimmtrainerin. »Beide Griffe liegen in der Mitte der Hand.«

Statt die Gabel, wie ich es getan habe, seit ich denken kann, als eine Art Schaufel zu benutzen, gehört der Rücken der Gabel nach oben, die Zacken pieken nach unten. Offensichtlich hat das die gesamte westliche Zivilisation gewusst. Nur ich nicht. Ich bin zutiefst verwirrt.

»Moment, bitte. Ich muss sie nochmal anlegen.« Es fühlt sich unkomfortabel an. »Das ist für mich extrem ungewohnt, über vierzig Jahre lang habe ich es anders gemacht.«

»Sie sehen ja, wie es aussieht. Es sieht nicht richtig aus.«

Ich steche mit meiner Gabel in den Ziegenkäse. Er ist ziemlich weich. »Mit dieser neuen Gabelhaltung«, ich gebe mich noch nicht ganz geschlagen, »lässt sich der Käse aber schlecht essen.«

»Den können Sie ja dann wieder so nehmen.«

»Das heißt, man muss ständig wechseln?«

»Genau.«

Ich bin fast froh, die Gabel hinlegen zu können, um das Glas Lugana zu erheben. Gabel und Messer liegen über Kreuz auf dem Teller und nicht etwa nebeneinander, damit der Kellner noch nicht abräumt. Wir haben Gläser bestellt, keine Flasche, also entfällt der Probeschluck – und die Frage, wem man diesen offeriert.

»Wenn der Kellner etwas älter ist, wird er immer dem Mann den Probeschluck anbieten«, sagt Lis Droste. »Das ist aber absolut nicht zeitgemäß. Den Probeschluck bekommt der, der den Wein bestellt hat.«

»Mann-Frau-Geschichten sind ohnehin ein wichtiges Thema«, hake ich ein. »Hätte ich Ihnen vorhin den Stuhl hinschieben müssen?«

»Bei jemandem in meinem Alter hätten Sie das tun können. Wenn es eine Dreißigjährige wäre, fände sie es wahrscheinlich übertrieben.«

Das bringt mich zu meinem alten Dilemma, wem ich in Bus oder Bahn meinen Platz überlassen soll. Ich erzähle von den mitunter frustrierenden Reaktionen.

»Dann hat sich der andere schlecht benommen«, tröstet

mich Lis Droste. »Es ist ungezogen, wenn man das ablehnt.« Und wenn besagte Dame sich dann beklage, ob sie denn schon so alt aussehe, könne ich antworten: »Nein, aber Sie wirken ein bisschen müde.«

Werde ich mir merken.

Den Rucola-Salat verleibe ich mir unfallfrei ein. Doch eine weitere Frage brennt mir auf den Nägeln: Soll man jemandem, der geniest hat, Gesundheit wünschen?

»Es ist nicht stillos, Gesundheit zu sagen. Aber es ist in vielen Fällen überflüssig«, sagt Lis Droste. »Niesen war das erste Anzeichen der Pest. Und aus dieser Zeit stammt der Brauch, sich selbst Gesundheit zu wünschen und schnell wegzurennen.«

»Sich selbst?«

»Und natürlich auch dem anderen. Aber wir haben alle gelernt, dass es höflich ist, es zu kommentieren. Das gibt es in jedem Land: *santé, salute, bless you*. Und natürlich ist es auch hier wieder eine Frage des Alters. Wenn man zum Beispiel mit älteren Leuten zusammensteht, von denen jemand niest, dann spürt man richtig, wie sie warten, wenn da nichts kommt. Da ist es nicht stillos, Gesundheit zu sagen.«

»Und wenn derjenige, der niest, Allergiker ist? Dann ist es doch Unsinn, ihm Gesundheit zu wünschen.«

»Es ist eine Floskel, Sie müssen sie situativ anwenden. Wenn Sie das Gefühl haben, das passt in dem Moment, dann sagen Sie es.«

Meinetwegen, aber so ganz klar ist mir die Sache noch nicht. Eindeutig scheint nur eines: Weglaufen käme heute nicht mehr so gut. Dabei schiene mir das im Augenblick keine schlechte Idee, denn nun wird der Hauptgang serviert. Aus meinen Tortellini erhebt sich eine Garnele und reckt ihre Extremitäten herausfordernd in die Höhe. Es sieht aus wie eine Drohgebärde.

»Das habe ich befürchtet«, seufze ich.

»Ja, genau«, sagt Lis Droste mit einem Lächeln. »Ich habe mir das gewünscht.«

Immerhin ringelt sich kein ganzer Ochsenschwanz auf dem Teller, das Fleisch ist zerhäckselt und verborgen im Nudelteig.

»So, und jetzt mit Messer und Gabel«, ermuntert mich Frau Droste. »Sie haben keine Fingerschale zum Säubern, können es also nicht mit den Händen machen. Dann legen Sie mal los!«

Ich drehe das Tierchen erst einmal um. Richtig so, meint Frau Droste. Zu meiner Erleichterung – und vermutlich zu Lis Drostes Enttäuschung – erweist sich, dass die Garnele schon weitestgehend von ihrem Panzer befreit wurde, nur den Kopf und die Schwanzspitze gilt es noch abzulösen. Das gelingt sogar mir. Sogar mit Messer und Gabel.

Das Essen schmeckt hervorragend, inzwischen haben sich Lokal und Terrasse auch gefüllt. Es ist sehr angenehm, wäre nicht die lästige neue Gabelhaltung. Geflissentlich schenke ich meiner Tischdame immer wieder vom Wasser nach.

Diese wiederum lädt mich nun zu einem Quiz rund um zeitgemäße Umgangsformen. Wenn ich mit meiner Frau ein mir bekanntes Paar treffe, wen stelle ich zuerst vor? Korrekte Antwort: zuerst meine Frau dem Paar, das steht in dem Moment hierarchisch über ihr. Wenn meine Frau das wüsste!

Weiter geht's. Begegne ich meinem Chef zufällig in der Stadt, dann gehe ich nicht etwa auf ihn zu und schüttele ihm die Hand, und ich tue auch nicht so, als hätte ich ihn nicht gesehen, sondern ich grüße ihn im Vorübergehen.

Grrrrrr
K.A.GREVE

Bislang liege ich bei allen Fragen richtig. Dann geht es um eine Geburtstagsfeier in einem Restaurant. Bringe ich den Blumenstrauß persönlich vorbei, lasse ich ihn von der Gärtnerei liefern oder schicke ich ihn vorab zum Jubilar nach Hause?

»Ich würde ihn wohl bei der Begrüßung überreichen«, sage ich.

»Nein, es ist besser, die Blumen vorab nach Hause zu schicken. Wenn zum Beispiel bei älteren Leuten die Goldene Hochzeit gefeiert wird, dann zerbricht sich das Jubelpaar das ganze Fest über den Kopf, wie es die Blumen nach Hause kriegt. Und wenn das Restaurant zu wenige Vasen hat, stehen die Blumen in einem Bierglas.«

»Naja, man kann die Blumen ja hinterher an die anderen Gäste verteilen, so viele Sträuße braucht doch eh keiner.«

»Das habe ich auch schon erlebt, aber das ist sehr unschön für die Leute, die diese Blumen extra für diesen Anlass ausgesucht und mitunter viel Geld ausgegeben haben.«

Die beste Lösung wäre es dann wohl, generell keine Blumen zu verschenken, sondern etwas ganz anderes.

Nächste Frage: Wohin legt man die Serviette, wenn man zwischen den Gängen kurz den Tisch verlässt? Antwort c) Auf den Schoß des Tischnachbarn, verwerfe ich. Ich bin für b) Auf den Stuhl. Das aber, so Frau Droste, wäre unhygienisch. Wer weiß, wer da zuvor schon drauf gesessen hat? Also a) Neben dem Teller auf den Tisch.

Als Krawattenmuffel scheitere ich auch an der Frage, wo ein gut gebundener Schlips zu enden hat: am oberen Rand der Gürtelschnalle, nicht über dem Gürtel. Aber gut, meine Krawatten sind halt in der Regel schlecht gebunden.

Alles in allem aber schneide ich in dem Quiz ganz passabel ab. Und auch sonst bekomme ich ordentliche Haltungsnoten, sogar im Small Talk, dem ich, wie ich gestehe, normalerweise nicht sonderlich zugeneigt bin.

»Das konnten Sie heute Abend gut verbergen«, meint Lis Droste. Und sie gibt mir ein paar Tipps, wie ich einen der gefürchteten Stehempfänge überstehen kann: »Erst einmal nehmen Sie Ihr Cocktailglas in die linke Hand. Dann haben Sie die rechte Hand frei, wenn jemand auf Sie zukommt, um Sie zu begrüßen.« Außerdem rät sie dazu, sich gründlich die anderen Gäste anzuschauen. »Ich bin oft allein unterwegs, und dann gucke ich erst einmal nach solchen Personen, die ebenfalls alleine stehen. Sie wirken oft etwas überheblich, haben einen arroganten Blick aufgesetzt, aber wenn man mit ihnen redet, merkt man oft, dass sie total verunsichert und froh sind, dass sie endlich jemand anspricht.«

Vielleicht sollte ich bei solchen Veranstaltungen künftig ebenfalls einfach in der Ecke stehen, arrogant schauen und warten, bis mich jemand anspricht?

Jetzt aber muss ich erst einmal selbst ansprechen, und zwar den Kellner, denn Frau Droste hätte gern noch einen Espresso. Und wie rede ich ihn an?

»Es gibt keine Fräuleins mehr, und auch der Herr Ober möchte nicht mehr so genannt werden. Wir kennen seinen Namen nicht, können ihn also nicht damit anreden. Bleiben also nur Handzeichen und ›Bitte‹.«

Der Kellner kommt.

»Bitte noch einen Espresso«, sage ich.

»Gern«, sagt er und blickt zu Lis Droste. »Und für die Dame?«

»Der Espresso ist für die Dame«, sage ich, »ich möchte nichts, danke.«

Als er gegangen ist, wende ich mich an meine Begleiterin.

»Der hat mir so schlechte Manieren zugetraut, dass er glaubte, ich winke ihn heran und bestelle dann zuerst oder ausschließlich etwas für mich.«

»Sie glauben gar nicht, wie viele Männer das tun.«

Ich lerne an diesem Abend noch einiges mehr über Tisch- und andere Sitten, über richtig und falsch postierte Wein- und Wassergläser, über den ordnungsgemäßen Platz des weiblichen Ehrengastes an einer Tafel oder über die maximale Anzahl sichtbarer Schmuckstücke bei Managerinnen (fünf). Am Ende steht nur noch eine Lektion aus: das Begleichen der Rechnung.

Lis Droste selbst bezahlt, wenn sie die Einladende ist, meist nicht am Tisch, sondern geht direkt zum Kellner an die Kasse. Zahlt man doch am Tisch, so rät sie, auf das von mir häufig ausgesprochene »Stimmt so« zu verzichten und sich das Wechselgeld zunächst auszahlen zu lassen, um dann das Trinkgeld ins Mäppchen zu legen. So wird es gemacht. Schön, das ist ja heute alles einfacher gewesen als befürchtet.

Einzig die Sache mit der Gabel bereitet mir noch Kummer. Ich kann mich noch nicht mit der neu erlernten Art anfreunden, sie zu halten. Doch für den Fall, dass ich mich partout nicht umstellen kann, habe ich schon eine Lösung gefunden: Ich klebe, bevor ich in Gesellschaft esse, einfach grundsätzlich ein Pflaster auf meinen linken Daumen. Dann habe ich immer eine akzeptable Entschuldigung.

IM WINDE ZERWEHT

Man sollte alles immer relativ sehen. Drei Monate sind eine lange Zeit, sechs Monate sind es noch mehr, neun Monate schon eine kleine Ewigkeit. Nimmt man allerdings eine Spanne von mehr als vierzig Jahren zum Maßstab, also die Zeit, die ich bisher gelebt habe, dann sind diese drei, sechs oder neun Monate nur ein Wimpernschlag, ein Nichts. Was ich sagen will: Ich habe den Plan, einen Drachen zu bauen und ihn steigen zu lassen, hinausgezögert. Immer wieder. Den Herbst im Blick, war mir einst die Idee gekommen. Als der Herbst dann plötzlich da war, ergab sich keine Gelegenheit. Der Winter kam und mit ihm die Zeit, um Schlitten zu fahren, was mangels Schneefall aber komplett flachfiel. Stattdessen musste ich zum Beispiel Schlittschuhlaufen gehen. Gut und gern hätte ich mich dem Drachenbau widmen können, dazu kam es jedoch wieder nicht. Auch der Frühling zog ins Land, ohne dass ein Drachen von mir den Himmel oder auch nur das Wohnzimmer erblickt hätte.

Verdammt lang, könnte man nun sagen, habe ich die Sache hinausgeschoben. Dazu aber sollte man, wie schon gesagt, jene mehr als vierzig Jahre berücksichtigen, die ich zuvor ohne jedwedes Drachenerlebnis verbracht habe, allerdings auch ohne überhaupt an eines gedacht zu haben. Verglichen mit jener ersten langen drachenlosen Phase in meinem Dasein ist diese zweite, in der ich einen Drachen durchaus bauen wollte, es aber nicht tat, geradezu lächerlich kurz. Man könnte sogar sagen: Im Vergleich mit meinen Bemühungen bis dahin ging ich in der zweiten Phase mit gewaltigem Aktionismus ans Werk. Wenn man sich den Vergleich freilich spart, dann hat es natürlich doch ewig gedauert, bis ich endlich in die Gänge kam.

Also: Ich habe nie in meinem Leben einen Drachen steigen lassen, geschweige denn einen selbst gebaut. Ist das ungewöhnlich? Möglicherweise. Das heißt: Es ist nicht nur ungewöhnlich, es ist gänzlich anormal, bizarr, exzentrisch, ein Sakrileg gegen den gesellschaftlichen Konsens – zumindest, wenn man sich Kinderbücher anschaut, egal welche, die in irgendeiner Form den Herbst thematisieren. In jedem, aber auch wirklich *jedem* dieser Bücher sieht man fröhliche Kinder, die einen Drachen steigen lassen, und in neunzig Prozent dieser Fälle flattert das Ding auch hoch in den Lüften. Von den verbleibenden zehn Prozent gehen neun auf das Konto von Charlie Brown, der in den Peanuts-Strips wieder und wieder an dem hundsgemeinen »drachenfressenden Baum« und an sich selbst verzweifelt. Hinter der flächendeckenden Durchsetzung der Herbstbilderbücher mit Drachenszenen könnte man glatt eine Art Propaganda vermuten, gesteuert von einer mächtigen Drachenlobby. Andere jahreszeittypische Freizeitbeschäftigungen werden in diesen Büchern praktisch ausgeblendet, vom Kastanienmännchenbasteln bis zur Novemberdepression. Was dem Frühling der Osterhase und dem Winter der Weihnachtsmann, so die Botschaft, das ist dem Herbst der Drachen, dem somit quasireligiöse Bedeutung zugeschrieben wird. (Ja, ich weiß, dass weder Osterhase noch Weihnachtsmann etwas mit Religion zu tun haben, deshalb schreibe ich ja auch »quasi«.)

Bevor ich jetzt falsch verstanden werde: Ich habe überhaupt nichts gegen Drachen. Ich war nur nie eines dieser fröhlichen Kinder aus den Herbstbüchern, ich war noch nicht mal – und hier sollte ich wohl sagen: glücklicherweise – ein Charlie Brown. Ich habe, soweit ich mich erinnern kann, nie eine Drachenschnur in den Händen gehalten, schon gar keine, an der ein Drachen hing. Ich vermute mal, dass das etwas damit zu tun hat, dass ich Basteln immer gehasst habe. Zeichnen, wie an anderer Stelle schon erwähnt, war in Kindertagen ein echtes Hobby, beim Basteln aber hatte ich stets zwei linke Hände – und ein linkes Hirn noch dazu. Ich war spezialisiert darauf, Dinge nur dann fest aneinanderzukleben, wenn sie es gar nicht sollten; sollten sie es aber, dann hielt es höchstens für ein paar Sekunden. Schon beim Basteln von Kastanienmännchen war ich nicht sehr erfolgreich. An die Konstruktion eines Drachens, die ja schon bedenklich ins Heimwerkerische hineinragt, hätte ich da gar nicht denken dürfen.

Auch mein Vater hat sich nie mit uns hingesetzt und gesagt: »So, Kinder, jetzt bauen wir einen Drachen.« Dabei hört man ja des Öfteren von Vätern – und manchmal sieht man sie auch –, die mit Kindern und Drachen ins Grüne ziehen und dort dann, von sich selbst berauscht, fast alles allein machen. Wenn die Kinder Glück haben, dürfen sie die Schnur auch mal ein paar Sekunden halten.

Wie auch immer: So ganz hat die propagandistische Befeuerung ihre Wirkung auf mich nicht verfehlt. Irgendwie nämlich fühlt sich meine Kindheit ohne Drachensteigen nicht ganz vollständig an, für meine Vaterschaft gilt das Gleiche. Wenn ich erst mit dem einen, später mit dem anderen Kind die Bilderbücher durchblätterte, die glückliche Kinder beim Drachensteigen zeigen, dann unterdrückte ich mühsam ein schlechtes Gewissen: Da, schau, welche Freuden du deinen Kindern vorenthältst. Jeder Mann, so heißt es in dem alten Spruch, sollte in seinem Leben ein Haus bauen, einen Baum pflanzen und einen Sohn zeugen. Das sind drei Dinge, die ich allesamt nicht zuwege gebracht habe. Das vierte, unausgesprochene Gebot aber lautet: Spätestens wenn der Mann eines oder mehrere Kinder hat, soll er einen Drachen steigen lassen, sonst ist er ein schlechter Vater und die Kinder werden schlimmstenfalls so traumatisiert, dass sie ihn eines Tages ins Heim abschieben. Mit diesem Gefühl beschloss ich, einen Drachen zu bauen, mit meinen Töchtern zusammen. Und zwar mitten im Sommer.

Als Erstes besorgte ich mir eine ganze Zahl von Anleitungen aus dem Internet. Und das war eine der Hauptursachen dafür, dass ich das Ganze erst mal wieder auf Eis legte. Die Anleitungen, die ich fand, widersprachen einander nämlich ganz entschieden. Die Drachen sahen alle total unterschiedlich aus, und so richtig verstanden habe ich keinen von den Bauplänen. Sollte ich für meinen Drachen nun Seidenpapier verwenden, Transparentpapier oder Packpapier – oder war das alles dasselbe? Oder sollte ich gar einen Plastikmüllsack nehmen? Sollten die Leisten, die das Gestänge bilden, die Maße 100 mal 80 haben, 100 mal 83, 90 mal 70? Ich durchstöberte Seiten namens »Kindererholung online«, »Helles Köpfchen« oder »Vätersache«. Las ich irgendwo die Worte »Das können auch kleine Kinder!«, die man je nach Stimmung ermutigend oder deprimierend finden kann, stieß ich anderswo auf den Hinweis, Drachensteigen habe sich längst »zu einem ernsthaften Hobby entwickelt«, damit man die Sache ja nicht auf die leichte Schulter nehme. Wie ernsthaft das Hobby ist, demonstrierte die Community-Seite »Drachenforum« mit Fragen wie: »Ist eine Zebra Z2 wendiger als eine Ozone Yakuza in 10,0 qm?«

Das jedoch interessierte mich herzlich wenig. Ich wollte nur wissen, was ich nun wirklich brauchte, um einen Drachen zu bauen, und weil ich mich zwischen den vielen Gebrauchsanweisungen nicht entscheiden konnte, setzte ich eine Art Best-of auf meine Einkaufsliste und machte mich auf in den Baumarkt. Zwei Holzstäbe, da wenigstens waren sich die Websites einig, brauchte man auf jeden Fall.

»Entschuldigung, wo finde ich runde Holzstäbe?«

»Draußen in der Gartenabteilung.«

Dort draußen fand ich zwar Stäbe, sehr lange sogar, aber es waren Pflanzstäbe aus Bambus, keineswegs gerade gewachsen und nicht wirklich rund. Damit könnte man einen hübschen Öko-Drachen konstruieren, aber wahrscheinlich keinen sehr stabilen. Zum Glück fand ich in der Holzabteilung genau die Sorte von glatten runden Stäben, die ich für mein Vorhaben benötigte. Ich packte gleich vier in den Einkaufswagen – ich weiß genau, wie ich meine handwerklichen Fähigkeiten einzuschätzen habe.

Brauchbares Papier gab es nur in den Maßen 75 mal 50, viel zu klein für den Drachen, den ich geplant hatte. Ich wählte je zwei Bögen in Gelb und Weiß, die ich zusammenkleben wollte. Mein Drachen würde sich durch ein unkonventionelleres Äußeres auszeichnen. Hinzu kamen eine lange Schnur, Krepppapier und Schlüsselringe, da man an einem Schlüsselring die sogenannte Waage festbinden soll, die zwischen Drachenkörper und Leine befestigt wird und maßgeblich für die Flugeigenschaften des Drachens verantwortlich ist. Um ein Haar hätte ich im Baumarkt außerdem nach einem Webeleinenstek gefragt; gerade noch rechtzeitig jedoch ging mir auf, dass es sich dabei um den Knoten handelt, mit dem die Schnur festgebunden werden soll.

Und dann sitze ich eines Sonntagmorgens im Wohnzimmer und spreche die kurz vorher noch undenkbaren Worte: »Kinder, kommt her! Wir bauen einen Drachen.«

Mit Hurrageschrei eilen beide Kinder, neun Jahre und dreieinhalb, herbei. »Wir bauen einen Drachen!«, rufen sie.

»In welcher Farbe, Papa?«, fragt die Große.

»Und wenn der uns wegfliegt?«, will die Kleine wissen.

»Der fliegt uns nicht weg. Ich bin froh, wenn er überhaupt fliegt.«

Ich lasse mir zwei der Rundstäbe und einen Zollstock reichen, mit dem logischerweise zuerst einmal die beiden Mädchen ausgemessen werden müssen. Dann fordere ich die Große auf, von einem der einen Meter langen Stäbe 83 Zentimeter abzumessen. Ich erlaube den Kindern, nacheinander ein wenig mit der Laubsäge zu sägen.

»Kann man damit Bäume fällen?«, erkundigt sich die Große.

»Wenn du ein paar Jahre Zeit hast und sehr viele Sägeblätter, dann vielleicht«, sage ich. Und zur Kleinen: »Mit der Säge spielt man nicht herum, leg sie hin, wenn du nicht sägst!«

Die Kleine zeigt auf die Große. »Sie hat erzählt, dass wir einen Drachen machen, wo wir drauf fliegen können.«

»Da hat sie Unsinn erzählt. So, ich muss jetzt in alle vier Enden der Stäbe Kerben feilen.«

Ich feile und feile. Zwei Millimeter sollen die Kerben tief sein, das klingt nach nicht viel, aber selbst davon bin ich noch weit entfernt.

»Du kannst das aber gut«, meint die Große.

»Nein, kann ich gar nicht. Das wird noch eine Weile dauern, bis ich mit allen Stäben durch bin.«

»Doch, du kannst das gut. Du bist der beste Papa der Welt. Dürfen wir ’ne Süßigkeit?«

»Nein, dürft ihr nicht. Ihr habt gerade erst ein Schokobrötchen gefrühstückt. Als Nächstes müssen wir Löcher bohren.«

»Und wenn ich mich in die Finger bohre?«, fragt die Kleine.

»Das machst du nicht. Ich werde bohren.«

Je zwei Löcher sollen es an jedem Stab sein, jeweils zwei Zentimeter entfernt vom Ende, sowie im längeren Stab noch ein Loch für den Drachenschwanz. Ich drücke erst den schmalsten Bohrer aus dem Bohrmaschinensatz vorsichtig ins Holz, versuche es danach mit einer Nadel. Irgendwie bin ich mal wieder nur unzureichend ausgerüstet. Ich komme nicht recht voran.

Das große Kind hat sich derweil aufs Sofa gelegt. Sie ist gestern viel zu spät ins Bett gekommen.

»Du bist müde, stimmt's?«

»Ich kann ja gar nichts machen. Du machst alles alleine. Und ich will eine Süßigkeit.«

Die Kleine stimmt ein: »Ich will auch eine Süßigkeit!«

»Jetzt nicht.«

»Süßigkeit, Süßigkeit, Süßigkeit!«

»Echt, Kinder, ihr nervt total!«

»Ihr wolltet uns haben, also«, mahnt die Große. »Ich gehe jetzt zur Mama, mit dir macht Basteln keinen Spaß!«

Mit Mama macht Basteln sehr viel Spaß, Mama liebt Basteln. Wenn die Kinder mit Mama basteln, sind sie mit riesigem Eifer bei der Sache und haben endlose Geduld. Aber Mama hat gerade keine Zeit, sie muss ihren Koffer packen, weil eine Kurzreise ansteht. Außerdem wollte Papa diesen Drachen mit den Kindern allein basteln. Vätersache. Jetzt aber sitzt Papa mit dem, was mal ein Drachen werden soll, ganz allein da.

Immerhin kommt nach kurzer Zeit die kleine Tochter zurück. »Papa, können wir Pfannkuchen zum Abendbrot?«

»Äh, mal sehen. Abendbrot gibt es ja noch lange nicht, wir haben noch nicht mal Mittag gegessen.«

Sie rennt wieder aus dem Zimmer. »Ja, wir können!«, höre ich sie rufen. »Papa hat Ja gesagt.«

Nach einer Weile sind dann beide wieder da. Um die Löcher in die Stäbe zu bekommen, versuche ich nun, einen Nagel hineinzuhämmern und hinterher wieder herauszuziehen. Dabei behalte ich immerzu das kleinere Kind im Auge. »Nein, nicht den Bohrer in meinen Kalender stechen. Nicht mit dem Hammer spielen!«

»Und du«, beschwert sie sich, »kannst nicht so laut hammern in meine Ohren!«

Nächster Schritt: Die beiden Stäbe zum Kreuz übereinander legen und mit Holzleim zusammenkleben. Natürlich genau in der Mitte.

»Was ist die Hälfte von 83?«, frage ich die Große.

»Das geht nicht. Das haben wir in der Schule noch nicht gelernt.«

»Dann eben nicht. Hier, mach mal die Markierung bei 41,5.«

Der Kleber hält nicht.

»Der muss erst mal trocknen«, meint die Große fachmännisch.

»Du bist ein Klebmonster!«, ruft die Kleine.

Wir umwickeln die Stelle, wo sich die Stäbe treffen, zusätzlich mit einer Schnur. Die Kinder dürfen noch einmal den Holzleim draufdrücken. Jetzt ist es stabil.

»Wie wird der Drachen heißen?«, fragt die Große.

»Clara!«, ruft die Kleine. So heißt ihre beste Kindergartenfreundin.

»Vielleicht passt Clara am Ende gar nicht zu ihm«, gibt die Große zu bedenken. »Wir müssen gucken, wie er aussieht, wenn er fertig ist.«

»Ich hab eine gute Idee«, sagt die Kleine ganz aufgeregt und macht einen neuen Vorschlag: Sie nennt ihren eigenen Namen. Nach einer kurzen Diskussion entscheidet eines der Lieblingsbücher unserer Älteren.

»Pünktchen soll er heißen!«, ruft die Große.

»Oder Anton«, kräht die Kleine.

»Nein, Pünktchen«, insistiert die Große.

»Pünktchen und Anton soll der heißen!«, fordert die Kleine. »Anton mit Nachnamen.«

Nachdem die große Herausforderung der Namensgebung bewältigt ist, taucht ein nicht minder schweres, schon bekanntes Problem wieder auf: Die Schnur, die ums Kreuz gespannt werden soll, ist viel zu dick für die winzigen Kerben. Also muss ich wieder feilen. Oder, Moment, ich nehme zur Abwechslung mal das Taschenmesser. Ich schneide, ich drücke, und plötzlich ist eine schöne tiefe Kerbe da. In meinem Daumen.

»Oh Mann!«, fluche ich. Ich hätte lieber etwas anderes gesagt, doch es sind Kinder im Raum.

»Oh, der Papa hat sich wehgetan«, sagt die Große mitfühlend.

»Ja, der hat sich geschneidet«, stellt die Kleine fest. »Der hat so einen roten Finger.«

Das erste Pflaster ist sofort durchgeblutet, mit dem zweiten um den Daumen geht es wieder. Es gelingt mir sogar, die Schnur um die Stäbe herumzuspannen, was mit einer solchen Verletzung nicht ganz einfach ist.

»So«, sage ich, »jetzt müssen wir die Papierbögen aneinanderkleben.«

Wir legen ein paar Zeitungsseiten auf den Boden und rollen die Bögen darauf aus, dann kleben wir sie an den Rändern zusammen. Als wir das Papier aufheben, kleben ein paar Zeitungsfetzen dran. Macht nichts, so sieht unser Drachen noch ein wenig ungewöhnlicher aus. Danach legen wir den Drachen auf das Papier, zeichnen seine Umrisse auf und lassen dabei etwas Luft, schneiden das Papier zurecht und umkleben damit das Gestänge.

»Oh, es wird was«, sagt meine Frau, die gerade ins Zimmer gekommen ist. Sie klingt überrascht.

»Super, Papa«, sagt die Kleine.

Die Große fragt: »Was kann ich noch helfen?«

»Du kannst den Drachen bemalen.«

»Hurra!«

»Ich will auch malen!« Die Kleine, natürlich.

»Du kannst ihn hinterher noch mit Aufklebern verzieren«, schlage ich vor.

Die Große hat sich längst ans Werk gemacht. Sie malt dem Drachen ein paar lustige Kulleraugen, eine kecke Nase, einen großen lachenden Mund und viele Sommersprossen. Pünktchen eben. Unser Drachen sieht ein wenig so aus wie Sponge Bob Schwammkopf, nur besser und trapezförmiger. Meine Große ist künstlerisch sehr talentiert.

Wäre ich beim Basteln nur halb so begabt, ich würde mich glücklich schätzen. Aber ich stehe bereits vor der nächsten Hürde. Die Drachenschnur, die ich gekauft habe, hauchdünn, aber stabil wie Draht, soll durch die Löcher im Gestänge geschoben werden. Zusammenführen soll ich die Schnüre dann im Schlüsselring, um so die Waage zu bilden. Halte ich den Drachen am Ring, muss er waagerecht in der Luft liegen. Natürlich hängt mein Drachen schief. Irgendwie wickele ich die

Schnüre aber so um den Ring, dass alles gleich lang ist, auch wenn sich der Ring nun nicht mehr verschieben lässt, was er eigentlich sollte. Egal. Hauptsache, das Ding bleibt einigermaßen gerade. Den Abschluss bildet ein etwa drei Meter langer Drachenschwanz, um den ich in großzügigen Abständen Schleifen aus Krepppapier knote. Pünktchen Anton ist fertig.

Teil eins des Projekts ist verwirklicht. Teil zwei, fürchte ich, wird schwieriger sein. Wie kriege ich das Ding in die Luft?

Die Expertenseiten im Internet verleihen der Sache gleich wieder die nötige Ernsthaftigkeit. Häufig, monieren sie, sehe man »Väter, die sich vor ihren Kindern und der Welt lächerlich machen, indem sie – oft genug erfolglos – mit dem Drachen rennen«. Völlige Ignoranz! Vielmehr solle man einfach stehen bleiben und auf den richtigen Windstoß warten. Sei der Drachen erst einmal in etwas höheren Gefilden, fliege er von allein immer höher, weil oben der Wind immer stärker werde. Man müsse nur den richtigen Moment abpassen.

»Wenn die Kids beim Warten quengeln, erklärt man ihnen die Sache mit den Gelegenheiten beim Drachensteigen und im richtigen Leben«, lese ich. Drachensteigen ist folglich nicht nur eine ernsthafte Angelegenheit, sondern praktisch eine philosophische Disziplin.

Nun fehlt noch der richtige Ort. Fernab von hohen Bäumen soll es sein, weil die offenbar den Wind zu sehr beeinflussen, und ganz wichtig: weit weg von Flughäfen oder Hochspannungsleitungen. Mir wird bewusst, welch falsches Bild all die Kinderbücher vermitteln, denn dort lassen die Kinder ihre Drachen direkt neben Bäumen oder gleich im Hof des Kindergartens steigen. Aber gut, Hochspannungsleitungen sind auf den Bildern immerhin nie eingezeichnet.

Mit beiden Töchtern mache ich mich am Nachmittag auf in einen Park am Frankfurter Stadtrand. Die Sonne scheint, es weht ein leichter Wind. Pünktchen zappelt in meinen Armen, als wollte er sich gleich losreißen. Die Leute gucken ein wenig erstaunt. Ja, ich weiß, es ist mitten im Sommer, aber ich werde mir von den Jahreszeiten-Ideologen nicht verbieten lassen, einen Drachen im Juni steigen zu lassen!

Wir laufen über eine Wiese mit Blick auf die Skyline der Stadt. Vereinzelt liegen ein paar Menschen auf Decken, aber sie sind weit von uns weg. Sie beobachten uns, aber ich kann nicht erkennen, was sich in ihren Gesichtern abspielt. Gut so.

Der Wind weht, doch noch können wir nicht starten, denn der Schwanz des Drachens hat sich um die Schnur gewickelt. Und zwar nicht nur einmal, sondern etliche Male – es ist mir schleierhaft, wie das passieren konnte. So wild ist die Autofahrt zum Park nicht gewesen. Ich habe weder Schere noch Taschenmesser dabei, und so weiß ich mir irgendwann nicht anders zu helfen, als die Schwanzschnur an mehreren Stellen durchzubeißen, um sie von der Drachenleine zu lösen. Anschließend knote ich die abgebissenen Schnurstücke wieder zu einem Drachenschwanz zusammen. Wir wollen hier keinen Schönheitspreis gewinnen.

Endlich kann es losgehen. Die Große übernimmt die Drachenschnur, ich selbst halte den Drachen und warte auf Wind. Als ich das Gefühl habe, es könnte reichen, stoße ich Pünktchen ein wenig in die Höhe. In zwei, drei Metern trudelt er kurz herum und stürzt dann ab. Die Kleine juchzt und läuft zu ihm.

Wir wiederholen das Prozedere noch ein paar Male, stets mit dem gleichen Ergebnis. Die Kinder freuen sich trotzdem, wenn der Drachen ein, zwei Sekunden in niedriger Höhe tau-

U.A.GREVE

melt, und die Kleine rennt jedes Mal lachend zu der Stelle hin, wo er gelandet ist.

»Es klappt nicht«, stelle ich frustriert fest.

»Das ist nicht deine Schuld«, sucht die Große mich aufzubauen. »Es ist zu wenig Wind.«

Die Gute. Wind ist eigentlich genug da.

Dann besteht meine große Tochter entgegen dem ausdrücklichen Expertenrat darauf, ein wenig mit dem Drachen zu rennen. Sie läuft über die Wiese, ich schicke Pünktchen hinterher, und auf einmal schafft er es auf gut und gern zehn Meter Höhe, bis er wie gewohnt abstürzt. Er sieht schon ein wenig ramponiert aus, das Papier ist an einer Seite eingerissen.

Aber wie soll Pünktchen auch fliegen, wenn sich der blöde Drachenschwanz wieder total mit der Schnur verknotet hat? Er ist ein einziges Knäuel. Ich beschließe, meine Zähne wieder zum Einsatz kommen zu lassen, meinetwegen kann der ganze Schwanz jetzt ab. Die Schnur ist jedoch ziemlich dick, und ich habe keine Lust, mir das Gebiss zu ruinieren. Sind ja schon die Zweiten, mehr kommen nicht. Schließlich reiße ich ein wenig, und die Schwanzschnur ist ab. Dumm nur, dass dabei auch der Längsstab in der Mitte zerbrochen ist.

»Pünktchen ist kaputt«, stelle ich fest. »Jetzt hat es gar keinen Sinn mehr.«

»Wir müssen ihn reparieren!«, ruft die Große. »Ich will keinen anderen Drachen.«

»Gut, aber jetzt ist er nun mal kaputt.«

Und damit ist nun eigentlich auch alles egal. Das Knollennasenmännchen bei Loriot, dessen Fernseher defekt ist, will trotzdem erst nach den Spätnachrichten ins Bett gehen und erklärt: »Ich lasse mir von einem kaputten Fernseher nicht vorschreiben, wann ich ins Bett zu gehen habe.«

Auch ich bin jetzt trotzig: Ich lasse mir von einem kaputten Drachen nicht vorschreiben, wann ich mit dem Drachensteigen aufzuhören habe. Also werfe ich Pünktchen mit seinem nun abgeknickten Körper noch einige Male in die Luft, wo er tatsächlich noch ein paar Mal lustig herumwirbelt. Wer weiß: Wäre er nicht kaputt, er würde es vielleicht halbwegs hinbekommen mit dem Fliegen.

Irgendwann ist es dann doch genug, wir gehen zurück zum Wagen. Pünktchen sieht aus wie der Veteran einer Fliegerstaffel: ein Stab zerbrochen, das Papier eingerissen, der Schwanz nicht mehr vorhanden. Doch entsorgt wird er nicht, das würde mir meine Große nie verzeihen. Wir werden ihn daheim in die Reha schicken und langsam wieder aufpäppeln. Vielleicht versuchen wir es eines Tages noch einmal mit ihm. Womöglich sogar an einem Tag im Herbst. Die Kinder bestehen trotz allem darauf, dass es ihnen Spaß gemacht hat. Naja, sie haben noch nie einen Drachen richtig steigen lassen, da sind sie mit den zehn Metern möglicherweise tatsächlich zufrieden.

Ich allerdings bin es nicht. Wie befürchtet stehe ich, was das Drachensteigen angeht, Seite an Seite mit Charlie Brown. Wenn ich wenigstens wüsste, woran es gelegen hat. Ob der Drachen schon so schlecht gebaut war oder ob ich ihn nur nicht steigen lassen konnte, weil mir die aeronautischen Fähigkeiten fehlen.

Am Abend spreche ich mit meiner Mutter, und sie sagt: »Mein Vater hat für mich in jedem Herbst einen Drachen gebaut.«

Klar, mein Großvater war handwerklich ein Ass, er hat seinen Kindern aus Holz eine Puppenstube gezimmert und einen Kaufmannsladen und sich selbst ein richtiges wunderhübsches Segelboot. Da kann ich logischerweise nicht mithalten.

»Und sind die Drachen denn alle geflogen?«

»Nein«, antwortet meine Mutter lachend, »kein einziger.«

Interessant. Und weil man ja alles, wie eingangs schon ausgeführt, relativ sehen sollte, bin ich in gewisser Weise sogar erfolgreicher gewesen als mein handwerklich ach so talentierter Großvater. Er hat nämlich ganz viele Drachen gebaut, von denen keiner geflogen ist. Ich nur einen einzigen.

DER BRILLENTRÄGER SCHLÄGT ZURÜCK

Die erste Einheit meines Boxtrainings läuft gerade erst seit zwanzig Minuten, da hänge ich schon wieder in den Seilen. Das darf nicht wahr sein! Besser sollte ich sagen: Ich hänge *im Seil.* Wie vorher auch schon. Erst in dem einen, dann in dem anderen. Also doch *in den Seilen.*

Frustriert überlege ich, ob ich noch ein drittes ausprobieren sollte, doch welchen Unterschied würde das machen? Die Jungs und Mädels links und rechts von mir sind alle eifrig zugange, in atemberaubender Geschwindigkeit hüpfen sie über ihr Seil.

Ich habe Seilspringen nie ausstehen können. Das Drehen der Arme, das Schwingen des Seils, das Springen der Füße, und das auch noch alles gleichzeitig – ich habe es nie hinbekommen. Und soll genau das nun über viele Minuten tun. Hätte mir vorher jemand gesagt, dass ein wesentlicher Teil meines Boxtrainings Seilhüpfen sein würde, ich hätte es mir noch einmal überlegt.

Andererseits hätte ich es auch ahnen können. Ist Sylvester Stallone nicht in einem der »Rocky«-Filme, die ich als junger Mensch gesehen habe, beim Seilhüpfen zu sehen? Ich bin mir da recht sicher. Außerdem trinkt er, wenn ich mich nicht irre, das eine oder andere rohe Ei. Würde mich gar nicht wundern, wenn Mehran, unser Trainer, mit einem Tablett voller Eierbecher durch unsere Reihen spazierte. Zum Glück kommt es dazu nicht. Stattdessen trinke ich eiskaltes Wasser, das ein gnädiger Automat bereitstellt. Ah, tut das gut. Zurück ans Seil.

Richtige Jungs, heißt es immer, raufen sich gern mal. Ein richtiger Junge bin ich demzufolge nicht gewesen. Gerauft habe ich mich nie, ich bin höchstens mal gerauft worden. Ich war eher klein, schmal und als Kind nicht besonders sportlich. Und ich trug von meinem siebten Lebensjahr an eine Brille. Schon deshalb wäre ich nie auf die Idee gekommen, einen Kampf zu beginnen. Andersherum gilt ja der Ehrenkodex: Man schlägt niemanden, der eine Brille trägt. Blöderweise folgt mancher auch dem weniger ehrenvollen Kodex: Man nimmt dem Brillenträger erst die Brille weg und schlägt ihn dann. Allzu oft widerfahren ist mir so etwas nicht, das aber auch deshalb, weil ich derartigen Konflikten, soweit es möglich war, stets ausgewichen bin.

Einmal aber, in der siebten Klasse, hat mich ein Mitschüler in den Schwitzkasten genommen, wo ich auch eine Weile geblieben wäre – wäre nicht ein alter Kumpel aufgetaucht, einer der Hauptschüler, mit denen wir Gymnasiasten uns den Schulhof teilten. »Den lässt du in Ruhe«, rief er, und zack!, lag der andere auf dem Boden. Einige unangenehme Sekunden blieb er da, niedergedrückt von meinem Retter, der ihm das Versprechen abrang, mich nicht mehr zu behelligen. Gewalt ist keine Lösung? In diesem Moment war es die einzig richtige.

Spätestens an jenem Tag dürfte in mir die Sehnsucht aufgekommen sein, ein wenig wehrhafter zu sein. Nicht der Punchingball für andere zu sein, sondern mal selbst zu punchen. Ich fing dann jedoch keinen Kampfsport an, sondern mit der Leichtathletik, wobei meine Stärken eher im Läuferischen lagen. Die Kugel zu stoßen oder andere Gegenstände zu werfen lag mir weniger. Irgendwann registrierte ein Mitschüler mein ziemlich breites Kreuz, allerdings machte ich kaum Gebrauch davon. Ich kaufte mir Hanteln und trainierte eine Zeit lang meinen Oberkörper, legte dadurch sicher auch an Kraft zu, doch im Kampf habe ich mich niemals ausprobiert.

Obwohl ich das durchaus gern mal gemacht hätte. Freilich immer nur in Verbindung mit Alkohol, der meine Hemmschwelle sinken ließ. Wenn etwa in der Disco ein Typ einem der Mädchen aus meiner Clique auf blöde Weise zu nah kam, dann konnte es vorkommen, dass ich ihn hinterher beim Pogo kräftig anrempelte. Vermutlich haben die Typen das gar nicht bemerkt, jedenfalls aber nicht persönlich genommen – schließlich war die Anrempelei Sinn und Zweck des Pogo. Gern, ich gebe es zu, hätte ich mich mal für ein Mädchen geprügelt. Es war eine romantische Idee, den Gegner mit einem gezielten Schlag zu Boden zu strecken oder ihn in die Flucht zu treiben, um sich anschließend liebevoll verarzten zu lassen. Messer oder andere Utensilien, die die Angelegenheit für mich deutlich unangenehmer gemacht hätten, spielten in diesen Träumen keine Rolle. Ich hatte einzig und allein einen edlen, ritterlichen Faustkampf im Sinn.

Dazu gekommen ist es nie. Meist endete die Sache damit, dass irgendwann beim Pogo meine Brille durch die Gegend flog und mich an meine Verwundbarkeit erinnerte, sodass ich die heimlichen Attacken einstellte. Was auch gut war, denn der Gegner hätte gewiss andere Pläne verfolgt, als mir bei der Erfüllung meiner platten Männlichkeitsfantasien zu assistieren. Und selbst wenn ich wider Erwarten jemanden k. o. geschlagen hätte: Ein Triumph wäre das in Wahrheit nicht gewesen. Ich hätte vermutlich vor lauter Entsetzen und Sorge schleunigst einen Arzt gerufen.

Mit den Jahren haben sich derartige Träume mehr oder

weniger erledigt. Als erwachsener Angestellter malt man sich in der Regel nicht aus, Konflikte aus dem Büro zu lösen, indem man dem anderen eins aufs Maul haut. Was geblieben ist, ist die Sehnsucht nach Wehrhaftigkeit. Stark zu sein im rein körperlichen Sinne. Und sich einmal auszuprobieren auf sportlicher Ebene, in einem Kampf. Wie würde ich dabei abschneiden? Steckt in mir mehr Kraft, als ich vermuten würde? Und falls nicht: Könnte es mir möglich sein, diese Kraft aufzubauen, verbunden mit der richtigen Technik? Ich habe beschlossen, mich in einem Kampfsport zu versuchen und den kleinen schüchternen Brillenträger von damals ein wenig zu rehabilitieren.

Ich wende mich an einen Kollegen aus der Sportredaktion. Er hat in der Vergangenheit diverse Kampfsportarten ausprobiert und darüber geschrieben, er kennt sich aus.

»Welchen Kampfsport würdest du mir empfehlen? Was ist gerade angesagt?«

»Das ganz große Ding ist im Augenblick Ultimate Fighting«, sagt er. »Da ist alles erlaubt.«

»Und meinst du, ich könnte das lernen?«

»Das kann man nicht lernen. Das kann man nur überleben.«

Von einem Sport, in dem das Überleben die einzige Option ist, will ich mich lieber fernhalten. Wir beratschlagen eine Weile, und am Ende landen wir beim klassischen Boxen.

»Beim Boxen hast du heute alles«, sagt er. »Die anrüchigen Milieu-Schuppen und die feinen Gyms, in denen die Manager trainieren. Und es ist ein Sport, der den ganzen Körper trainiert.«

Damit ist die Entscheidung gefallen. Und ich erinnere mich an den Flyer, den ich kürzlich in der Frankfurter Innenstadt eingesteckt habe. Darauf abgebildet ist eine schöne junge Frau mit Boxhandschuhen, die ziemlich abgekämpft aussieht. Neben ihr die Worte: »Hölle, ist das hart. Himmel, tut das gut!« Die Flyer stammen vom Executive Boxing Club, kurz EBC, der Boxschule von Mehran Jalali-Sohi, Boxer und Kickboxer seit mehr als fünfundzwanzig Jahren.

»Lust, jemand Neues kennenzulernen? Zum Beispiel dich?«, fragt mich die Website des EBC, der seine Klientel zwar nicht »für den Straßenkampf oder die Profilaufbahn vorbereiten«, aber »fit für den Alltag machen« will. Schade um den Straßenkampf, aber fit zu sein klingt auch nicht schlecht; vor allem dann, wenn man in der Lage ist, dem Alltag mal einen schönen Schwinger zu verpassen.

Zuerst lerne ich nicht mich selbst kennen, sondern Mehran, den Chef des Clubs. Am Telefon erläutere ich ihm meine Situation. »Ich habe nie in meinem Leben geboxt, und ich möchte es gern lernen. Allerdings habe ich dafür nur begrenzte Zeit zur Verfügung. Und ich bin Brillenträger, ohne Brille sehe ich praktisch nichts.«

»Das sind ja beste Voraussetzungen fürs Boxen«, sagt er. Er meint es ironisch, aber nett.

Wir werden uns trotzdem einig. Mehran lädt mich ein zum Gruppentraining, das mehrfach täglich angeboten wird, mittags und abends für jeweils neunzig Minuten. Um wirklich etwas zu lernen, müsse ich jedoch ein wenig Zeit einkalkulieren. »Ich bringe dir in zehn Stunden das Boxen bei.«

Abgemacht.

An einem lauen Frühlingsabend radle ich zu meinem ersten Training in der Boxschule, die sich nicht etwa in einer ehemaligen Lagerhalle in einem Industriegebiet befindet, wo es latent nach Halbwelt duftet, sondern mitten in Frankfurts gepflegter Innenstadt, zwischen Boutiquen und Bankfilialen. Damit kommt EBC den Boxbegeisterten entgegen, die seit einigen Jahren den Freizeitsport dominieren: gutverdienende Geschäftsleute, die nicht nur geistig, sondern auch körperlich in Bestform sein möchten und die im Grunde archaische Sportart Boxen als Ausgleich zum bewegungsarmen Berufsalltag zwischen Schreibtisch und Konferenzsaal entdeckt haben.

Vielleicht fünfzehn Boxschüler haben sich eingefunden, darunter ein paar Frauen. In der Ecke des Trainingsraums ist ein Boxring, der jetzt gerade leer ist. Alle haben sich vor der breiten Spiegelwand verteilt, dank der wir uns selbst beim Üben zuschauen können. Es ist ein bisschen wie einst beim Salsa-Kurs in Costa Rica, nur war da die Musikbegleitung eine andere. An der Decke hängt ein Flachbildfernseher, auf dem ausschließlich Boxkämpfe laufen. Den Ton hört man nicht, stattdessen dröhnt Hip-Hop aus den Boxen, vermutlich, um uns in die nötige aggressive Stimmung zu versetzen. An den anderen Seiten des Raums finden sich schwere Sandsäcke, neben dem Eingang hängt eine Boxbirne neben einem Plakat mit dem Schutzheiligen aller Boxer, Muhammad Ali, und dessen Spruch: »Ich werde das Boxen nicht vermissen, das Boxen wird mich vermissen.« Auf dem Weg in die Umkleidekabine läuft man an Dutzenden Boxhandschuhen vorbei, die an der Wand hängen. Auf dem Boden im Trainingssaal ist ein Wasserfleck. Eine Frau macht sich daran, ihn wegzuwischen.

Zuerst geht es ans Aufwärmen. Mehran mimt den Vorturner, alle anderen machen mit: Ausfallschritte, Dehnübungen, Liegestütze, verschiedenste Übungen in schneller Folge für Arme, Beine, Bauch, Nacken, Hände, den Wechsel gibt das schrille Signal einer Uhr vor. Ansagen sind nicht nötig, offensichtlich sind alle außer mir so lange mit dabei, dass sie das Gymnastikprogramm längst auswendig kennen. Es ist ein bisschen wie Aerobic, nur härter. Allmählich geht mir auf, dass das, was die Frau da gerade weggewischt hat, gar kein Wasser gewesen ist.

Dann kommt das Seilspringen. Alle schnappen sich eines der Seile, die neben dem Spiegel hängen, und legen los. Hüpf-hüpf-hüpf-hüpf-hüpf-hüpf. Bei mir hingegen: hüpf. Hüpf. Und die Beine aus dem Seil wickeln.

»Am Anfang ist es leichter, mit beiden Füßen gleichzeitig abzuspringen«, rät Mehran.

Es ist der pure Horror. Dass ich mich selbst dabei im Spiegel beobachten kann, macht die Sache nicht besser.

Irgendwann kommt Mehran noch einmal zu mir und sagt: »Du bist der beste Seilspringer der Welt. Kein anderer würde so gut mit einem Kinderseil springen.« Er grinst.

Tja, da ich die Nähe von Springseilen stets gemieden habe, kann ich mich auch mit den Längen nicht auskennen. Mehran reicht mir ein anderes Seil. Leider läuft es auch damit nur unwesentlich besser.

Als das Seilhüpfen endlich überstanden ist, ziehen wir uns die Boxhandschuhe über. Die anderen umwickeln ihre Finger noch mit Bandagen, ich, der ich keine dabeihabe, schiebe meine Hände gleich so in die Handschuhe, die Mehran mir gegeben hat. Viele der anderen haben ihre eigenen Handschuhe dabei. Ich schätze mal, dass der Gestank aus Schweiß und Leder, den man erst bemerkt, wenn man die Dinger wieder abstreift, bei allen Handschuhen derselbe ist, bei den öffentlichen und den privaten.

Mein erster Gegner ist mein Schatten. Das linke Bein gehört nach vorn, und dann geht es los mit der Kombination: linke Gerade, rechte Gerade, linke Gerade.

»Beim Schattenboxen musst du nicht so weit schlagen«, sagt Mehran, »die Arme müssen nicht ganz ausgestreckt sein.«

Anstrengend genug ist es trotzdem. Wir tänzeln durch den Raum und verpassen unseren unsichtbaren Kontrahenten eine nach der anderen. Der Typ neben mir schnauft dabei wie eine Lokomotive. Als das Signal erklingt, stürmt alles zum Wasserautomaten.

Nun bekommt jeder einen Gegner zugeteilt, oder besser: einen Partner. Den sollen wir zwar schlagen, aber nur auf die Hände, die in den sogenannten Pratzen stecken, flachen und dick gepolsterten Handschuhen. Mir teilt Mehran, der meine Fähigkeiten wohl erst mal gering einschätzt, eine junge Frau zu. Marina kommt unüberhörbar aus dem Schwäbischen, sie ist erst vor Kurzem nach Frankfurt gezogen. »Boxen, das wollte ich immer mal machen«, erzählt sie. »Als Ausgleich zu meinem Bürojob habe ich etwas gesucht, wo ich mich austoben kann.«

Nun tobt sie sich an meinen Pratzen aus. Linke Gerade, rechte Gerade, linker Haken. Letzterer kommt von der Seite, da muss ich die Innenseite der Pratze nach außen halten. Es dauert seine Zeit, bis man die Kombinationen so verinnerlicht hat, dass man den Schlägen mit den Handschuhen die richtige Angriffsfläche bietet. Marina arbeitet sich an meinen Pratzen ab; sie ist von schmaler Statur, doch ihr linker Haken ist sehr ordentlich. Man möchte ihr, sofern man böse Absichten hegt, nicht im Dunkeln begegnen.

Dann bin ich dran mit Schlagen, und ich habe meine Schwierigkeiten. Auf eine Frau einzudreschen, und sei es nur auf die Hände, das fühlt sich irgendwie nicht richtig an. Ich boxe in schneller Folge, aber nicht mit ganzer Kraft. Marina hält mir die Pratzen hin, doch sie braucht immer wieder Pausen. Interessanterweise strengt sie das bloße Hochhalten der

Hände mehr an als das Schlagen, und tatsächlich gefällt auch mir die aktive Seite besser. Es ist erstaunlich, aber allein mit den dicken Handschuhen an den Fäusten fühlt man sich stärker und selbstbewusster, so als verliehen sie einem eine Extraportion Kraft. Schade, dass man mit ihnen schwerlich durch die Straßen laufen kann, weil das einfach blöd aussähe.

Nach dem Training in der Kabine ziehen sich die Sportler wieder Hemden und Anzüge an und tauschen sich darüber aus, welche Börsenkurse in den anderthalb Stunden ihres Trainings gestiegen und gefallen sind. Das Milieu, in dem Boxen stattfindet, hat sich in der Tat grundlegend gewandelt.

In der nächsten Stunde wird Mehran von einem seiner Schüler begrüßt. »Du warst letzte Woche gar nicht da.«

»Da bin ich operiert worden.«

»Was ist denn passiert?«

»Trommelfell gerissen. Ein Unfall beim Sparring ohne Kopfschutz.«

»Das klingt äußerst schmerzhaft«, mische ich mich ein.

»Ach was, das tut fast gar nicht weh.«

»Und woran hast du es dann gemerkt?«

»Ich hatte das schon einmal, ich weiß, wie das ist. Ich habe bei der Musik die Bässe nur auf dem einen Ohr gehört, auf dem anderen nicht.«

Wenn man nur gegen Schatten boxt und Pratzen verhaut, dann könnte man das glatt vergessen: dass Boxen eine durchaus gefährliche Sache sein kann.

Es geht wieder los mit Gymnastik, gefolgt vom gefürchteten Seilhüpfen. Ob ich diesmal das passende Seil erwischt habe? Es läuft erheblich flüssiger als beim ersten Mal, und ich, der ich beim letzten Mal maximal drei Hüpfer geschafft habe, bevor ich mich verhedderte, schaffe diesmal vierzig Sprünge, einundvierzig, zweiundvierzig! Das dürfte mein persönlicher Rekord für die Ewigkeit sein.

Das Schattenboxen machen wir diesmal ohne Handschuhe, aber mit Hanteln. Die Männer wählen etwas größere, die Frauen leichtere. Es geht hübsch auf die Arme, vor allem in dem Rhythmus, den Mehran uns verordnet hat: eine halbe Minute mit voller Power und höchster Geschwindigkeit boxen, eine halbe Minute ruhiger. Dann wieder so kräftig wie möglich.

»Immer auf die Deckung achten«, mahnt er. »Nach jedem Schlag musst du die Hände hoch zum Kinn nehmen.« Und weiter. »Wir machen die Eins«, ruft Mehran. »Die Drei und die Vier. Die Sechs.«

Gemeint sind jeweils verschiedene Kombinationen, mit Geraden, Haken, Uppercuts. Den anderen ist die Bedeutung der Zahlen in Fleisch und Blut übergegangen, ich muss mich noch erheblich konzentrieren. Ein Boxer neben mir kämpft laut keuchend, mit verkniffenen Zügen, es sieht aus wie ein richtiges Boxergesicht. Ein anderer bewegt sich mit geschlossenen Augen, wie meditativ. An seiner Stelle hätte ich Angst, den Spiegel zu zerschlagen. Grundsätzlich scheinen sämtliche Kombinationen, die wir lernen, mit einem Schlag mit der Linken zu beginnen. Ich frage mich, ob die Boxer dieser Schule auf diese Weise in einem Kampf nicht allzu leicht auszurechnen wären.

Weiter geht es mit Partnertraining, logischerweise ohne Hanteln. Diesmal darf ich mit einem Mann boxen. Jens ist seit einigen Monaten dabei und, wie sich herausstellt, ein Kollege, nämlich Reporter und Moderator beim Regionalfernsehen. Er liebt das Training hier, vermeidet aber das Sparring im Ring, denn die paar Male, die er es versucht hat, hat er »immer was auf die Rippen bekommen«. Wobei in seinem Fall das Gesicht noch viel schlimmer gewesen wäre, denn das hätte für die Maskenbildnerinnen seines Senders eine große Herausforderung bedeutet.

Jens beginnt, ich habe die Pratzen an. Das fühlt sich schon anders an als zuvor mit Marina, hinter seinen Schlägen stecken viel Kraft und Ehrgeiz. Dann wechseln wir, und auch ich lege mich diesmal mächtig ins Zeug. Aufwärtshaken, rechte Gerade, linker Haken. Ich passe höllisch auf, dass ich mir die Abfolge merke und Jens, wenn er die Pratze gerade nach unten hält, keine frontal verpasse – nicht, dass am Ende durch meine Schuld ein Fernsehmoderator über Wochen nicht mehr vor die Kamera treten kann.

Plötzlich hält Jens inne. »Moment, ich habe etwas ins Auge bekommen«, sagt er und fasst sich ins Gesicht. Offenbar ein Problem mit den Kontaktlinsen. Die Hand vorm Gesicht, verschwindet er im Bad.

Einer der Kämpfer neben uns blickt ihm nach und erkundigt sich bei mir: »Hat er einen Zahn verloren?«

Man scheint mir hier einiges zuzutrauen.

Solange Jens nicht da ist, schaue ich den anderen zu, die sich mit Helm und Mundschutz ausstaffiert haben und gegeneinander kämpfen. Im Ring gehen zwei Männer aufeinander los, drücken sich in die Seile, schlagen aufeinander ein, wobei sie Töne von sich geben, die an Urschreie erinnern. Faszinierend ist das schon – zum Zuschauen. Selbst zu kämpfen, da geht es mir wie Jens, darauf habe ich keine Lust. So großartig es sich anfühlt, im Training an seine Grenzen zu gehen, und so cool das Boxen als modernes Fitnesstraining ist, so wenig reizt es mich doch als Kampf. Im Boxring schwitzend und grunzend aufeinander einzukloppen, das sieht für mich, ich kann es nicht ändern, unästhetisch aus, prollig. Es sind ja auch keine Muhammad Alis, die hier zugange sind. Gänzlich ausschließen kann ich es freilich auch nicht, dass sich hierin ein Schutzargument verbirgt, um nicht selbst in den Ring steigen zu müssen.

Nach der zweiten Stunde meint Mehran zu mir: »Das sieht doch ganz gut aus bei dir. Du hast einen ordentlichen Bums.«

Ich bin ein bisschen stolz.

Meine dritte Trainingsstunde leitet ein anderer Trainer, Mehran ist nicht da. Zum Aufwärmen müssen wir diesmal durch den Raum laufen, im Zickzack zwischen den Sandsäcken hindurch mit schnellen Richtungswechseln. Ich bin in meinem Element, laufen kann ich.

Danach kommt noch etwas Neues: Wir sollen mit Partnern Schattenboxen. Wir stellen uns mit Sicherheitsabstand voreinander auf und fangen an zu tänzeln, zu schlagen, auszuweichen. Natürlich ohne einander zu berühren. Ich fürchte, es sieht ein wenig albern aus. Mein Kontrahent hat kurz geschorenes graues Haar, hält den Kopf gesenkt und blickt entschlossen nach oben, man könnte es bei seiner Miene glatt mit der Angst zu tun kriegen. Ein Glück, dass wir nicht in Wirklichkeit gegeneinander kämpfen.

»Nicht so mit den Armen rumfuchteln«, weist er mich nach einer Weile an. Die Führungskräfte lassen sich auch im Boxtrikot erkennen.

Als es an die Pratzen geht, stehe ich plötzlich allein da, ich habe keinen Partner abbekommen. Der Trainer schickt mich zum Sandsack. Linke Gerade, ausweichen, linker Haken, rechte Gerade, danach von rechts unten … Wild entschlossen prügele ich auf den Sandsack ein. Einmal schwingt er so weit nach hinten, dass meine rechte Gerade ihn verfehlt. Feiger Sack.

»Wechsel«, ruft der Trainer. Die anderen tauschen Handschuhe und Pratzen aus. Ich kann nicht wechseln, der Sack kann nicht zurückhauen. Ihm passen keine Handschuhe.

Irgendwann werden auch alle anderen an die Sandsäcke beordert. Wieder müssen wir eine halbe Minute langsam boxen und danach eine halbe Minute so heftig, wie es geht. Schwer zu sagen, wie oft wir das wiederholen müssen. Der Typ neben mir legt erschöpft seinen Kopf an den Sack. Das Training ist brutal, aber es setzt ungeahnte Kräfte frei. Wenn man glaubt, man schafft es nicht mehr, holt man in der nächsten halben Minute doch noch das Letzte aus sich raus.

Zum Abschluss legen wir Matten auf den Boden und uns darauf, doch mit Erholung hat das nichts zu tun. »Sit-ups mit gestreckten Armen«, befiehlt der Trainer. »Jeder fünfzigmal.«

Fertig, puh …

»Jetzt die Beine hoch. Den Kopf zur Brust. Jeder hundertmal.«

Erst fünfzig, dann hundert – Himmel, wie soll das weitergehen?

Als jemand, der sich vor dem Wehrdienst drücken konnte, habe ich nie erfahren, wie es bei der Bundeswehr so zugeht. Heute bekomme ich eine Ahnung davon.

Mir bleibt nicht verborgen, dass ein, zwei der Männer platt auf ihren Matten liegen bleiben, sie bekommen den Kopf nicht mehr hoch. Ich kann nicht verhehlen, dass es mir ein wenig Genugtuung verschafft, bin ich doch vom Boxerischen her fast allen hier hoffnungslos unterlegen. Ich bin nun mal erst zum dritten Male hier, viele schon seit mehr als drei Jahren.

Los!
Wehr dich!
W.GREVE

Als ich zur vierten Stunde erscheine, liegen im Trainingsraum zahlreiche Kinder auf den Matten, Jungen wie Mädchen. Ob unter ihnen welche sind, die sonst Brillen tragen und gern wehrhafter wären? Ich hoffe jedenfalls, dass sie nicht unser Trainingsprogramm vom letzten Mal absolvieren mussten. Sie sehen aber alle frisch und munter aus, als sie sich vom Boden erheben.

Mit uns hat man wieder ganz anderes vor. Mehran ist zurück, ich freue mich. Allerdings nur so lange, bis ich die Ansage fürs heutige Training höre.

»Heute kämpfen wir uns in den Schmerz hinein«, kündigt er an. »Wir erhöhen unsere Laktatwerte, sodass wir hinterher mehr Schmerzen aushalten können.«

Na, das kann heiter werden.

Die ersten Schmerzen verspüre ich zunächst nur, als das Springseil von hinten an meine Oberschenkel peitscht. Eine Minute ganz schnell hüpfen, eine Minute Pause, wieder und wieder im Wechsel. Wo bleibt das Pfeifen? Ist die doofe Uhr kaputt? Die Pausen vergehen immer viel schneller als die Hopserei. Das erste Opfer dieses Laktattrainings ist mein Zeitgefühl.

Der Rest des Kurses ist an diesem Tag noch aufreibender. Jeweils zu dritt dreschen wir auf einen Sandsack ein, eine Minute wild, eine Minute langsamer, die Zeit steht absolut still. Linke Gerade, rechte Gerade, die Arme hoch zur Verteidigung, rechte Gerade, linker Haken, rechter Aufwärtsschlag. Und noch einmal. Und noch einmal. Endlich schaffen wir es zur abschließenden Gymnastik, müssen einbeinige Kniebeugen machen und Dehnübungen am ganzen Körper. Das Knacken aus meiner Nackengegend übertönt beinahe die Hip-Hop-Beats.

Es liegt nicht an dieser Einheit, dass diese neunzig Minuten Boxtraining meine letzten geblieben sind, ich habe mich hinterher immer hervorragend gefühlt. Vielmehr habe ich am Ende schlicht nicht mehr die Zeit gefunden, zu viele Dinge sind mir dazwischengekommen, unter anderem eine Verletzung, die allerdings nicht vom Boxen herrührte. In zehn Einheiten wollte Mehran mich zum Boxer machen, ich bin letztlich nur auf sechs Zeitstunden gekommen – und folglich höchstens ein halber Boxer geworden. Aber es ist, was ich so nicht erwartet hätte, eine schöne Erfahrung gewesen. Und schon nach so wenigen Stunden habe ich das Gefühl, etwas wehrhafter geworden zu sein – allein schon deshalb, weil ich jetzt weiß, wie es ist, zuzuschlagen. Und sei es nur gegen ein paar Pratzen oder einen Sandsack.

Das Boxen, so viel steht fest, wird mich nicht vermissen. Aber ich das Boxen schon ein wenig.

FAZIT: ALTER, DAS GEHT!

Eines Tages, in der Kaffeeküche, sprach mich ein Kollege an. Er, ein paar Jahre jünger als ich, hatte mitbekommen, dass ich begonnen hatte, mich Beschäftigungen zu widmen, an die ich mich in meinen jungen Jahren nicht herangewagt hatte, und wir kamen auf meinen Schwimmkurs zu sprechen.

»Ja«, sagte ich, »ich versuche gerade, kraulen zu lernen. Das hat mir nämlich nie jemand beigebracht.«

»Ach, Kraulen«, sagte er. »Das ist ja nicht ungewöhnlich, das können viele nicht. Ich selbst habe mit Anfang zwanzig überhaupt erst schwimmen gelernt.«

»Echt?«

Dass es in Deutschland Erwachsene gibt, die nicht schwimmen können, habe ich gewusst, nur hatte ich dabei vor allem bestimmte Personengruppen vor Augen. Zuwanderer aus Ländern zum Beispiel, in denen dem Schwimmen keine große Bedeutung zugemessen und kein Wert darauf gelegt wurde, dass Kinder es lernen – schon gar nicht die Mädchen. Oder Leute, die ganz früh ein so schweres Trauma erlitten hatten – ins Schwimmbecken gefallen, fast ertrunken –, dass sie fortan jeglichen Kontakt mit Wasser mieden. Dass aber ein junger Mann, hier geboren und in geordneten bürgerlichen Verhältnissen aufgewachsen, das Schwimmen nicht gelernt hatte, das überraschte mich doch. Keinen Schwimmunterricht in der Schule gehabt, keinen Familienurlaub am Meer, nie mit den Kumpels im Freibad gewesen?

»Wie ist das denn möglich gewesen?«, fragte ich.

»Ganz einfach: Ich bin über eine längere Zeit vom Sportunterricht befreit gewesen. Und zwar gerade als die anderen schwimmen lernten.«

Klar, so etwas kannte ich auch. Diese vermaledeite Befreiung vom Sport! Auch in unserer Klasse gab es Kinder, meist waren es die eher unsportlichen, die wegen irgendwelcher Atteste nicht mitmachen mussten, auch wenn bei ihnen eigentlich alles in Ordnung zu sein schien. Möglich, dass ihnen das ihre Schulzeit erträglicher machte. Vielleicht hatten sie tatsächlich irgendein unsichtbares Gebrechen, vielleicht aber kannten ihre Eltern auch einfach nur einen hilfsbereiten Arzt und wollten den Sprösslingen die Qual der Leibesübungen ersparen. Anfangs habe ich diese Kinder beneidet, später, als ich selbst den Spaß am Sport entdeckte, taten sie mir leid. Und heute frage ich mich, wie groß sie sein mag, die Dunkelziffer derjenigen, die freiwillig oder unfreiwillig von einem wesentlichen Element des Jungseins ausgeschlossen waren und das nun, als Erwachsene, bereuen. Meinem Kollegen reichte es dann irgendwann: Er besuchte einen Schwimmkurs für Erwachsene und füllte die lästige Leerstelle in seiner Biografie.

Erfahrungen dieser Art habe ich in den vergangenen Monaten einige gemacht. Da war die Mitarbeiterin aus dem Archiv, die mir von ihrem unerfüllten Traum berichtete, reiten zu lernen; meine Erlebnisse waren für sie ein Anstoß, ihren Wunsch nun wirklich in die Tat umzusetzen. Ein Leser bat um die Kontaktdaten meiner Schwimmlehrerin, denn er wollte, mit über sechzig, unbedingt endlich kraulen lernen, was ihm wegen Schwierigkeiten bei der Koordination von Armen und Beinen nie geglückt war. (Arm-Bein-Koordination? Ist doch gar nicht schwierig. Das Atmen ist das große Problem!) Und es erreichten mich Briefe und Mails von Menschen, die mir voller Stolz mitteilten, dass sie sich in fortgeschrittenem Alter noch an ein ganz neues Hobby gewagt hätten, welches ihr Leben nun ungemein bereichere – sei es Segelfliegen, Fallschirmspringen oder Triathlon. Ohne dies geplant zu haben, wurde mir bewusst, dass meine Erfahrungen dazu angetan waren, anderen Mut zu machen: Mut, über den eigenen Schatten zu springen und sich neuen Herausforderungen zu stellen. Oder auch nur den Mut, ganz offen über seine Schwächen zu reden – denn, das war ein erhellender Nebeneffekt meiner Mission, ich war mit meiner Nichtkönnerschaft auf vielen Gebieten nicht allein.

Logisch, dass ich auch etliche Anregungen bekam, auf welchen Feldern ich mich noch versuchen könnte. Irgendwann hatte ich eine ausgesprochen umfangreiche Liste mit möglichen Projekten, von denen ich einige sehr schnell wieder streichen konnte, und zwar aus dem besten aller Gründe: weil sie für mich keine Herausforderung bedeutet hätten. Dazu zählte unter anderem eine Fremdsprache zu lernen. Ich habe mit Anfang zwanzig Spanisch gelernt und mit Anfang dreißig Polnisch, da hatte ich keine Ambitionen, mit Anfang vierzig zum Beispiel noch Chinesisch zu lernen. Überdies fürchte ich, dass in meinem Kopf lediglich Platz für eine begrenzte Zahl von Sprachen ist, denn seitdem ich Polnisch beherrsche, spreche ich kein Wort Spanisch mehr. Chinesisch wäre demnach auf Kosten des Polnischen gegangen, und das hätte ich nicht sehr erfreulich gefunden. Meine Frau erst recht nicht.

Aus demselben Grund habe ich auch keinen Zeichenkurs gemacht – auch da hätte ich nicht so viel lernen können. Ich habe ebenfalls darauf verzichtet, mich in die zumindest in meiner Jugend recht populäre Kunst einweisen zu lassen, einen Joint zu drehen; auch in dieser Disziplin habe ich, nun ja, gewisse Vorkenntnisse. Reiten wiederum, wofür mich mehrere Menschen zu gewinnen suchten, allen voran meine größere Tochter, habe ich zwar in Erwägung gezogen, aber mich letztlich dagegen entschieden: Ich bin beziehungsweise war nun mal ein Junge, und die träumen in der Regel weit seltener von Pferden als Mädchen. Vielleicht findet sich ja eine Frau, die es mir nachtun möchte. Oder ich nehme das Reiten auf in eine zweite Serie von Herausforderungen.

Übrig geblieben ist wahrlich genug: Funsport von Breakdance bis BMX-Radfahren, Kneipensport von Billard bis Kickern, vermeintlich coole Petitessen wie das Öffnen einer Bierflasche mit dem Feuerzeug (oder, autsch, mit den Zähnen), das Pfeifen auf den Fingern oder das Rauchkringelblasen mit der Zigarette (wobei freilich Rauchen inzwischen als dermaßen uncool gilt, dass die Kringel das nie und nimmer ausgleichen könnten). Und, nicht zuletzt: wie man es fertigbringt, dass ein flacher Stein nicht – wie jedes Mal bei mir – schnöde ins Wasser plumpst, sondern zwei-, drei-, viermal über die Oberfläche hüpft, im Fachjargon »Ditschen« genannt. Dazu gibt es eine stattliche Zahl von Ratgeberseiten im Internet. Eines Tages muss es mir einfach gelingen.

All diese Vorschläge habe ich nicht in die Tat umgesetzt, weil insgesamt die Zeit zu knapp und der Aufwand zu groß waren. Mein Weg war auch so dornenreich genug. Manchmal habe ich mich für den Entschluss, mich auf all das einzulassen, verflucht. Meine Selbstversuche haben mich immer wieder Überwindung gekostet. Ich habe nicht wenige peinliche Momente erlebt. Andererseits gab es auch ein paar Erlebnisse, die geradezu erhebend waren: meine fünf Tore beim Fußball, meine Jam-Session mit Alex und Co., die Robbie-Williams-Ballade mit Begleitung durch Signal, ein gelungener Tanz mit Itka … Alles in allem denke ich schon, dass ich auch in meinem Alter noch manche Dinge lernen könnte, würde ich nur die nötige Zeit dafür investieren. Bei einigen Beschäftigungen bin ich mir sicher, dass ich mich ihnen noch einmal gründlicher zuwenden werde, auf anderen Gebieten wird mein Ausflug ein einmaliger bleiben. Ein Leben ohne Spraydosen ist für mich absolut vorstellbar, ein Leben ohne Musik ist es nicht.

Doch auch dort, wo ich mich selbst ein wenig deplatziert fühlte, haben sich neue Perspektiven eröffnet. Es ist eine beeindruckende Erfahrung, zu erleben, mit welcher Hingabe Menschen aus unterschiedlichsten Kulturen oder Subkulturen das ausleben, was ihnen Hobby ist – oder auch viel, viel mehr. Ob Sprayer, Leistungssportler oder autobegeisterte Landfrauen, alle haben mir gezeigt, wie großartig es ist, eine Leidenschaft zu haben. Und wie viel Spaß es macht, Dinge zu können. Ihnen allen gilt meine Bewunderung – und mein aufrichtiger Dank. Ohne sie wären meine ganzen Experimente, wäre dieses Buch nicht möglich gewesen.

Als Journalist, dessen bin ich mir bewusst, bin ich in einer privilegierten Position. Viele meiner Trainer oder Mentoren sind mir in einer Weise entgegengekommen, wie es anderen Schülern kaum widerfahren wäre. Ohnehin hat es mir meine Mission, meine Jugend auf dem zweiten Bildungsweg zu erleben, möglich gemacht, berufliche und private Interessen in beneidenswerter Manier zu verbinden. Es war schon nett, sich von den Bürokollegen mittags mit den Worten zu verabschieden: »So, ich gehe jetzt Gitarre spielen.« Andererseits können die Kollegen es bezeugen, dass mancher Arbeitszeitvertreib für mich beileibe nicht die reine Freude war.

Ein wenig, das gebe ich zu, habe ich vor der Umsetzung meiner Pläne darauf gehofft, es würde sich herausstellen, dass ich ein im Grunde ziemlich talentierter Typ bin, der sein enormes Potenzial auf vielen Feldern schlicht nicht entfaltet hat. Leider hat sich das so insgesamt nicht bestätigt. In manchen Sachen bin ich nicht deshalb schlecht, weil ich sie nie angepackt habe, sondern weil ich einfach schlecht bin. Meine Talente sind tatsächlich überschaubar. Dennoch, das weiß ich jetzt auch, hätte ich aus meinen Anlagen mehr machen können. Als Fußballspieler hätte es mir vermutlich gereicht, ein emsiger Dauerrenner zu sein, der manchmal gute Bälle spielt – immer noch besser als der Dauerrenner ohne gute Bälle, der ich dann gelegentlich gewesen bin. Am wichtigsten ist, wie gesagt, die Leidenschaft. Talent allein ist langweilig.

Ein anderer Mensch bin ich nach meiner kurzzeitigen Rückkehr in die Jugend nicht geworden. Nicht cooler, nicht schillernder, nicht souveräner. Ein bisschen mutiger vielleicht und vermutlich auch schmerzloser. Und dennoch: Ich kann jedem nur empfehlen, so etwas, was ich getan habe, auch einmal zu versuchen. An den eigenen Schwächen zu arbeiten; nicht an allen wohlgemerkt – das wäre mir viel zu nah am Optimierungswahn, der heute unser aller Berufs- und Privatleben erfasst hat. Aber vielleicht doch an einer. Suchen Sie sich am besten jene Schwäche aus, deren Überwindung den meisten Spaß verspricht.

Und ab und zu ist der Spaß schon da, auch wenn die Schwäche geblieben ist. Vor Kurzem erst habe ich wieder ein wenig Fußball gespielt, nach einem Ausflug mit anderen Familien auf einem Kunstrasenplatz. Die Kinder hatten sich Schuhe und Socken ausgezogen und kickten mit einem weichen Ball, und weil ich ihnen nicht mit meinen Wanderschuhen auf die Füße treten wollte, spielte auch ich barfuß. Ich schoss ein paar ganz nette Tore und bin viel gelaufen, und erst am Abend daheim merkte ich, dass das Barfußspiel keine gute Idee gewesen war: Vom Ballen meines rechten Fußes löste sich großflächig die Haut ab. Als am Tag darauf die Schmerzen zu heftig wurden, ging ich zum Arzt, der mich prompt für eine Woche krankschrieb. Mit Kunstrasen ist nicht zu spaßen, ich hatte wieder etwas gelernt. Und am Ende hatte meine Ignoranz sogar noch etwas Gutes: Ohne die Krankschreibung wäre es mir deutlich schwerer gefallen, das Manuskript dieses Buches rechtzeitig fertig zu schreiben.

Schlittschuh laufen bin ich kürzlich übrigens auch noch einmal gewesen, das dritte Mal in meinem Leben. Es war wieder ein Schulausflug, diesmal mit der Klasse meiner älteren Tochter, und auch unsere Jüngste war mit dabei. In der Frankfurter Eishalle schlittern die Kinder nicht auf Bierkästen hin und her wie in Inzell, sondern mithilfe von Pinguinfiguren. Die Dreijährige hielt sich am Pinguin fest, ich hielt sie fest und den Pinguin, und ein bisschen auch mich selbst am Pinguin. Und irgendwann, als wir die Kleine kurz woanders parken konnten, lief ich tatsächlich, ganz romantisch, ein Weilchen Hand in Hand mit meiner Frau. Sie fuhr zum allerersten Mal – und sie fuhr, ich muss es zugeben, sicherer als ich. Hätte sie gewusst, sagte sie, wie einfach das Ganze sei, dann wäre sie schon seinerzeit in Inzell mit aufs Eis gegangen.

Einfach? Ich drehte an ihrer Seite meine Runden und

mühte mich, nicht den Rhythmus zu verlieren. Nun ja, es kann nicht jeder in allen Dingen gleichermaßen talentiert sein. Aber Spaß gemacht hat es trotzdem.

DANKSAGUNG

Ich danke allen, die mir dabei geholfen haben, meine Jugend ein zweites Mal erleben zu dürfen: Alex, Anonym, Itka Bado, Barney, Benjamin, Bo, Andreas Brand, Martin Brinkmann, Diereck Dross, Lis Droste, Bertram Eisenhauer, Elli, Mirjam Fischer-Quaiser, Annette Gasper, Hannes Greinke, Manfred Hellmich, Jakob Hoffmann, Mehran Jalali-Sohi, Jamie, Jan-Hendrik Holst, den Landfrauen Berkersheim, Mario, Alex Matwijuck, Tobias Mertins, Milan, Stefan Mohr, der Musikschule Frankfurt am Main, Tony Oliviero, Philip, Rick Schapöhler, Anke Schipp, Paul Schmitt, Ann-Kathrin Schumann, Sebastian, Signal, Florian Stadlbauer, Svantje, Thorsten, Jennifer Wiebking, Bernd Winter.

Ich danke meinen Eltern, nicht nur für meine (trotz Bildungslücken) erfüllte Kindheit und Jugend. Außerdem Nina und Liliana fürs Drachenbauen und für so vieles mehr. Und Jagoda für alles.

Vom Wahnsinn in den eigenen vier Wänden

Ralf Schmitz
SCHMITZ' HÄUSCHEN
Wer Handwerker hat,
braucht keine Feinde mehr
336 Seiten
mit zahlreichen
Abbildungen
ISBN 978-3-404-60806-5

Ralf Schmitz baut um – und ist kurz davor durchzudrehen. Denn nichts läuft nach Plan: Maurer ziehen Wände auf der falschen Etage hoch, Maler verputzen abgeklebte Fenster, und Elektriker montieren Lichtschalter, bei deren Betätigung die Dachluke aufgeht. Und das ist erst der Anfang. Was für ein Glück, dass der Top-Comedian bei all diesen Katastrophen nicht seinen unvergleichlichen Humor verliert. Ralf Schmitz erkundet die verrückte Welt der Heim- und Handwerker. Am Ende ist klar: Das Leben ist eine Baustelle, nach fest kommt ab – und den Rest bringt der Putz!

Bastei Lübbe